プロの検索テクニック

第3版

検索技術者検定 準2級・2級 公式推奨参考書

一般社団法人 情報科学技術協会
［監修］

原田　智子
［編著］

榎本　　聡
小河　邦雄
清水美都子
丹　　一信
豊田　恭子
［著］

樹村房

監修者の言葉

　「情報検索」という行為は，現代社会において私たちが日常生活を営む上で，不可欠のものとなっています。たとえば，今夜のディナーの店を探したり，抱えている持病について有効な対処方法を調べたりする上で，インターネット上で提供されているさまざまなサービスを活用して情報検索を行うことは，もはや当たり前のこととなりました。

　さらに最近では，生成 AI サービスの登場により，「自然な質問によって情報を探す」こともできるようになりました。こうした状況下では一見，情報検索のスキルを身につけていなくとも，必要な情報を探せるように感じられるかもしれません。しかし，「情報に向き合う正しい態度」をもつことなく便利なツールを盲信的に使うことには，信頼性に欠ける情報に振り回されてしまうなどの思わぬ「事故」の危険が伴います。多くの先人が積み重ねてきたさまざまな有用なスキルを学ぶことは，「正しい態度」を身につける上で大いに役立ちます。

　当協会では，1985 年以来，約 40 年間にわたって情報検索のスキルに関する検定事業を行い，現在は「検索技術者検定（通称，検索検定）」を実施しています。本書は，その「検索検定」の受検者に向けた書籍として，さらには日常生活の中で直面する情報検索のニーズに対して大いに役立つノウハウ集とすべく，各分野で信頼に足る情報資源や有用な検索手法に関して豊富な知識や経験をもった第一人者の方々に編集・執筆を担っていただき，出版に至ったものです。編著者各位の熱心な取り組みによって，情報検索スキルに関する，現時点での実務的な集大成となったと確信しております。

　皆さまが本書の内容を学び，実践することで，現代社会に不可欠な「情報に向き合う正しい態度」を身につけられることを願っております。さらには，「検索検定」の受検や，当協会主催のイベントへの参加・発表などの活動を通じて，「情報のプロフェッショナル」としての研鑽を重ね，情報のあふれる社会の中で存分に活躍されることを期待しております。

　　2024 年 1 月

一般社団法人 情報科学技術協会

会長　清田 陽司

第3版の序

　本書は，一般社団法人 情報科学技術協会（INFOSTA）が実施する検索技術者検定（通称 検索検定）の準2級および2級受験を目指す方々のための公式推奨参考書として企画・編集したものです。本書は，2023年度までの旧2級の参考書として，初版を2018年8月に，第2版を2020年8月に刊行してきました。2024年度から試験制度が変更されることになり，新たに準2級が設けられました。このことを踏まえて，新たな執筆者としてお二人をお迎えし，第2版で収録していた内容の見直しや更新などを目的として，ここに第3版を刊行することになりました。

　2024年度以降の検索技術者検定の概要については本書の付録に示したとおりですが，現時点で公開されている情報を基に記載していますので，今後の最新情報については必ずINFOSTAの「検索技術者検定」のウェブページを参照していただきたいと思います。

　本書は準2級および2級の試験範囲に対応して5章で構成されています。1章では情報検索技術に関する基本的な知識とインフォプロの役割について紹介しています。2章では情報検索の歴史，データベースの種類や流通機構，情報サービス機関について述べています。3章では専門分野別情報資源の種類と検索の特徴について詳細に紹介しています。信頼性の高いさまざまな分野の情報資源について学ぶことができます。4章では検索の結果得られた情報の管理や分析に必要な知識と知的財産権について具体的に紹介しています。5章では検索に欠かせないコンピューター，ネットワークと情報セキュリティの知識について述べています。これらの内容を学ぶことによって，信頼に足る質の高い情報を検索して入手するとともに，得られた情報を利活用するための知識とスキルが得られ，検索能力が確実に向上することでしょう。

　一方，検索やネットワーク情報資源を取り巻く環境は常に流動的で変化しています。情報検索の領域でもAI（人工知能）の利活用が導入されています。本書は執筆時点での最新情報に基づいて記載していますが，今後記載内容と異なる面が出現してくることは否めません。その場合は，本書で学んだ検索技術を活かして新しい動きに対応していただければと思います。みなさまが，本書を活用して検索のプロの技に近づいていただけることを願っています。そして，検索のプロフェッショナルである1級を目指すキャリアパスの足掛かりにしていただければと思います。

　本書の出版にあたり，樹村房の大塚栄一社長，編集部の石村早紀さんには一方ならぬお世話になりました。厚くお礼申し上げます。

　2024年1月

編集責任者　原田　智子

プロの検索テクニック 第3版
もくじ

3章　専門分野別の情報資源の内容とその検索 ———————————————— 36

【本書の執筆分担】（五十音順）

1 章　丹 一信，原田 智子

2 章　清水 美都子，豊田 恭子，原田 智子

3 章　小河 邦雄，清水 美都子，丹 一信，豊田 恭子，原田 智子

4 章　小河 邦雄，清水 美都子

5 章　榎本 聡

◎本書の内容に補遺が生じた場合は，樹村房のウェブページよりお知らせします。
　https://www.jusonbo.co.jp/
◎本書では，外来語のカタカナ表記については，原則として，以下の JIS Z8301：2019 および文化庁公開の『外来語（カタカナ）表記ガイドライン』に基づいて記載しています。
　• JIS Z8301：規格票の様式及び作成方法
　• テクニカルコミュニケーター協会. 外来語（カタカナ）表記ガイドライン　第 3 版：2015 年 8 月制定. 2015. 49p. https://www.bunka.go.jp/seisaku/bunkashingikai/kokugo/kokugo_kadai/iinkai_45/pdf/93390601_09.pdf,（参照 2023-12-10）.

1章

情報検索の技法とインフォプロ

〈1章　学習のポイント〉

　情報検索の基礎理論である論理演算，近接演算，トランケーション等の理解を深め，情報要求に合った適切な検索式の作成方法を学ぶ。検索対象となるデータベースの検索における索引ファイル構造の仕組みを理解する。また，検索するための仕組みとしての形態素解析，Nグラム法，類似文書検索，化学構造検索，画像検索も学習する。検索結果の評価を学んだ上で，適切な検索を行うためのシソーラスを使用した統制語検索を理解する。最後にインフォプロの仕事内容とコミュニケーション能力の必要性について理解を深める。

1.1　情報検索の技術

　情報検索（information retrieval：IR）とは，「あらかじめ組織化して大量に蓄積されている情報の集合から，ある特定の情報要求を満たす情報の集合を抽出すること。主にコンピューターの検索システムを用いる場合に使われる言葉」[1] である。情報検索は，コンピューターが普及する以前は，カードなどを用いて手作業による検索が行われていたが，今日ではコンピューターを用いた検索のことを指す。情報検索は単にコンピューターがあれば成り立つものではない。例えば文献検索について考えてみても，タイトル，著者，出版社，内容あるいは抄録など大量のテキストデータを対象に検索を行わなければならない。またコンピューターで自然語（日常的に用いている言語）を検索するための自然語処理の技術，高速な検索結果を得るために構築されるデータベースの技術，画像を検索する技術，論理演算など，情報検索はさまざまな技術により成り立っている。効率的な情報検索を行い必要な情報を得ようとするなら，このような情報検索の技術についての理解が必要である。以下にこの情報検索を支える技術について解説する。

　なお，情報検索の分野においては，データベースや検索ツール，情報検索システム，検索エンジン等，さまざまな用語が使用されている。本書では，情報検索においてデータベースやウェブ情報資源を検索する仕組み（検索システム）や検索エンジンを総称して「情報検索システム」と定義する。一方，検索対象となるデータベースやウェブ情報資源

1：日本図書館情報学会用語辞典編集委員会編. "情報検索". 図書館情報学用語辞典. 第5版, 丸善出版, 2020, p. 107. なお，『図書館情報学用語辞典』第5版は，コトバンク（https://kotobank.jp）にも収録されている。

などを「情報資源」と定義する。ただし，3章で述べる最近のデータベース提供機関等では，情報検索システムやサービスの基盤や環境を意味するプラットフォームという用語を使用している場合もみられる。

1.1.1　論理演算と論理演算子

　論理演算を用いて情報検索するには，論理演算子という論理演算の種類を表す記号を用いて行う。論理演算には，論理積（AND 検索），論理和（OR 検索），論理差（NOT 検索）の3種類がある。1-1 図に示したように，A と B の両方の語を含むものを検索する論理積の場合は AND，A も B のいずれか一方，および A も B も同時に含むものを検索する論理和の場合は OR，A だけのものは含むが B は含まないものを検索する論理差は NOT という各論理演算子を用いる。これらの論理演算子の記号は，すべての情報検索システムにおいて，全く同じではなく，プログラム言語やデータベースにより記号が定められている（例えば C 系言語では論理積は＆＆である）。本書では，AND，OR，NOT を用いて説明をする。

　1-1 図は検索語が2語の場合を例示している。具体的な事例で考える。「オムライスとカレーライス両方」の語を含む情報資源を探す場合は論理積となる（1-1 図の論理積）。「オムライスあるいはカレーライスのいずれか一方，および両方」の語を含む情報資源の場合は論理和を使用して検索する（1-1 図の論理和）。論理演算による検索において，注意を要するのは論理差である。例えば「オムライス NOT カレーライス」という検索式の場合，オムライスだけの情報が検索され，オムライスとカレーライスの両方について触れた情報は除外される。つまりオムライスとカレーライスの食べ歩きのような情報は得られない。このように論理差の検索には注意が必要である。なお，二つ以上の検索語とこれらの論理演算子を使用して組み合わせた式を検索式という。検索式においては，（　）を用いることにより，演算子の優先順位を定めて検索することもできる。「（A OR B）NOT C」のような検索式をたてて検索することもできる。例えば，オムライスとラーメンの集合からカレーライスの集合を除いて検索したい場合，「（オムライス OR ラーメン）NOT カレーライス」となる。論理演算は，検索エンジンでも用いることができる。検索エンジンの場合，論理演算子の AND はスペースで代用することもできる。

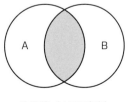

論理積（AND検索）

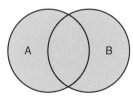

論理和（OR検索）

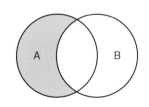

論理差（NOT検索）

1-1 図　論理演算

1.1.2 近接演算

上述した論理積（AND 検索）の検索結果にノイズが多く含まれる場合がある。これは同一レコード[2]内のどこかに入力した検索語があれば，ヒットしてしまうためである。ノイズを減らす方法として，論理積（AND 検索）ではなく近接演算を用いる方法がある。すべての検索システムが同一の近接演算の機能を有しているとは限らないため，実際の使用にあたっては，検索マニュアルやヘルプなどで確認する必要がある。

近接演算の機能は，欧米の言語のように単語間にスペースがあるような文章における検索では特に有効である。1–1 表に示した例では，work system（労働システム）を検索する際，単純に AND 検索を行うとノイズを多く生じさせる場合がある。また work order management system のような用語を検索するときは，work(2W)system として検索することもできる。さらに work(N)system と入力すると，work system のほかに system work も検索される。work(2N)system と入力した場合は，get the system to work properly（システムを正常に動作させる）も検索対象となる。なお，近接演算子は 1–1 表に示した（W）と（N）の他に，二つの検索語が同一文中に存在すればよいという（S）などもある。なお，（N）は情報検索システムによっては異なる記号を用いる場合がある。例えば，JDreamⅢでは（A）を使用する。検索マニュアルやヘルプで確認するとよい。

1–1 表　近接演算子の例

演算子	演算子の意味	入力例
（W）	入力した語順に指定して隣接	work（W）system
（2W）	入力した語順に指定して入力語の間に 2 語以内の語を含む隣接	work（2W）system
（N）	隣接しているが語順は問わない	work（N）system
（2N）	語順は問わないが 2 語以内の語を含む隣接	work（2N）system
（S）	入力した語が同一文中に存在。語順や隣接は問わない	work（S）system

1.1.3 トランケーション

英語をはじめとする欧米の言語においては，単語の語尾変化（単数形，複数形，品詞の違い）が検索に影響を及ぼすことが多々ある。また単語の初めの部分につける接頭辞もいろいろある。これらに対応するため，情報検索では検索語の文字列と完全に一致する語だけを検索する完全一致検索以外にも，検索語の一部分を含む語を検索できるトランケーションと呼ばれる機能がある。

2：レコードとは，「ファイルまたはデータベースにおいて，ある既定の形式と内容をもつデータ項目やフィールドの集まりで，一つの単位として扱われるもの」である（出典：日本図書館情報学会用語辞典編集委員会編. "レコード". 図書館情報学用語辞典. 第 5 版，丸善出版，2020，p.257.）。レコードについては，2 章 2.2.3「（1）情報検索システムとデータベース」を参照されたい。

　トランケーションには，①前方一致検索，②後方一致検索，③中間一致検索，④中間任意検索の4種類がある。

　①前方一致検索は，検索語の始まりの文字列を固定し，終わりの文字列をマスク文字（語の一部を任意の文字に指定するための記号であり，ワイルドカードともいう）に置き換えて検索する方法である。検索語の前方部分が一致するものを検索する。「？」をマスク文字（指定した場所の任意の全角の一文字とする）とした場合，例えば「飯村桃？」と検索すると，「飯村桃子」「飯村桃恵」「飯村桃枝」などが検索される。

　②後方一致検索は，検索語の後方の文字列を固定して，始まりの文字列をマスク文字に置き換える方法である。「？村桃子」で検索すると，「飯村桃子」「高村桃子」「中村桃子」などが検索される。

　③中間一致検索は，検索語の文字列の両側をマスク文字に置き換える検索方法である。部分一致検索とも呼ばれる。「？？ゲノム？？」と検索すると，「ヒトゲノム計画」「植物ゲノム研究」「細菌ゲノム解析」などが検索される。

　④中間任意検索は，検索語の中間の文字列をマスク文字に置き換える検索方法である。前後一致検索ともいう。「家？安全」と検索すると，「家庭安全」「家内安全」「家族安全」などが検索される。＊を半角1文字のマスク文字とした場合，「WOM＊N」と入力することにより，「WOMAN」と「WOMEN」が一度に検索される。

　マスク文字やトランケーション機能の詳細については，個々の情報検索システムに依拠している。なお Google や Yahoo! などの検索エンジンでは，中間一致検索が行われている。

1.1.4　索引ファイルを使用した検索

　情報検索システムの開発が始まったのは1960年代半ばからであり，当時のコンピューターは，今日と比べて処理速度が遅かった。そのため，高速での検索を可能にするための研究が進められ，索引ファイルを使用した検索システムが開発された。あらかじめデータベースのレコードから検索対象となる語（索引語）を切り出して，検索用にインバーテッドファイル（索引ファイル）を作成しておく方法である。インバーテッドファイルは，転置ファイル，転置索引ファイルとも呼ばれる。

　インバーテッドファイルは1-2図のような構造をしており，索引語のアルファベット順や五十音順などで配列されている。検索者が検索語を入力すると，初めにインバーテッドファイルを調べにいき，その検索語に該当する索引語を探し出してその索引語をもつレコードの収録件数とレコード番号を調べる。次にインバーテッドファイルのレコード番号を使用してシーケンシャルファイルの該当するレコードを抽出する。この方式は，大量のレコードがあっても，処理速度が速く検索結果の提示のスピードに悪影響を及ぼしにくい。現在でも多くの商用データベースや Google などの検索エンジンで用いられている。

　1-2図は，葛根湯を検索する際の仕組みを表したものである。葛根湯を入力すると，イ

ンバーテッドファイル中の索引語葛根湯が 2 件あり，レコード番号の 5 と 8 に索引語葛根湯があることがわかる。そのレコード番号からシーケンシャルファイルのレコード 5 と 8 を参照し，検索結果としてレコード 5 および 8 の内容を表示する。

インバーテッドファイル　　　　　　　　　　　シーケンシャルファイル

索引語	レコード番号	件数
安中散	7	1
葛根湯	5，8	2
桔梗湯	1，2，5	3
柴胡桂枝湯	6	1
大建中湯	3，8	2
人参養栄湯	3，4	2
補中益気湯	6	1
六君子湯	2，7	2

レコード番号	索引語
レコード 1	桔梗湯
レコード 2	桔梗湯，六君子湯
レコード 3	大建中湯，人参養栄湯
レコード 4	人参養栄湯
レコード 5	葛根湯，桔梗湯
レコード 6	柴胡桂枝湯，補中益気湯
レコード 7	安中散，六君子湯
レコード 8	葛根湯，大建中湯

1-2 図　インバーテッドファイルとシーケンシャルファイル

1.1.5　形態素解析

わが国では 1970 年代後半には，自然言語処理技術によるキーワードの自動切り出しの研究や実装が始まった。英語をはじめとする欧米の文章においては，単語はスペースにより認識できる。スペースの切れ目を区切り箇所とみなし，文章中の単語を索引ファイルに収録できる。ただし，of，the，with などの語は頻繁に文章中に出現する語であり，実際の検索では妨げとなることが多い。そのためこれらの語は通常は索引ファイルに含めない。このような語のことをストップワード（stop word：不要語）という。

一方，日本語の文章においては単語間にスペースが存在しないため，自然言語処理技術の一つである形態素解析を用いて，索引語の抽出を行っている。この時，あらかじめ作成したストップワード辞書（助詞，助動詞，接続詞など）と照合することによって，文章からストップワードが除去される。ただし日本語の情報検索システムでは通常ストップワードリストは非公開である。

形態素解析は，自然言語の文章を形態素（意味をもつ最小単位）に分割して，品詞（名詞，形容詞，動詞，助動詞，接続詞など）を判別して解析を行う。この解析結果をもとに，索引語の自動抽出などが行われる。形態素解析には，形態素の辞書とコンピューター処理に必要な形態素の文法が不可欠となる。具体的な例をみてみよう。

> 古代における出雲大社の社殿は，巨大な高層建築物であったという学説がある。

この文章を解析すると，形態素解析用の辞書を用いることにより，

／古代／に／おけ／る／出雲大社／の／社殿／は／巨大／な／高層／建築物／で／あっ／た／と／いう／学説／が／ある／。／

となる。

　文章の区切りは，句点である「。」の箇所から始める。文章を文末から逆に遡って前文の「。」の箇所まで解析処理をする。形態素解析はこの処理を繰り返していくことになる。

　上記では出雲大社（正確な読み方はいずもおおやしろである）を辞書に登録しているので，正確に分析できたが，辞書に登録されていない場合は，出雲と大社に分割されてしまう。ドナルド・トランプ前大統領やカツカレーも同様であり，仮にドナルドとトランプに分割されてしまうと，ドナルドで検索した場合は，ディズニーのキャラクターや映画もヒットしてしまう。さらにトランプで検索するとカードゲーム用のトランプも検索されてしまい，今は必要としていない不要な情報すなわち検索ノイズ（単にノイズともいう）が増えてしまう。カツカレーもカツとカレーに分断され，カツとカレーという別々の料理になってしまう。このような検索ノイズが発生する事態を避けるためにも，形態素解析のための辞書管理は非常に重要である。日本語は英語などと異なり，高頻度に出現するストップワードの指定を決めにくい。そのためストップワードについては，個別に対応する必要性が生じる。ストップワードの辞書，さらに用語の切り出しにおける例外辞書を作成し，維持管理がなされなければならない。JDreamⅢの前身であるJOISでは，1970年代後半から，カナ－漢字変換と，標題および抄録からの索引語の自動切り出しシステムを研究・開発してきた。このシステムの開発が成功した大きな要因の一つには，ストップワードを含む不要語辞書の作成と維持管理があった。このように形態素解析は，新語，人名，専門用語，造語など，今までの辞書にない語を追加していく必要が出てくるため，継続的な辞書管理の更新が必要となり，実際の維持管理には相当な費用と手間が必要となる。

1.1.6　Nグラム法

　Nグラム法は文章の先頭から1文字ずつ文字列をずらしながら順に検索し，検索対象語を切り出す方式である。一度に調べる文字列が，1文字単位の場合を「ユニグラム」または「モノグラム」，2文字単位の場合を「バイグラム」，3文字単位の場合を「トリグラム」と呼ぶ。
　例えば，「今日は大雪だ」という文字列をバイグラムで処理した場合，

今日
　日は
　　は大
　　　大雪
　　　　雪だ

とずらして，得られた文字列片を索引語としてインバーテッドファイルを作成する。

　この方式の利点は，1-2 表に示したように，検索漏れが少なくなること，辞書管理が不要であることから，形態素解析と比較しても低コストで対応できることである。ただし「京都」を検索すると「東京都」も検索結果に含まれてしまうというように，検索ノイズが生じやすいのが欠点である。また Google などの検索エンジンの多くは，シーケンシャルファイルからインバーテッドファイルを作成するために索引語を自動抽出する際，前述の形態素解析と N グラム法の併用や使い分けを行っている。また Google や Microsoft Bing などは 2010 年代より，人工知能（artificial intelligence：AI）の研究成果を検索エンジンに取り込むようになっており，今後，検索エンジンの自然言語処理はさらに変化する可能性が高い。

1-2 表　形態素解析と N グラム法の比較

比較項目	形態素解析	N グラム法
インデックスサイズ	小さい	大きい
検索漏れ	多い	少ない
検索ノイズ	少ない	多い
辞書の有無	解析辞書が必要	解析辞書が不要
維持管理のためのコスト	高価格傾向	比較的安価

1.1.7　類似文書検索

　キーワードを検索語として論理演算を使用して検索式を入力する検索方法では，適切なキーワードを入力することが検索結果に重要な影響を及ぼす。そのため，欲しい情報を表す概念に対する適切なキーワードを思いつかない場合は，良い検索結果が得られないことも少なくない。このような場合，欲しい情報を得るために，欲しい情報の概念を文に表現して検索できれば便利である。類似文書検索は，このような考え方に基づいて開発された検索方法であり，入力した文に類似した文書を類似度の高い順に検索結果として提示する。

　基本的な類似文書検索では，文書中に出現するすべてのキーワードに対して重み付けを行い，ベクトル空間モデルを使用して類似度を算出する。このモデルは，文書を単語の塊とみなして，ある単語を文書内に含まれるベクトルとして表現し，ベクトルの近さ，すなわち類似度を計算することによって，入力した文と検索対象となる文書がどの程度近いかを算出する。代表的な類似度の尺度としてコサイン類似度がある。コサイン類似度とは，「文書に含まれる情報を数学的（この場合はベクトル）に表現し，その近さ＝類似度を計算することによって，ある文書とある文書がどの程度近いかを表現する指標」のことである[3]。

　類似文書検索の手法では，文書中に出現するキーワードに対して，「tf・idf」という尺度で重みを与える。tf（term frequency：文書内頻度）は入力した文書中での出現頻度を表し，idf（inverse document frequency：文書数の逆数）は検索対象となる全文書中での出

現頻度を表す。この場合，idf の値は検索対象となる全文書頻度が分母にあるため，全文書中で多く出現しているキーワードほど小さい値を与え，まれにしか出現しないキーワードに高い値を与える[4]。例えば，「薙刀・居合道の練習と稽古」という書名の図書と類似の図書を検索したい場合，キーワードとして「薙刀，居合道，練習，稽古」という名詞が存在するが，「練習」や「稽古」のようにどの文書にもよく出てくるような用語は低い値が与えられ，「薙刀」や「居合道」は珍しいキーワードであるため高い値が与えられる。すなわち，idf は対象となる文書群の中で，特定の文書を識別する能力を示している。

類似文書検索は，自然言語検索ともいわれるが，この手法を利用した検索に Webcat Plus，新書マップ，文化遺産オンラインなどの連想検索がある。また特許分野では，概念検索と呼ばれ，検索したい発明内容を文で表現して検索することが行われている。最近では AI や機械学習を活用した類似文書検索も試行されている。

類似文書検索の特徴として，検索式の代わりに文の入力による検索が可能で，概念的に類似している可能性が高い順に文書を並べ替えて検索結果を表示することができる点があげられる。類似文書検索のシステム事例としては，日立システムズの特許検索サービスである SRPARTNER（有料）や国立情報学研究所（National Institute of Informatics：NII）の高野研究室で開発された連想検索の GETA（無料）がある。

1.1.8 化学構造検索

化学構造検索について化学情報協会は，「構造検索とは，検索語の一つとして化学構造図を使った検索である」[5] と定義し，『図書館情報学用語辞典』では「化合物に関する情報を化合物の構造に基づいて索引付けし，検索する手法」[6] と定義している。1980 年代から CAS（Chemical Abstracts Service）などのオンラインシステム（CAS STNext）で，化学構造検索サービスが提供されている。わが国では日化辞 Web が 2005 年から無料公開されている。調査対象とする化学構造式を作図して検索を実行し，構造が一致する物質あるいは類似物質を検索するものである。化学分野では基本的な検索の一種であり，3 章「3.1.2 主な商用情報検索システム」で解説する CAS STNext が提供するデータベースの REGISTRY，ReaxysFile，CASREACT，MARPAT などや，科学技術振興機構（Japan Science and Technology Agency：JST）が提供する J–GLOBAL（日化辞 Web は 2016 年 3 月より J–GLOBAL において無料で利用可能）で化学構造検索が利用できる。

3：阿辺川武. "第 4 章 さまざまな検索と使用の活用　文書の検索". 検索の新地平：集める，探す，見つける，眺める. 高野明彦 監修. Kadokawa, 2015, p.173, （角川インターネット講座：08）.

4：前掲注 3 の p.172 参照。

5：化学情報協会編. 化学物質検索　構造. 化学情報協会, 2018, p. 1.

6：日本図書館情報学会用語辞典編集委員会編. "化学構造検索". 図書館情報学用語辞典. 第 5 版, 丸善出版, 2020, p. 31.

1.1.9　画像検索

　GoogleやYahoo!などの検索エンジンにおいては，「画像検索」という名称で，入力した検索語に一致あるいは似た画像を検索したり，画像をアップロードして同じ画像や類似した画像を検索したりするサービスが提供されている。これらの画像検索のサービスは，写真やイラストなどのイメージに付随した検索語から文字による検索をしている検索システムと，入力した検索語とは関係なく画像そのもので検索を行う検索システムがある。画像そのもので検索する場合は，画像をドラッグ＆ドロップするだけで，その写真と同じあるいは似ている写真がウェブ上にあるかどうかを調べることができる。Yahoo!の画像検索は，キーワードによる画像検索である。画像そのものを分析して検索するシステムには，TinEyeなどがある。GoogleやMicrosoft Bingなどは，両方の検索方法を用いて画像検索ができる。

　検索語を入力して画像検索を行う場合，検索エンジンはウェブページのテキストや画像のファイル名やウェブページの文字列などから検索を行い，ヒットしたウェブページの画像一覧を，関連性の高い順に表示する。一方検索語ではなく，画像そのものをアップロードして検索した場合，検索エンジンはアップロードされた画像のexif情報（exchangeable image file format：エグジフ，画像ファイルの形式の一種で，撮影日時や撮影場所の緯度経度などの情報が付加されている）やファイル名，そして画像認識技術などを用いて類似した画像を検索する。Googleに限らずYahoo!やMicrosoft Bingなどの検索エンジンは，画像認識技術，機械学習（AI研究の分野の一つ）の研究成果を年々投入している。Google画像検索に関連する画像分析サービスであるCloud Vision APIを利用すると，アップロードした対象の画像から，さまざまな情報を取得できる。例えば顔やランドマーク，ロゴの検出が可能である。これらは機械学習の成果である。今後，さらにAIの研究の進展とともに画像検索の技術も向上すると考えられる。

　工業所有権情報・研修館（National Center for Industrial Property Information and Training（INPIT））においても画像意匠公報の検索支援ツールとして，Graphic Image Parkを提供している。これは意匠の類似可能性のある先行意匠の調査について，目視での判断から画像検索システムを利用することにより負担の軽減や効率化の支援を目的としたものである。

　1-3図のGraphic Image Parkの画像を入力の箇所に，意匠の画像をドラッグ＆ドロップして検索を行う。検索結果にアップロードした画像に類似した意匠が表示されるので，それらを確認し先行意匠の調査を行うものである。特許分野においてはGraphic Image Park以外にも，世界知的所有権機関（World Intellectual Property Organization：WIPO）が提供するGlobal Brand Databaseも画像ファイルをアップロードして国際商標などの類似画像検索が可能である。

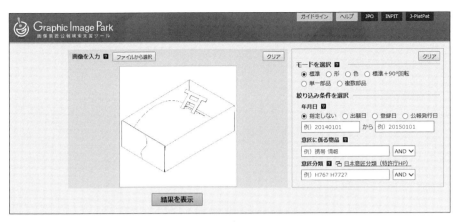

1-3図　Graphic Image Park：画像意匠公報検索支援ツール

1.1.10　メタサーチ

　メタサーチとは，複数の検索エンジンを使用して検索結果を表示する検索であり，メタ検索ともいう。メタサーチを行うために使用する検索エンジンをメタ検索エンジンといい，統合型と非統合型の2種類がある。

　　①統合型……複数の検索エンジンで同時に検索を行い，検索結果をまとめて表示する。統合型の検索が行える検索エンジンの例としては，Ritlweb がある
　　②非統合型……カテゴリごとにボタンが設置されており，ボタンをクリックすると検索結果を表示する。検索エンジンやウェブサイトの結果がそのまま表示される。非統合型の検索が行える検索エンジンの例としては，検索デスクがある

　検索エンジンは同じ検索語を入力しても，検索結果表示の順位に違いが生じる。また広告が上位に表示される場合もある。これは検索エンジンごとに採用しているアルゴリズムが異なることや，広告の表示は，検索エンジンの広告収入に関連するためである。統合型メタサーチは，いくつもの検索エンジンを個別に使用せずに済むというメリットがある。

1.1.11　検索結果の評価

　依頼された検索が終了したのち，情報が適切に検索されているか否かを検証することは，インフォプロ（情報専門家）や司書などの情報を扱う専門家として重要なことである。検索結果の評価方法には，顧客満足度を調査する方法と，再現率と精度を算定する方法の2種類がある。
　顧客満足度は，アンケート調査やインタビュー調査などを実施することにより把握できる。ただし顧客満足度は主観的であり，さらにアンケート調査やインタビュー調査は，そ

$$再現率 \quad R = \frac{B}{A+B} \times 100\%$$

$$精度 \quad P = \frac{B}{C+B} \times 100\%$$

A＋B：検索要求に合致する適合情報全体
C＋B：実際に検索された情報の全体
　　A：検索漏れ
　　B：検索された適合情報
　　C：検索ノイズ

1-4 図　再現率と精度

の質問や調査の項目設定の仕方次第では，恣意的な結果を招く場合もありうる。調査を行う場合は，回答を誘導するような質問にならないよう留意しなければならない。

　再現率と精度は，計算によって求めることができる。1-4 図に示したように，再現率（recall ratio）は，検索対象の集合中に存在する検索テーマに合致する適合情報のうち，実際に検索された適合情報の割合を表す。これはどの程度，検索漏れがあったのかを示す指標になる。検索漏れは，本来であれば検索されなければならない適合情報であるにも関わらず，実際に検索されなかった情報のことである。精度（precision ratio）は，実際に得た検索結果のうち，適合情報がどれだけ検索されたのか，その割合を示す。これは検索ノイズを示す指標になる。検索ノイズは，調査テーマとは乖離（かいり）している不要な情報であるにも関わらず，検索されてしまった情報を指す。再現率を上げるためには，検索時にシソーラスを活用する，同義語や関連語を加えるなどの工夫が必要となる。精度を上げるためには，検索ノイズの原因となる用語を論理差（NOT 検索）で除去する，などの工夫が必要である。

　理想は，再現率も精度も 100 パーセントであることが望ましいが，現実には難しい。再現率を上げようと関連語を増やせばその分，検索ノイズが増える可能性があり，精度を上げようとタイトルの項目に限定して検索したりすると，検索漏れが生じる可能性が高まる。例えると，カツオの一本釣りと地引網での漁の違いに似ている。一本釣りであれば，カツオを捕れる可能性が高いが，地引網のように一度に大漁とはいかない。地引網は大量に捕れるが，カツオだけを捕ることはできない。通常は一方を上げようとすると，もう一方が低減する関係，すなわち，トレードオフの関係にある。再現率と精度を同時に上げるのは困難であるが，さまざまな検索手法を用いて実際には検索を行うことになる。そこがインフォプロとしての腕の見せどころである。

1.2　情報検索方法の種類と仕組み

　情報検索に用いられる検索サービスのインターフェースは，従来のコマンド検索からフォーム検索に移り変わってきている。一見するとコマンドなどはもう必要なくなっているのではないかと思われがちである。しかし，企業内のインフォプロや図書館のレファレンス担当者が業務として検索する場合には，コマンドをはじめとする各種の情報検索の技術（スキル）が必須となる。

1.2.1　コマンド検索

　商用データベースの多くは，1970年代半ば以降20年間近くデータベースの操作のすべてにコマンドを使用していた。コマンドとは各種の情報検索システムで定められている命令語であり，このコマンドなくして，検索はできなかった。コマンドによって検索システムに操作の指示を与え，処理を実行させて，検索結果を得るものであった。

　現在では相当数の検索サービスが，コマンド検索からフォーム検索に移行したが，フォーム検索の検索画面の中で，コマンドによる検索も行うことができる検索システムも少なくない。これはインフォプロなどが使用する専門的な検索サービスにおいては，高度な検索を行うためにもコマンドによる操作の方が機能的で複雑な検索を可能にするためである。

1.2.2　フォーム検索

　現在の検索インターフェースの主流は，フォーム検索である。フォーム検索では，指定された入力ボックスに検索語を入力することで検索ができる。ここでいうインターフェースとは，人間とコンピューターとのやりとりの技術，すなわち操作方法や操作画面などの技術のことを指している。これはウェブによる検索が中心となるにつれて，コマンドに代わり発展してきたものである。CUI（character user interface：キーボードでコマンド名を入力して操作をする方法）からGUI（graphical user interface：グラフィックス表示とマウスなどを用いた操作体系）の利点である視覚的な操作感を用いた検索インターフェースである。

1.2.3　検索式の作成

　検索担当者は，依頼者から受けた検索テーマの主題分析結果を踏まえて，適切なデータベースと情報検索システムを選択する。選択したデータベースの特性と情報検索システムの機能を把握した上で検索式を作成する必要がある。検索式を作成した後は，必要であればプレサーチ（予備検索）を行い，検索式が想定どおりの検索を実行できているかどうか

を確認する。

　検索式を作成する際は，検索語の選定，論理演算や近接演算，トランケーションの適切な使用が重要となる。そして依頼者が再現率（網羅性）と精度（適合性）のどちらを重視しているのか，依頼者とよくコミュニケーションを図ることが大切である。例えば「新型コロナウイルス感染症の後遺症に対する治療法として，漢方による治療の臨床例が知りたい。とくに人参養栄湯や補中益気湯が奏功した例を知りたい」と依頼された場合，検索のキーワードとしての候補語は，新型コロナウイルス感染症，後遺症，漢方，臨床例，人参養栄湯，補中益気湯である。このとき，次項（1.2.4　統制語による検索）で述べる統制語が使用できないデータベースの場合，再現率（網羅性）を重視して欲しいという要望に対しては，新型コロナウイルス感染症は，世界保健機関（World Health Organization：WHO）が命名した COVID-19 という語も含めて検索する必要がある。臨床例は臨床報告などの語も含め，後遺症については，ブレインフォグや慢性疲労などの具体的な後遺症の症状についての用語も含めて検索する必要がある。しかし，具体的な後遺症の症状をどこまで検索語として入力するかについては，かなり難しい問題でもある。さらに人参養栄湯や補中益気湯以外の漢方薬による臨床例も想定した検索式を作成する必要もある。逆に精度（適合性）を重視した検索を行いたい場合は，後遺症，人参養栄湯や補中益気湯に限定するという考え方もある。

　そして AND，OR，NOT の論理演算子を組み合わせる場合，これらの演算子の優先順位にも注意しなければならない。一般的には丸カッコ（　）を用いた演算が最優先され，次に論理積（AND 検索）あるいは論理差（NOT 検索），論理和（OR 検索）の順で演算がなされる。なお，商用情報検索システムでは，論理積と論理差のどちらを優先的に処理するかは，システムにより異なっているので，ヘルプなどで確認する必要がある。

　上記の検索テーマの検索式として，「新型コロナウイルス感染症 OR COVID-19 AND 後遺症 AND 人参養栄湯 OR 補中益気湯」と検索式を作成した場合，「COVID-19」と「後遺症」と「人参養栄湯」の論理積が先に実行され，次にその論理積の結果と「新型コロナウイルス感染症」の論理和の集合が検索され，最後にその集合結果と「補中益気湯」の論理和が実行される。そのため，新型コロナウイルス感染症の後遺症に対する「人参養栄湯」と「補中益気湯」を使用した情報以外のノイズ（不要な情報）が多く検索されてしまう。したがって，この場合の正しい検索式は，「新型コロナウイルス感染症」と「COVID-19」は同義語であるので，論理和を先に実行させるために丸カッコ（　）で囲み，さらに人参養栄湯 OR 補中益気湯も丸カッコ（　）で囲む必要がある。すなわち，正しい検索式は「（新型コロナウイルス感染症 OR COVID-19）AND 後遺症 AND（人参養栄湯 OR 補中益気湯）」としなければならない。臨床例に限定するなら，この検索式に「（臨床例 OR 臨床報告）」も論理積する必要がある。「奏功例」に限定するには，さらに「奏功」「治癒」「寛解」などの検索語を論理和した上で，前の検索式に論理積する必要がある。

　再現率や精度を共に上げる検索を行うには，ノイズを減らすために近接演算を使用したり，漏れの少ない検索を行うためにトランケーションを使用したりするなども必要である。例えば英語の検索では，単数形・複数形への配慮，品詞による語尾変化，欧米での綴りの違いなども配慮する必要がある。ただし，これらの変化への対応は商用情報検索システムではあらかじめセットする機能が用意されていることが多い。精度（適合性）をあげたい場合は，完全一致検索やフレーズ検索，近接演算を使用してノイズを少なくする検索を行う。依頼者が満足する検索を行うためには，検索語の選定だけでなく，利用するデータベースの特性や情報検索システムの機能に応じて適切な検索式を作成することが，インフォプロに求められる。

1.2.4　統制語による検索

　人間が日常的に用いている言語を自然語という。自然語のままで，特定の主題について検索しようとすると問題が生じる場合がある。例えば，食物としての「米」をとりあげてみよう。米は他にもさまざまな名称を有している。こめ，コメ，米飯，飯，ご飯，ライス，おまんま，などといくつもの名称が存在する。情報検索は文字列が一致するデータを検索することが基本である。そのため自然語だけを使用して検索する場合は，いくつもの同義語を論理和（OR 検索）する必要がある。しかし，米という食物を検索する際に，これらの同義語のうち「米」を代表する語として統一することにより，同義語をいろいろ考えて入力しなくてもすむようになる。その事物を特定の語で言い表した用語を，自然語に対して統制語という。

　統制語彙には，2 種類ある。シソーラスと件名標目表である。シソーラスは主に文献データベースなどで使われる。件名標目表は，図書館において図書等の蔵書目録に用いられることが多い。また，シソーラスは特定の主題分野を対象として展開される場合が多いが，件名標目表は全主題分野を対象としている。文献データベースを対象とする情報検索においては，シソーラスや件名標目表の活用場面が多い。

　シソーラスでは，索引語付与作業に使用できる語を「優先語（ディスクリプタともいう）」と呼ぶ。索引語として使用できない語を「非優先語（非ディスクリプタともいう）」といい，優先語（ディスクリプタ）の同義語や類義語が相当する。シソーラスと件名標目表は，同義語参照，階層関係，関連語関係を表す記号や，意味の範囲を定義するスコープノートなどから構成されている。

　1-5 図は "JST シソーラス map"（無料）を参照し，判読し易い様に筆者が作図したものである。この例の場合，「交通騒音」は統制語として採用された優先語である。そして上位語として「騒音」があり，下位語として「道路交通騒音」「航空機騒音」「鉄道騒音」がある。さらに関連語として，「交通規制」「騒音被害」がある。なお，"JST シソーラス map"の印刷体『JST 科学技術用語シソーラス』は 2008 年版が最終版であるが，J–GLOBAL 内

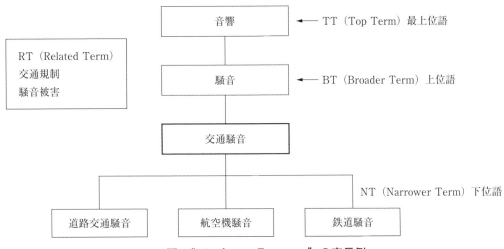

1-5図 "JST シソーラス map"の表示例

1-3表 シソーラスで使用される記号の意味と語の関係

記号	参照関係	語の関係など
USE または →	同義語・類義語	非優先語から優先語への参照
UF (used for)	同義語・類義語	優先語に対する非優先語の表示
TT (top term)	最上位語	階層関係
BT (broader term)	上位語	
NT (narrower term)	下位語	
RT (related term)	関連語	優先語の同義語でなく，階層関係にない関連する語
SN (scope note)	スコープノート	優先語の意味や定義，使用範囲など

にある"JST シソーラス map"あるいは JDream Ⅲ で検索中にオンライン参照することができる。シソーラスで使用される記号の意味と語の関係を 1-3 表に示した。

　主なシソーラスにはこのほか，①〜⑥のようなシソーラスがある。

① MeSH……MeSH は，Medical Subject Headings の略であり，米国国立医学図書館（National Library of Medicine：NLM）が作成する医学分野のデータベース（代表的なものに，MEDLINE，PubMed がある）の作成および検索に使用する医学分野のシソーラス

②医学用語シソーラス……医学中央雑誌刊行会が提供する医中誌 Web の作成および検索時に使用する医学用語のシソーラス。上記の MeSH に準拠している

③ ERIC シソーラス……米国教育省教育資源情報センター（Educational Resources Information Center：ERIC）が作成する教育学の文献データベースである ERIC で使用するシソーラス

④日経シソーラス……日本経済新聞社が作成している新聞記事データベースの作成お

　　よび検索のためのシソーラス

　⑤ EMTREE……医学・薬学分野のデータベース EMBASE（Elsevier）で使用するシ
　　ソーラス

　⑥ Thesaurus of Psychological Index Terms……米国心理学会（American Psycho-
　　logical Association：APA）が作成する心理学および関連領域の文献データベース
　　PsycINFO で使用するシソーラス

1.3　インフォプロとは何か

1.3.1　インフォプロの仕事内容

　わが国では 1980 年代から 1995 年前半は，情報検索そのものをインフォプロ（インフォ
メーションプロフェッショナル，情報専門家）が代行検索の形で担ってきた経緯がある。
従来サーチャー（データベース検索技術者あるいは情報検索技術者）という名称で呼ばれ
ていた情報検索の専門家が，1990 年代末からのインターネットの爆発的普及と情報環境の
変化に伴って，さらに幅広い情報検索や調査業務全般，情報環境の整備などを扱うように
なった。これに伴いサーチャーはインフォプロへと進化したといえる。代行検索とは，エ
ンドユーザー（情報の直接的な利用者，情報要求を有している利用者）がインフォプロに
「○○についての資料や情報を探してほしい」と依頼し，インフォプロがエンドユーザー
に代わって，情報検索や調査，資料の提供を行うものである。インフォプロの役割は単に
代行検索を行うだけに止まらず，社内の情報環境の整備やエンドユーザーへの利用教育な
ど多岐にわたる。ただしその個々の業務内容については，インフォプロの所属する組織や
立場により相違がある。

　しかし，エンドユーザー向けの情報検索システムの出現・普及により，インフォプロの
役割も大きく変化してきた。ここでいう「エンドユーザー向けの情報検索システム」とは
エンドユーザー自らが検索するための情報検索システムを指す。従来の情報検索システム
は通信ソフトやファイル構成，検索コマンドなど検索手法の予備知識などが必要であった
が，ICT（information and communication technology：情報通信技術）の発展によりス
マートフォン上でも手軽に検索できるようになった。例えば，研究者や学生などが学術論
文を読みたい場合には，誰でもが無料で利用できる CiNii Research，Google Scholar，
PubMed などがある。さらにはスマートフォンで CiNii Research や PubMed を検索するた
めのアプリも提供されている。今日では，エンドユーザー向けの情報検索システムは一般
的となり，誰でもが身につけるべき情報リテラシーの一つとなっている。このような時代
の変化を背景に，インフォプロの役割も変化してきたといえる。

　それらを踏まえた上で，現在のインフォプロが所属する組織や機関で果たす主にエンド

ユーザー向けの仕事内容として，以下の様な項目が挙げられる。また，情報の管理や情報分析もインフォプロの重要な仕事である[7]。

1 エンドユーザー向け情報検索システムの選定　かつてインフォプロが導入検討すべきデータベースなどの情報資源は，自らが操作するデータベースのみだったが，エンドユーザー向け情報検索システムが加わったため，予備知識の要否や操作感など，エンドユーザーのニーズやスキルを把握した上で，必要なエンドユーザー向け情報検索システムを選定・導入することが求められるようになった。エンドユーザー向け情報検索システムの導入は，組織全体の情報検索の基盤整備をすることであり，今日ではインフォプロが行うべき極めて重要な仕事の一つといえる。営利法人（企業など）と非営利法人（大学や医療法人など），業務の内容などにより選定基準は異なるが，おおむね以下のような点に注意を払う必要がある。

①データベースの収録内容，網羅性，収集方法，データの信頼性
②エンドユーザーからみた情報検索システムの使いやすさ
③有料の場合の料金体系（従量制／定額制，月額／年額），認証方式（ID 方式／パスワード方式，IP アドレスによる管理）
④利用状況を適切に管理する機能（利用統計や利用者管理が容易な方式であるか）
⑤データ共有の可否や範囲

2 検索環境の整備　所属機関のウェブサイトやウェブページ，ネットワーク，情報セキュリティなど，エンドユーザーの検索環境を整備する[8]。

3 情報資源の選択能力　情報要求に応じて，適切なデータベースなどの情報資源を選択し，検索できる能力が求められる[9]。

4 エンドユーザー教育　エンドユーザーに対する情報検索システムの利用方法や適切なデータベースの利用をはじめとする教育や指導も重要な業務である。

5 ヘルプデスクとしての役割　かつての代行検索においては，インフォプロは依頼を受けた検索を実行し，検索結果と報告書を提供することが主だったが，今日ではさらに，エンドユーザーが自ら検索を行う場合に，エンドユーザーが困っている内容についての問題解決をサービスするヘルプデスクやトラブル処理を行う必要がある。

6 原資料入手の環境整備　原資料の入手依頼に対する対応のほか，電子ジャーナルの導入，リンクリゾルバ（データベースなどの検索結果から，利用者にとって最適なサービス

7：「4 章　情報の管理・分析と知的財産」で詳しく述べている。
8：「5 章　コンピューター，ネットワークと情報セキュリティに関する知識」で詳しく述べている。
9：「3 章　専門分野別の情報資源の内容とその検索」で詳しく述べている。

などへのリンク先を示すシステム），機関リポジトリなどの情報資源入手の環境を整えることが必要となる。

7 エンドユーザー向け情報検索システムの評価　　利用統計の管理や費用対効果についての検証を行う。

　エンドユーザー向けの情報検索システムは，導入すればそれで終わりというものではない。営利法人と非営利法人の別を問わず，その所属している組織の構成員に対して，しかるべきエンドユーザー向けの利用教育，情報リテラシーの向上を図ることが重要である。

1.3.2　情報要求者とのコミュニケーション能力

（1）レファレンスサービスにおける受付方法

　図書館や情報センターにおいては，日々業務の中で数多くのレファレンスサービスに取り組んでいる。レファレンスサービスは利用案内と情報（資料）の提供に大別でき，情報検索はこの情報の提供と密接に関連している。ある人が「何かについて知りたい，調べたい」という情報要求が生まれ，さらに図書館や情報センターに相談しようとなった段階で，情報要求者（依頼者）とのコミュニケーションが発生する。現在の図書館や情報センターにおけるレファレンスサービスの受付方法は，主として以下の2種類に分けることができる。

　　　①ウェブフォーム，電子メール，チャットなどを経由して申し込まれる調査依頼
　　　②対面や電話で申し込まれる調査依頼

　いずれも依頼者とのコミュニケーションが重要となる。①はデジタルレファレンスサービスの一種である。非対面のサービス形態となり，有人チャット以外はリアルタイムにレファレンスインタビューを行うことができない。情報要求者から送付された文章の行間を読み，時には返信の文章を書いて質疑応答を行う。人間は，対面の際に声だけで判断しているわけではない。相手の表情，声のトーン，身振り手振りも情報の一つとして，無意識のうちに理解している。非対面型のレファレンスサービスでは，文章によるコミュニケーションとなるため，相手の表情や声の調子などがわからない点に難しさがある。②の電話による場合は，非対面ではあるが声のトーンから相手の様子はある程度うかがい知ることができる。

（2）レファレンスインタビュー

　古文書を紐解かねばならない調査であっても，化学構造検索を用いて化学物質を探す調査であっても，依頼された場合には，まずプレサーチインタビューを行い，その調査の重要点を明らかにする必要がある。インタビューのテクニックも必要であるが，それ以前に

しかるべき心構えも心得ておく必要がある。レファレンスインタビュー（reference interview）とは「利用者がレファレンス質問として表明した情報要求の内容について確認し，曖昧な点を明確にし，理解できない点の説明を求めるために，図書館員により利用者に対して行われる面接。」[10] のことである。

　実際のレファレンスインタビューではさまざまな場面に出くわすことも少なくない。最も多いのが，依頼者にインタビューを行うと，回答のために必要な情報をすべて話してくれない，質問をおおげさなものにする，曖昧な表現で質問をするケースである。このように依頼者が必要な情報をすべて話してくれないことには理由がある。

　その理由はおおむね次の10項目にまとめられる[11]。

　　①質問事項が十分に整理されていない。
　　②真に必要とする情報がまだはっきりとしていない。
　　③質問内容が多岐にわたり焦点が絞られていない。
　　④質問テーマのすり替えがある。
　　⑤質問者に先入観がある。
　　⑥不確かな情報に基づいての誤解がある。
　　⑦質問事項を他者に知られることを回避しようとする。
　　⑧依頼者が，情報を必要としている本人ではない。
　　⑨レファレンスサービスに対する理解が不足している。
　　⑩インフォプロの能力への信頼感が不足している。

　上記のようなケースを念頭に置き，依頼者の要望する情報を引き出して，必要な情報を見極めることが重要である。

　また，依頼者から要望などを聞き出すと言っても，無闇に聞けばよいわけではない。レファレンスインタビューにおいては，カウンセリングやコーチングの技法が役立ち，質問の仕方にもいくつかの技法がある。

　　①閉じられた質問と開かれた質問
　　②ミラーリング
　　③傾聴法
　　④漏斗型質問・逆漏斗型質問

10：日本図書館情報学会用語辞典編集委員会編．図書館情報学用語辞典．丸善出版，2020，p. 258.
11：情報科学技術協会試験実施委員会．検索技術者検定問題解説シリーズ　第11回　レファレンスインタビュー（2014年度検索技術者検定　2級　問12【8】）．情報の科学と技術．2016，vol. 66，no. 11，p. 591-593．なお，⑩については，設問の関係で原文では図書館員となっている。

　①閉じられた質問（closed question）とは相手が「はい」「いいえ」あるいは選択肢から解答を選び答えるタイプの質問である。問題点を整理し，相手の意思確認などには有効な方法である。例えば「英語の資料は必要ですか？」のような場合である。しかし閉じられた質問は相手からの解答を狭めてしまう可能性もある。閉じられた質問を多用すると尋問のように受け取られかねないリスクもある。開かれた質問（open question）は相手からの質問を受けながら，インフォプロ側からも質問を投げかけて自由に回答してもらう方法である。よくいわれるのは5W1Hの疑問（いつ・どこで・何を・なぜ・どのように）を相手に投げかけて，利用者の課題を整理し解決のためにどのような情報を必要としているのかを見極めていく方法である。実際には閉じられた質問だけ，あるいは開かれた質問だけでレファレンスインタビューを行うことはほとんどない。通常は利用者の様子を観察しながら，適宜，閉じられた質問と開かれた質問を織り交ぜてレファレンスインタビューを行う。

　②ミラーリング（mirroring）とは，「鏡映法」とも呼ばれる技法で心理学的な技法の一つである。インフォプロ側が相談者と同じしぐさや言葉を繰り返して，相談者に合わせていく方法である。相談者はこれにより自分自身の現在の状況を知る手がかりを得られやすい。さらにインフォプロ側が自分自身を受け入れてくれている，という安心感を与えるきっかけとなるメリットがある。

　③傾聴法（active listening）は，相手の話をただ受動的に聴くのではなく，相手の言葉から「事実および感情」を積極的に拾い上げながら，相手の真の要望などを把握しようとする手法である。単に聴くだけではなく，頷きや相槌，復唱や確認の質問なども重要である。人とのコミュニケーションにおいては，言語以外の非言語コミュニケーションが多くを占めるといわれている。そのため，傾聴法に限らずレファレンスインタビューにおいては，「視線」「表情」「しぐさ」「声の大小」「話す速度」等が重要な要素となる。視線をそらしながらの会話などは避けねばならない。

　④漏斗型質問（funnel sequence question）は，広い範囲の漠然とした質問から始めて，徐々により狭い質問に絞り込んでいく手法である。逆漏斗型質問（inverted funnel sequence question）は，狭い範囲の部分的な質問から始めて，徐々に全体的な質問へ移行する手法である。どちらの方法をとるのが良いかどうかは，ケースバイケースとなる。

　上記のような事項を意識しながら，適切な情報資源の選択を行い，調査から情報の提供へ繋げることがインフォプロの役割である。

2章

データベースと情報サービス機関

〈2章　学習のポイント〉

　情報検索の歴史はコンピューターの発明と通信ネットワークの発展と共に歩んできた経緯がある。それらの発展を理解した上で，データベースの定義と種類について学習する。データベースの種類は，データの形態別，用途別，データの構造別により分類することができる。データベースを利用するには情報検索システムが必要であり，ユーザーがデータベースを利用するための流通過程も理解する必要がある。最後に情報サービスを提供する主な提供機関としての図書館，書誌ユーティリティ，情報センターについて学ぶ。

2.1　情報検索のあゆみ

　米国で，1946 年に世界初の電子計算機（コンピューター）ENIAC が発明された[1] が，1960 年にはコンピューターが二次資料の編集や印刷に応用されるようになった。1964 年に米国国立医学図書館（National Library of Medicine：NLM）が MEDLARS という情報検索システムを完成させたが，これはバッチ検索（検索処理をオンラインで通信回線を通じて行うのではなく一括検索処理する方式）であった。二次資料のコンピューター編集で副産物として手元に残った磁気テープを直接検索できるようにしたいということから，情報検索システムの開発が進んでいった。1969 年には米国航空宇宙局（National Aeronautics and Space Administration：NASA）がオンライン情報検索サービスを開始した。また，NLM も 1971 年 10 月に MEDLINE（MEDLARS ONLINE）を開発し，1972 年から世界初の電話回線によるオンライン情報検索サービスを開始した。1970 年代以降 DIALOG や BRS などの商用オンライン情報検索サービスが開始された。商用サービスとは，契約を結べば利用できる商売で行われるサービスのことである。

　日本では，1969 年に日本経済新聞社が株価や財務情報の磁気テープ販売を行った。わが国における 1970 年代前半の情報検索サービスはバッチ検索であった。しかし，1976 年に JICST（日本科学技術情報センター。現在の科学技術振興機構：Japan Science and Technology Agency：JST）が JOIS（JICST Online Information Service, 現在の JDreamⅢの最初の情報検索システム名）の提供を専用回線によって開始し，1978 年には公衆回線

1：ENIAC については，5 章「5.1.1 ハードウェア」で述べている。

（電話回線）によるサービスを開始した。また特許情報を扱う PATOLIS も 1978 年にサービスを開始した。同年に日本経済新聞社もバッチ検索による NEEDS-IR のサービスを開始した。

　日本のデータベース開発の歴史は，日本語の言語処理技術の開発とも関わりが深い。JOIS はサービス当初の 2 年間はカナ入力による検索でカナ文字のみの出力表示であったが，1978 年にカナ入力による検索で漢字出力表示ができるようになった。そして 1996 年に漢字入力による検索を開始した。当時のオンライン情報検索システムは，専用回線や電話回線で接続し，コマンドを使用して検索をする方式であった。料金体系は情報検索システムへの接続料金と検索結果の表示件数を合わせた従量制のものが主流であった。

　1979 年 12 月に DIALOG が日本でのオンラインサービスを開始し，1980 年代には国際回線を利用した海外データベース利用が日本で本格化した。1980 年代に CD-ROM が登場し，CD-ROM の中にデータを蓄積したオンディスク検索（オフライン検索）が行われるようになった。それまでのオンライン検索は接続料金の問題もあり，エンドユーザーが気軽に使えるものではなかった。オンディスク検索は年間使用料もしくは購入代金による固定料金制のため，当時の従量制のオンライン検索のような「短時間で効率的な検索」が絶対条件ではなく，落ち着いてゆっくりと試行錯誤しながら検索を試みることができた。特に図書館では，予算計上しやすいという利点があり普及した。CD-ROM 検索の代表的なものに，国立国会図書館（National Diet Library：NDL）の蔵書目録である J-BISC（日本全国書誌 CD-ROM 版）や MEDLINE の CD-ROM 版，百科事典の CD-ROM 版あるいは DVD-ROM 版などがある。

　1990 年代前半には，図書館の目録はカード形式からコンピューター目録に変わった。1995 年になるとわが国でもインターネットと Windows95 の普及によって，さらに情報検索は身近なものになっていった。電話回線による情報検索システムへの接続はインターネット接続へと変化した。情報検索システムもウェブの GUI（graphical user interface）を活用した方式へと移行し，化学構造検索などもウェブ上で行えるようになった。また，文字や数値情報だけでなく，文献の全文データベースの登場や，情報のマルチメディア化も進展した。

　1990 年代末頃には，学術分野における電子ジャーナルが普及し，2000 年代には電子書籍や電子ジャーナルの一次資料の電子出版が加速され，一方でさまざまな情報資源がウェブを通じて利用できるようになった。国の機関などが作成するデータベースが無料で提供されるようになり利用しやすくなった。従来の商用データベースはデータベース作成機関が情報の質と信頼性を保障していたが，ウェブ情報資源の質と信頼性が問題になるようになってきた。そこで知的財産権の面での法整備の充実が必要とされてきた。

　2010 年代は，スマートフォンやタブレット端末などの普及にともない，検索エンジンや SNS（social networking service）の利用によって情報検索は特別のことではなくなった。

しかし，誰でも情報発信や検索ができる時代であるからこそ，情報の質と信頼性がますます重要視されるようになっている。また，図書館の OPAC（online public access catalog：オンライン閲覧目録）をディスカバリーサービスに変更するかどうか検討する図書館も増えてきている。ディスカバリーサービスでは，さまざまな電子化された情報資源を図書館の OPAC と結びつけて利用者が検索に苦労しなくても情報が得られる仕組みを提供するものである。一方，2017 年には知財情報分野において，人工知能（AI）技術を活用した取り組みが特許庁により検討され，その後実証研究，導入に至っている。企業の知財部門における特許調査にも AI 技術の活用が導入されてきている。

2020 年代に入り，特に 2022 年 11 月末に公開された対話型生成 AI（人工知能）の一例である ChatGPT が社会での注目を浴びている。Google や Microsoft Bing などの検索エンジンにも生成 AI 技術が搭載されてきている。文章生成 AI，画像生成 AI，音声生成 AI な

2-1 表　情報検索の歴史的変遷

年 代	歴 史 的 内 容
1940 年代	コンピューター（ENIAC）の発明
1950 年代	データベースという言葉の誕生
1960 年代	米国で，二次資料の編集・印刷にコンピューターを利用 情報が蓄積された磁気テープが副産物として残る（データベースの誕生） 米国で，情報検索システム開発が進展 米国で，バッチ検索によるデータベースサービスの開始
1970 年代	米国で，オンラインによる商用データベースサービスの開始 日本で，バッチ検索による商用データベースサービスの開始 JOIS や PATOLIS のオンラインサービス開始
1980 年代	米国で，DIALOG，BRS，ORBIT などのオンライン検索サービスが個人利用者にも拡大 米国の大手データベースサービス企業の合併や買収がみられる 日本で，国内外の商用オンライン情報検索サービス開始 日米で CD-ROM 版データベース登場 一次情報の電子出版促進にともなって全文データベースの増加
1990 年代	検索サービス形態の多様化と情報のマルチメディア化が進展 日米のデータベース利用環境格差の縮小 データベース利用者層がエンドユーザーにまで拡大 学術分野における電子ジャーナルの急激な普及
2000 年代	ネットワーク社会におけるデータベースサービスの多様化が促進 国の機関などが作成するデータベースの無料サービスが増加 出版社が電子出版物（電子書籍や電子ジャーナル）を直接利用者に提供 誰でも情報発信できる社会になり，ウェブ情報資源の質と信頼性が問題化 知的財産権の面から法的整備が促進
2010 年代	商用データベースの多様な検索インターフェースが登場 図書館 OPAC のディスカバリーサービス導入の検討が促進 商用データベース事業者の合併，買収の活発化 知財情報検索において，AI（人工知能）技術の活用への取り組みを開始

ど，今後は情報検索の分野においても生成 AI の進展により何らかの影響がでてくるであろう。

　情報検索を取り巻く環境は時代と共に大きな変化を遂げているが，歴史的に長い年月をかけて進化してきた商用データベースの価値は現在でも重要視されており，信頼性の高い情報資源としての需要は変わることがないであろう。

　情報検索の歴史的変遷については，その概略を 2-1 表に示す。

2.2　データベースと情報検索システム

2.2.1　データベースの定義

　わが国におけるデータベースの定義として，著作権法第二条十の三に「論文，数値，図形その他の情報の集合物であって，それらの情報を電子計算機を用いて検索することができるように，体系的に構成したもの」とある。

　つまり，データベースとは，「(あるテーマの) 情報が体系的に整理，統合，構造化されて電子的に蓄積保存されており，それらを，情報端末（例：パソコン）を使って必要な時に必要な情報だけ選択的に取り出せる（検索できる）ようにしたもの」であるといえる。例えば，姓名，個人の属性（仕事の関係者，学生時代の友人，個人的な知り合いなど），郵便番号，都道府県や市町村名など異なる観点（またはその組み合わせ）で検索できるようにした住所録は，データベースである。

　著作物としてのデータベースは，著作権法第十二条の二で「データベースでその情報の選択又は体系的な構成によって創作性を有するものは，著作物として保護する」とされている。一方，ベルヌ条約パリ改正条約第二条 (5)，WIPO（World Intellectual Property Organization：世界知的所有権機関）著作権条約第五条，EU データベース指令 Article 1-2 では，異口同音に，a. 素材の選択又は配列に創意を有すること，b. データその他の素材の形式は問わない，とあり，データベースの要件として，電子データに限定していない。

　なお，データベースという名称の由来は，1950 年代に米国国防総省が戦力に関する情報を集中管理するため，コンピューターに兵員や武器などの情報を蓄積したライブラリーを開発して，データの基地（data base）と呼んだことによるといわれている。

2.2.2　データベースの種類

　データベースの種類は，①データの形態別，②用途別，③データの構造別に分けることができる。他に，収録対象分野別（自然科学，社会科学など），提供形態別（オンライン利用とオフライン利用）という観点もある。提供形態別については，オンラインが大多数を占めるようになったので，昨今あまりいわれなくなった。

（1）データの形態別分類

　データベースをデータの形態により分類したのが，2-1図である。レファレンスデータベースは文献データベースともいい，文献の書誌情報や所在情報などを収録し，一次情報へのアクセス情報を提供するデータベースである。ファクトデータベースは事実型データベース（またはソースデータベース）ともいい，図書，雑誌論文（雑誌記事），特許公報などの文献の全文，数値（統計データ，株価など），静止画像（ニュース写真や地図など），映像（ニュース映像や記録動画など），音声情報（音楽，鳥の声など）といった一次情報そのものを提供する。マルチメディアデータベースは，百科事典のように文字と音声，映像など異なる種類の情報を同時に提供するデータベースである。

　情報検索は文献検索を中心にレファレンスデータベースから発展してきた。しかし，情報を記録するメディアの発達などにより，新聞記事，雑誌論文（雑誌記事），特許公報など文字情報を中心とするデータベースは，全文データベース（フルテキストデータベース）が主流となり，マルチメディア情報を収録するデータベースも珍しくなくなった。

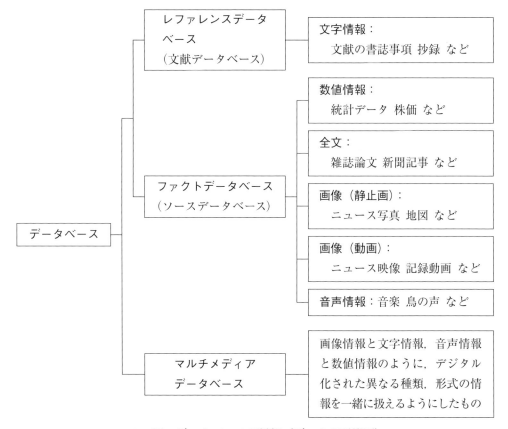

2-1図　データベースの種類（データの形態別）

出典：情報科学技術協会編．情報の管理と検索．情報科学技術協会，2000．p. 69．筆者一部修正

（2）用途別分類

　データベースを誰が何のために作成したかというサービスの用途で分類したのが，2-2図である。民間企業などのデータベース作成機関が，収益を目的として作成し，利用の際，あらかじめサービス提供機関と利用契約を結ぶ必要がある商用データベース，社内や学会など限られたコミュニティの関係者や特定の範囲の利用者を対象としたインハウスデータベース，政府や公共機関，大学，学会などが作成し，誰もが自由に利用できるオープンデータベース，個人が作成しウェブサイトなどから提供するパーソナルデータベースに分けられる。ただし，パーソナルデータベースの場合は，情報に個人的な主観や誤った情報が含まれていることもあり得るので，情報の正確性や適切性の評価が必要である。また，オープンデータベースの場合，提供機関によっては，データが収録されるまでのタイムラグが長かったり，定期的なデータ更新が行われていない場合もあり，利用に際してこれらの点に留意する必要がある。

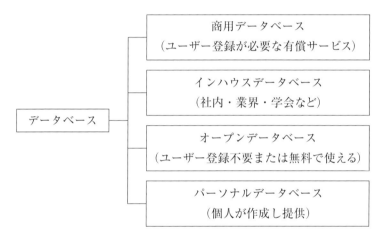

2-2図　データベースの種類（用途別）
出典：情報科学技術協会編．情報の管理と検索．情報科学技術協会，2000，p.69．筆者一部修正

（3）データの構造別分類

　データをどのような構造にしてデータベースを作成しているかという観点でいうと以下の三つに分けることができる。

　①階層型……データを上位から下位へ並べるもので，カスケード構造とも呼ばれる。
　　例えば，国名として日本，その下位に都道府県名として東京都や北海道，大阪府などを位置付けるやり方である。上位概念と下位概念が1:nに整理できるのでわかりやすくはあるが，一つの見出し項目が複数の見出し項目に関係するような，複雑な関係性を有するデータの整理には向かない。例えば，「味噌について書かれた文献」は，味噌の他，大豆加工食品や，発酵食品にも関係付けたいというような柔軟な関

係を作りたいときには不向きである。もし，階層型でこれを実現しようとすると，該当箇所にそれぞれ登録せねばならず，データの修正が必要になった場合に，複数箇所を修正することになり，修正漏れや間違いが生じやすい。

②ネットワーク型……前述の味噌と大豆加工食品，発酵食品の関係のように，一つの見出し項目を関連する複数の見出し項目に位置付けられるようにしたのが，ネットワーク構造である。上位概念から下位概念へという一方向のみではなく，必要に応じて下位概念から上位概念への関係を作ることができる。すなわち，大豆加工食品の中には，味噌や醤油，豆腐などが含まれ，味噌や醤油は大豆加工食品の他に，発酵食品とも関連付けることができる。

③リレーショナル型……一つの見出し項目に対し，関連する複数の情報を紐付けする方式である。例えば，ある本に対し，図書分類や発行年，タイトル，著者名などを紐付けした蔵書データベースを想像することができる。リレーショナル型では，1:n や n:1，n:n の関係を構築することができる。すなわち，ある1冊の本について考えると，その本につけられたタイトルは，一つであるので，その本とそのタイトルの関係は，1:1 である。一方，タイトルの側から考えると，同じタイトルの本が複数存在する可能性もあり，1:n になる。もし，その本が共著の場合，著者と本の関係は，n:1 である。また，同じタイトルを持つ複数の本が複数あった場合，個々の本についている図書分類は，一つとは限らないので，同一タイトルの複数の本を図書分類という観点からみると n:n になると考えられる。前述の①や②に比べ，柔軟なデータの取り扱いが可能になるが，プログラムは複雑になりがちである。

2.2.3 情報検索システムとその種類

（1）情報検索システムとデータベース

　データベースとして情報を体系的に整理，統合，構造化し，電子的に蓄積保存しても，パソコンなどを使って必要な情報を取り出せなければ，せっかくの情報も役立たない。データベースから必要な情報を選択的に取り出せる（検索できる）よう，データベースの構築・管理を行う，データベース管理システム（DataBase Management System：DBMS）を使って作られた，情報検索サービスを提供するためのシステムを，情報検索システムという。商用の情報検索システムの例には，JDreamⅢ，G-Search，日経テレコン，CAS STNext や Dialog などがある。

　2-3図に示すように，情報検索システムの多くは，一つのサービスの中に複数のデータベースを搭載して提供している。このような場合，個々のデータベースをファイルという。一つのファイルに蓄積された個々のデータをレコードと呼び，個々のレコードは，著者名や分類など何種類かのフィールドで成り立っている。

　情報検索システムではデータベースに固有のファイル名がつけられている。例えば，前

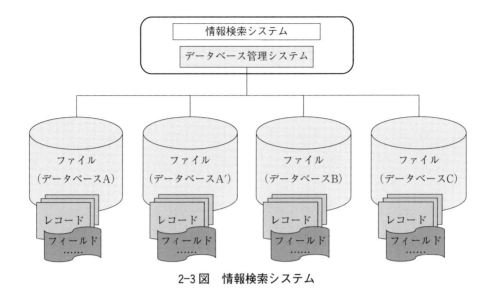

2-3図　情報検索システム

記の CAS STNext では，Derwent World Patents Index や US Patents Full-Text Database などのデータベースを WPINDEX や USPATFULL といったファイル名で搭載している。また時には，一つのデータベースを年代によって複数のファイルに分割したり，課金方式の違いなどでファイルを分けて提供したりすることがあり，データベースとファイルは１対 n 個の関係になることもある。例えば JDreamⅢ では，1975 年〜1980 年発行分までの情報を提供するファイルを JST7580 といい，1981 年以降発行の情報を提供するファイルを JSTPlus というように，それぞれのファイル名に分けて提供している。

　DBMS の仕組みはサービスにより異なるので，同じデータベースでもサービスが異なれば，検索できる項目や出力内容が異なる。情報検索システム導入を検討する際には，それぞれの機能やサービス内容，料金などを比較して，適したサービスを選択することが大切である。

（２）情報検索システムの種類

　情報検索システムは，2-4 図に示したように，社内向けなど限られた利用者に対して提供する内部（インハウス）サービスと，利用者を限定せずに提供する外部（商用やオープン）サービスがある。内部サービスとしては企業や学会などの特定の組織に属する人向けのインハウスデータベースや，企業内の情報を総合的に情報共有するために構築された社内ポータルサイトなどがある。外部サービスは，料金を取ってサービスを提供する商用サービスと，公的機関や大学などが提供する無料のサービスがある。商用サービスは，当初，予算管理のしやすさや通信回線が不要などの理由で，オンディスク型（オフライン型）が利用されることもあったが，①データベースに蓄積されるレコード数の増加，②機器類の普及，③インターネットなどの通信（ネットワーク）環境の充実により，オンライ

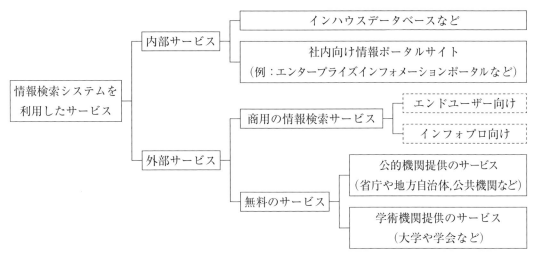

2-4 図　データベース提供サービスの種類

ン情報検索が主流となった。加えて，グラフィカルユーザーインターフェース（graphical user interface：GUI）を使ったフォーム検索の操作画面の登場で，利用者層も拡大した。こうした状況を踏まえ，商用の情報検索サービスは，エンドユーザー向けのサービスや定額制など料金体系に工夫を凝らしたサービスを提供するようになった。一方，従来からのインフォプロ向けサービスもコマンドを用いた検索から，インフォプロの使用に堪える入力画面の登場などにより幅広い利用者を対象としたフォーム検索が増えている。そのため，エンドユーザー向け，インフォプロ向けというように，インターフェースを分けないサービスも増えており，2-4 図では点線を用いた。

　一方，ウェブ環境の充実などによって，誰もが簡単に情報発信できるようになり，各省庁や地方自治体，大学，学協会などが自ら保有する情報を無料で公開する動きも盛んになっている。ただし，本章 2.2.2「（2）用途別分類」で述べたように，利用に際してはタイムラグや更新頻度に留意が必要である。

2.3　データベースの流通機構

　上述したように，情報検索システムを利用したサービスには内部サービスと，外部サービスがあり，外部サービスには商用と無料のサービスがある。内部サービスのうち，社内サービスは社内ネットワークを通じてサーバーに接続するが，インハウスのデータベースでも，例えば学協会など外部のサーバーにアクセスして利用する場合は，インターネットプロバイダーとの契約が必要である。また，無料のサービスであっても外部サービスを利用する場合も，インターネットプロバイダーとの契約が必要となる。一方，商用サービスを利用する場合は，以下のようにさらに関係者が増える。

2.3.1　商用データベースの流通

　2-5図に示したように，商用データベースは，データベース作成機関によって作成され，インターネットを介して利用される。データベース作成機関が作成したデータベースを，利用者が検索できるまでには，情報検索システムの提供業者，通信ネットワーク業者などさまざまな関係者が関わっている。

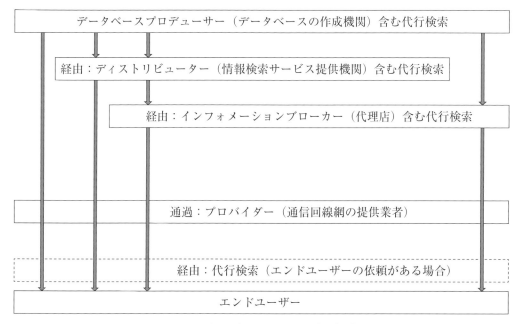

2-5図　商用データベースの流通経路

（1）データベースプロデューサー

　データベースを作成する機関（データベース作成機関）のことをデータベースプロデューサー，または単にプロデューサーという。あるテーマに沿って情報資源から文献を収集し，個々のレコードを，特定の視点にのっとって優先語（ディスクリプタ）や分類記号の付与などをして，「体系的に整理のつく状態」にするのが，データベースプロデューサーの役割である。

　1970年代，学術情報の索引誌や抄録誌からレファレンスデータベースが作成され，提供された。その後学術誌の発行元などが，出版の際に電子化したデータをもとに，フルテキストデータベースを作成し，提供するようになった。データベース作成機関の例としては，米国にはChemical Abstracts Service（CAS），米国国立医学図書館（NLM），米国技術情報サービス局（National Technical Information Service：NTIS）があり，わが国には医学中央雑誌刊行会，日本医薬情報センター（Japan Pharmaceutical Information Center：JAPIC），科学技術振興機構（JST），日外アソシエーツ，各新聞社，帝国データバンクな

どがある。近年，情報が最初から電子データとして生産されることが多くなり，政府など
の公的機関や大学，学会なども保有する情報をデータベース化し，自らサービスを提供す
るようになっている。その例として，デジタル庁が提供する e-Gov 法令検索や金融庁が提
供する EDINET などがある。

　また，特許情報に関しては情報を保有する各国特許庁が，無料サービスとして提供する
とともに，日米欧中韓の五大庁などのように保有情報を商用のプロデューサーに提供して
いる例もある。

（2）ディストリビューターあるいはベンダー

　自己のコンピューターを運用し，プロデューサーからデータベースを委託され，または
データベースプロデューサーのデータベースに接続して，データベースをユーザーに提供
する機関をディストリビューターあるいはベンダーという。プロデューサーが作成した
データベースを，自機関が開発した情報検索システムを使ってパソコンや携帯情報端末な
どで検索できるようにし，情報検索サービスとして提供する機関のことである。利用契約
やユーザーサポートの他，エンドユーザーに代わって代行検索などの調査・分析評価業務
を担うこともある。提供機関の例としては，米国の ProQuest，EBSCO，わが国のジー・
サーチなどがある。作成と提供双方を行う機関の例としては，オランダの Elsevier，米国
の Clarivate，わが国の日本経済新聞社などがある。

（3）インフォメーションブローカー

　海外のデータベースプロデューサーやディストリビューターに代わって，営業活動や契
約，問い合わせ対応（ヘルプデスク），文献入手などのユーザーサポートを行う業者をイ
ンフォメーションブローカーあるいは代理店という。複数のディストリビューターの製品
を扱うこともあり，代行検索などの調査・分析評価業務を行うこともある。例えば，
Dialog や JDreamⅢのジー・サーチ，CAS STNext の化学情報協会などがある。

（4）プロバイダー

　回線網を提供する通信事業者をプロバイダーあるいはインターネットプロバイダー（イ
ンターネット接続業者）という。ウェブ検索が主流の昨今ではインターネットに接続でき
る環境を整えるためには，インターネットプロバイダーとの契約が必要である。

（5）代行検索業者

　エンドユーザー同様の立場で情報検索サービスを利用し，専門能力を生かしてエンド
ユーザーに代わって調査や調査結果の評価分析を行う企業，機関，個人をいう。専業の代
行検索業者ばかりではなく，社内やグループ企業などに対し，エンドユーザーに代わって

検索を代行して調査業務を行う場合もある。

2.3.2　学術情報などのオープンアクセスへの動き

　学術情報の流通は長く査読付きの学術雑誌や学会が担ってきたが，インターネットの進展を背景に，より自由な情報流通の手段として，オープンアクセス（open access：OA）が挙げられる。オープンアクセスとは，論文のフルテキストに，誰もがいつでも，無料でアクセスでき，著作権料など利用にあたっての制約が最小限である学術情報の提供形態をいう。一方，書誌情報に限って無料アクセスできるサービスや，特定の記事や号に限った無料公開まで広く含める考え方もある（3 章 3.6.2「（2）学術雑誌・学術論文と電子ジャーナルの特徴」参照）。

　オープンアクセスは，Green Road（学術雑誌に公表された論文を著者が個人のウェブサイトなどでも公表できる方法。グリーン OA ともいう）と Gold Road（出版社のウェブサイトから論文を提供する方法。ゴールド OA ともいう）に分けることができる。前者には，著者個人のウェブサイトでの公表，科学技術振興機構（JST）が提供する Jxiv（ジェイカイブと読む）のようなプレプリントサーバーによる方法，大学や研究機関などに所属する研究者による電子的資料を収集・保管し，広く提供する学術機関リポジトリデータベース（Institutional Repositories Database：IRDB）による方法，米国国立医学図書館（National Library of Medicine：NLM）が提供する PubMed Central（PMC）などがある。後者には，ELSEVIER の ScienceDirect など商業出版社のサービスがある。

　政府や地方の行政機関への提出物（例：特許出願書類，報告書など）や各種統計データなどを電子化して提供している。特に，各国特許庁の多くは自機関に出願された特許や商標などの保有情報を自ら公共の情報検索サービスとして提供すると同時に，各データベースプロデューサーやベンダーへ特許情報を，製作原価を含まず，データの複製にかかる原材料費，工賃などのみのマージナルコスト（限界費用）で提供している。また企業では，会社概要や財務状況など自社に関わるさまざまな情報を自社のウェブサイトから提供するのが一般的になっており，中にはビジネス情報として活用できる情報も多い。

　こうしたオープンアクセスへの動きは，1990 年代までの商用データベースサービス中心の情報流通とは趣を異にするものであり，今後の動きを注視していく必要がある。

2.4　情報サービス機関

　情報サービスを提供する組織を総じて情報サービス機関という。しかし今日では，インターネットや携帯端末を通した個人向け情報サービスの種類は多様化の一途をたどっており，その全貌を把握することは難しい。ここでは，情報検索サービスという観点からみて，歴史的に汎用性をもっている情報サービス機関として，図書館，書誌ユーティリティ，情

報センターに限定して紹介する。なお，図書館の類縁機関として博物館（museum）や文書館（archives）があり，近年は MLA（Museum–Library–Archives）連携による文化的歴史的資料の収集・保存・提供といったことも推進されている。しかし，博物館や文書館は保存・収集に比重があり，情報提供を第一優先の任務としているとは言い難いことから，本書では情報サービス機関の定義から外している。またデータベースの流通に関わる機関については，本章「2.3　データベースの流通機構」ですでに述べており，そちらを参照されたい。

2.4.1　図書館

　図書館は図書，新聞・雑誌などの定期刊行物，CD や DVD などの視聴覚（AV）資料などさまざまな情報資源を収集，組織化し，保存して利用に供する機関である。わが国の図書館の種類には，国立国会図書館（National Diet Library：NDL），大学図書館，公共図書館，学校図書館，専門図書館，その他の施設がある。

（1）国立国会図書館

　国会図書館法を根拠とするわが国唯一の国立図書館として，あまねく国民にサービスする役割と同時に，国会の立法・調査活動をサポートする役割を担う。国内の発行者等はすべて，納本制度により，NDL への出版物の納入が義務付けられている。これにより NDL は国内出版物および外国で出版された日本語出版物の標準的な書誌情報である「全国書誌データ」を作成・提供し，同時に出版物の網羅的な保存を行うことで，将来にわたる国民のアクセス権を保障している。NDL の所蔵は国立国会図書館サーチ（NDL サーチ）で検索でき，個人であっても NDL 利用者登録をすることで，複写サービスや資料の取り寄せが依頼できる。また全国の公共・大学・専門図書館や学術研究機関等が提供する資料，デジタルコンテンツを横断的に検索することも可能になっている。2022 年 12 月には NDL デジタルコレクションがリニューアルされ，NDL などがデジタル化した資料 300 万点と電子書籍・雑誌 150 万点の全文検索が可能となっただけでなく，絶版などの理由で入手が困難なものについて，利用者が近くの公共・大学図書館や，自宅の端末で閲覧することも可能になった。一方，NDL が提供している「レファレンス協同データベース」では，全国の公共・大学・専門図書館によって行われたレファレンス事例が一堂に集められ，最終的に提示された回答だけでなく，それに至るまでのプロセスや参考にした資料なども閲覧することができるようになっている。

（2）大学図書館

　大学図書館は，その大学の学生・教職員の学習・研究に必要な資料を保存し提供する組織で，大学設置基準に基づいて設立される。所属する研究者の執筆した研究紀要，学術論

文，学位論文などの研究成果を電子的に蓄積・公開する機関リポジトリ（institutional repository：IR）の構築が進展している。さらにオープンアクセスリポジトリ推進協会（Japan Consortium for Open Access Repository：JPCOAR[2]。4章4.4.2「（6）著作権の利用と許諾」参照）が推進する学術情報のオープンアクセス化への対応も，重要となってきている。電子ジャーナル購読料を，論文著者がオープンアクセス化を選択した場合に支払う論文処理費用（Article Processing Charge：APC）に段階的に移行させることにより，電子ジャーナル購読料およびAPCの上昇に対処するとともにオープンアクセス出版の拡大をめざす，いわゆる「転換契約」（Transformative Agreements）も広がりをみせている。日本の大学図書館コンソーシアム連合（Japan Alliance of University Library Consortia for E-Resources：JUSTICE）も2019年に転換契約推進のロードマップを策定し，2020年にCambridge University Pressと合意したのを皮切りに，現在はWileyやSpringer Natureなど大手商業出版社との契約も進みつつある。

（3）公共図書館

図書館法に基づいて自治体が設置する「公立図書館」と，法人等が設置する「私立図書館」を総称して「公共図書館」と呼ぶ。公立図書館は，地域住民に密接した図書館サービスを提供する市町村立図書館と，都道府県レベルの物流や情報共有，研修などを担う都道府県立図書館とに分けられる。従来の貸出重視型を脱し，ビジネス，医療・健康，法律，行政といった課題解決型の情報提供サービスに力を入れる図書館や，地域住民の集まる場としての役割を積極的に担おうとする図書館も増えている。また地域資料の電子化プロジェクトも進んでおり，福井県では県立図書館が文書館，文学館と共同でデジタルアーカイブを構築しているし，長野県でも県立図書館が構築したプラットフォーム上で地域出版物のデジタル版を公開している。先に紹介した国立国会図書館サーチを検索すると，こうした各地でデジタル化された地域資料も多く見ることができる。

（4）専門図書館

専門図書館は，各種の組織体の構成員を主な対象とし，その組織の目的の実現のために設置される図書館で，官公庁の設置する図書館，民間団体・企業の情報センター，地方自治体の議会に設けられる議会図書室，各種研究機関（研究所，学協会，大学など）に附随する図書館などがこれにあたる。国立国会図書館にも所蔵がないような非流通本や専門資料を揃え，高度な専門サービスを提供しているケースもある反面，公開していなかったり，利用に制限を設けていたりする施設も多い。そのため存在やサービス内容が一般によく知られていないという課題が指摘されている。2015年に開始された「ディープライブラリー

2：オープンアクセスリポジトリ推進協会（JPCORE）. https://jpcoar.repo.nii.ac.jp/,（参照2024-02-01）.

プロジェクト」（dlib.jp）では，全国の図書館の蔵書横断検索サイト「カーリル」上で専門図書館の公開蔵書データを検索できるようにしており，2021年11月現在160館を超える専門図書館が参加している。

2.4.2　書誌ユーティリティ

書誌ユーティリティとは，多数の参加機関による共同オンライン目録の作成システムを提供し，それによって構築された書誌情報を広く供給する公共事業体のことを指す。世界最大の書誌ユーティリティである米国のOCLCが運営するWorldCatでは，世界90か国の図書館7万館以上が参加し，共同でそれらの書誌・所蔵情報のデータベースを構築しており，全世界で利用に供されている。わが国では国立情報学研究所（National Institute of Informatics：NII）が全国の大学図書館参加館の共同分担入力による目録所在情報サービスNACSIS-CATを運営し，これは図書館間の相互貸借（文献複写や資料現物貸借）のシステムNACSIS-ILLと連動している。このためNIIが提供するCiNii Booksを検索すると，わが国の大学図書館の資料所蔵状況を確認することができる。

2.4.3　情報センター

情報センターは，文献や情報を収集・組織化して，データベースを作成し，それを提供するなどの総合サービスを行う機関で，公的機関としては，NIIと科学技術振興機構（JST）が代表格である。NIIは大学共同利用機関として学術情報基盤の開発，整備に取り組んでいる。前述の書誌ユーティリティNACSIS-CAT/ILLの窓口業務や運営だけでなく，学協会刊行物・大学研究紀要などに収録された学術論文データベース（CiNii Articles），大学図書館が所蔵する図書，雑誌，古典籍などの学術資料を収録するCiNii Books，日本の博士論文を網羅するデータベース（CiNii Dissertations），学術機関リポジトリデータベース（IRDB），科学研究費助成事業により行われた研究成果のデータベース（KAKEN）などのデータを2022年に統合し，学術情報の横断検索を可能にしたCiNii Researchとして提供開始している。なお，CiNii Dissertationsは2024（令和6）年12月上旬に，CiNii Booksは2025（令和7）年度後半にCiNii Researchにサービス面においても統合される予定である。JSTは国内外の科学技術情報の流通促進を目指し，科学技術文献を網羅したJDreamIII（提供はジー・サーチ），文献情報に研究者情報，特許情報，機関情報などを加えた総合学術データベースJ-GLOBAL，オープンアクセスを目指した無料公開システムJ-STAGEなどの情報サービスを行っている。

3章

専門分野別の情報資源の内容とその検索

〈3章　学習のポイント〉

　インフォプロとして必要な商用情報検索システムのうち，わが国で歴史的にも利用されてきた主要な五つのシステム，JDream Ⅲ，Dialog，CAS STNext，G–Search，日経テレコンの基礎的知識を学ぶ。その上で，ライフサイエンス，化学，特許，ビジネス，人文科学，社会科学の各専門分野の主要なデータベースや情報資源について，種類とその内容について理解を深める。インフォプロには，これらのデータベースや情報資源を，情報要求に合わせて実際に活用できるスキルが求められる。

3.1　専門分野別の情報資源の特徴と主な商用情報検索システム

3.1.1　専門分野における情報資源の特徴

　専門分野の情報資源と情報検索システムにおける発展の歴史は，2章「2.1　情報検索のあゆみ」で述べた内容と密接に関連性がある。1830年にドイツで最初の抄録誌である *Chemisches Zentralblatt* が創刊されたが，扱っている専門分野は化学，薬学であった。化学，医学，生物学，物理学などの自然科学分野の研究では，自他の研究成果に基づいて研究開発が進められる。また，STAP 細胞研究の例にみるように，第三者が検証を行って再現できない研究成果は認められないという客観性が特に重視される学問分野でもある。関連する先行研究を探すために自然科学分野では，19世紀から20世紀初頭にかけて，次々と索引誌や抄録誌といった二次資料が創刊された。それらが，20世紀半ばに発明されたコンピューターを活用したデータベースや情報検索システムの発展と相まって今日の礎を築いたといえる。

　そこで，本章では自然科学分野でいち早くデータベースが整備された歴史的経緯を踏まえて，最初にライフサイエンス分野（医学，薬学，生物科学など）と化学について述べる。次に特許分野について述べるが，それは次の理由によるところが大きい。自然科学分野の学問の発展は，それらを応用して人間の社会を豊かにする科学技術の発展につながっていくものであり，そこには人間の知恵を活用して生み出されるさまざまな発明やアイデアが誕生する。発明やアイデアに対しての権利を一定期間独占的に保護する特許でも，大量の文献情報を検索，確認，入手する必要がある。そのためにデータベースの利用が欠かせな

い。3 番目に，ビジネス分野について述べる。特許分野と同様，特に企業においては正確な情報収集や入手した情報の分析などが，企業戦略や経営などに重要な影響を及ぼす。すなわち，ビジネス分野の情報は業種を問わず企業の経営や活動に共通して必要な情報である。また，ビジネス分野で必要とする情報資源は多岐にわたるため，使用するデータベースもライフサイエンスや化学，特許分野に比べて幅広いものとなる。

　以上のような理由から，ライフサイエンス，化学，特許，ビジネスの 4 分野はデータベース利活用のうえで特別な位置にあり，特掲して解説する必要があると考えられる。

　しかし今日では，人文科学分野や社会科学分野においてもデータベースの整備が進み，充実が図られてきている。一方，国や自治体，大学，図書館からも信頼性の高いウェブ情報資源が多数提供されるようになってきている。本章では，上述した 4 分野以外の専門分野における主要な情報資源についても言及する。

3.1.2　主な商用情報検索システム

　ウェブ情報資源は，Google などの検索エンジンを使用したり，個別のウェブサイトから提供される情報検索システムを使用したりして検索を行う。一方，商用データベースを使用する場合は，従来から 1 種類の情報検索システムで多くのデータベースを提供する情報検索システムがサービスされてきた経緯がある。

　現在，わが国で使用できる科学技術分野全般を主に収録対象とする商用情報検索システムとしては，JDream Ⅲ，Dialog，CAS STNext がある。ビジネス分野のデータベースを提供する主な商用情報検索システムとしては，G-Search と日経テレコンがある。特許分野に関しては，これらの情報検索システムから提供されるデータベースもあるが，各国の特許庁や個別の検索システムによるサービスも多い。詳細は，本章「3.2.3　産業財産権分野の情報資源と検索」で述べる。

　これらの情報検索システムは，同一の情報検索システムで数多くのデータベースを提供しているところに特徴がある。そのため，主題分野が重なる異なる複数データベースを包括的に検索して，後で異なるデータベースから検索された同一文献の重複を除去する機能が Dialog と CAS STNext にはある。この重複除去機能は個別の情報検索システムを使用していたのではできないことである。

　3-1 表は，わが国で利用されている主な商用情報検索システムの概要を示している。いずれも利用にあたっては，契約が必要であり，有料でサービスされている。

　なお，本章で紹介する情報検索システムや情報資源に関する内容は，2023 年 10 月 31 日時点の情報であり今後変更されることもありえる。そのため，利用の際には，各サービス提供機関や代理店のウェブサイトおよびヘルプデスクで最新情報を確認する必要がある。

3-1 表　主な商用情報検索システム

システム名	JDreamⅢ
収録分野	科学技術，医学，医薬品情報
概要と特徴	JDreamⅢは，科学技術振興機構（JST）が作成する科学技術，医学，薬学分野の国内外の書誌データベースをジー・サーチが提供するサービスである。外国語で書かれている学術文献を日本語で検索でき，日本語の標題と抄録が読めるところに特徴がある。契約するプランによって，利用可能なデータベースが一部異なるが，JSTPlus，JST7580，JST5874，JMEDPlus，MEDLINE，JCHEM，JSTChina，PREPRINT，JAPICDOC の9種類のデータベースを提供している。これらのデータベースは学協会の機関誌，大学紀要，研究報告，会議録・予稿集，企業技報，公共資料などから記事を採録して提供している。検索は，初心者向けのクイックサーチとコマンド検索の機能をもつアドバンスドサーチがある。クイックサーチでは，サジェスト機能によって選択したキーワードに同義語が自動追加されることで網羅的な検索ができる。アドバンスドサーチは，演算子を使用した検索式を直接入力できるコマンド検索と，検索対象フィールドが用意されている簡易入力画面の両方が用意されている。検索補助機能として，JST シソーラスや JST 分類表のブラウザ参照が検索中に行える。アドバンスドサーチでは，検索式のアップロードや保存，ユーザーSDI 登録・編集・削除の機能もある。MEDLINE には日本語索引語が付与されているため，日本語による検索も可能である。また，JSTPlus および JMEDPlus では分析・可視化機能を使用できる。
サービス提供者	ジー・サーチ
システム名	Dialog
収録分野	科学技術，医学，薬学，医薬品，特許，業界ニュース，など
概要と特徴	Dialog は，科学技術・医学・薬学分野を中心に，学術文献，特許，業界ニュース，医薬品情報等に関する 140 以上のデータベースを提供している。検索モードの種類には，基本検索，詳細検索，コマンドライン検索がある。重複レコードの除去，英米綴りの違い，単数形と複数形などの語尾変化を自動検索する機能，絞り込み検索が簡単に行えるナビゲーション機能，シソーラス機能，医学用語の同義語の追加機能などがある。検索結果の一覧表示までは無料で，詳細表示では，入力した検索語がハイライトされる。検索結果を日本語などに翻訳する機能（機械翻訳）や検索結果の可視化・簡易分析機能もある。PDF，HTML，RIS，Word，Excel，XML など，さまざまな形式でエクスポートできる。
サービス提供者	ProQuest　　代理店：ジー・サーチ
システム名	CAS STNext
収録分野	化学，特許，医学，薬学，生物学，医薬品，毒物学，規制，安全性，物理学，電気，電子，工学，など
概要と特徴	CAS STNext は，コマンドを使用した情報専門家向けの検索サービスである。特許，医薬品，化学物質，CAS 登録番号（CAS RN®），核酸・タンパク質配列，物性データを含む科学技術分野を包括する約 100 の世界的な主要データベースを提供している。収録源は，特許，雑誌論文，会議録，学位論文，単行本など多岐にわたっている。とくに，Chemical Abstracts Service（CAS）が作成する CAplus/CA ファイル，化学物質のすべての CAS RN®を収録した REGISTRY ファイル，日本を含む世界の主要国の特許全文データベースなど，化学関連分野の文献，化学物質，特許に関する

	情報が充実している。異なるデータベース間で，共通する情報（レコード番号，CAS RN®，特許番号，化学物質名称など）を使用してクロスオーバー検索ができ，重複レコード除去もできる。略語を含めた検索，単数複数形を含めた検索，英米の綴りの違いを含めた検索など，キーワード検索時に必要な設定も settings 画面から簡単にできる。なお，研究者向けのサービスとして，CAS SciFinder^n が別途契約でサービスされている。
サービス提供者	Chemical Abstracts Service　　代理店：化学情報協会
システム名	G-Search
収録分野	企業，マーケティング，新聞記事，雑誌記事，法律，特許，など
概要と特徴	G-Search は，全国約 145 万社の企業情報，約 150 紙誌の新聞および雑誌記事情報，技術情報，マーケティング情報など，ビジネスに必要なデータベースを提供している。とくに新聞では，共同通信，全国紙，専門紙，スポーツ紙，政党機関紙，海外紙を提供し，雑誌を含めての横断検索ができる。企業情報では，帝国データバンク，東京商工リサーチの企業情報，財務情報，信用情報，リスクモンスターの与信情報を提供しており，信用情報の横断検索ができる。雑誌記事は，日経ビジネス等 33 誌，週刊ダイヤモンド，週刊エコノミスト，週刊東洋経済等のビジネスに欠かせない記事情報を提供している。人物情報では，朝日新聞人物，読売人物，日外アソシエーツ現代人物情報，ダイヤモンド役員・管理職，東京商工リサーチ経営者情報を提供している。TKC の法律情報，ゼンリン住宅地図などとも連携している。キーワードは文字列一致検索で，論理演算，トランケーションが使用できる。新聞は，一覧リストから検索対象新聞を選択できる。企業情報では，会社名，地域の選択，電話番号などから検索できる。
サービス提供者	ジー・サーチ
システム名	日経テレコン
収録分野	新聞記事，雑誌記事，企業，人物，人事情報，統計，など
概要と特徴	日経テレコンは，日本経済新聞社が作成する日経各紙［日本経済新聞朝刊・夕刊・地方経済面，日経産業新聞，日経 MJ（流通新聞），日本経済新聞電子版，日経プラスワン］，NIKKEI Prime，日経速報ニュース，日経 WHO'S WHO，日経 NEEDS 統計データ，日経 POS 情報・売れ筋商品ランキングなどの検索ができる。1876（明治 9）年から 1974（昭和 49）年までの日本経済新聞縮刷版の紙面イメージを PDF 形式で閲覧できる。ただし，広告は検索できない。全国紙，各地域の新聞，業界に特化した専門紙，スポーツ紙まで計 180 以上の国内外主要紙を提供している。日本経済新聞社グループが発行する各種雑誌，経営や金融に関する雑誌，ジュリスト，Westlaw Japan 新判例解説なども提供し，TKC 法律情報データベースも利用できる。そのほか，ニュース速報，企業 IR 情報，信用情報，調査・統計・マーケティング情報，業界地図などの書籍・年鑑も提供している。媒体リストから検索対象を選択し，キーワード等で検索することができる。日経シソーラスによる統制語付与が行われており，検索に利用できる。なお，日経テレコンと米ダウ・ジョーンズ社の Factiva というサービスを一つの ID で受けられる「日経テレコン＋Factiva」も提供している。
サービス提供者	日本経済新聞社

3.2　自然科学・科学技術分野の情報資源と検索

3.2.1　ライフサイエンス分野の情報資源と検索

（1）ライフサイエンス分野と情報

　ライフサイエンス分野とは，生命に関係する科学として，生物学・化学・物理学などの基本的な面と医学・薬学・農学・工学などの応用面から総合的に研究する領域である。そして，その成果は医療・創薬の飛躍的な発展や，食料・環境問題の解決などにも大きく寄与するものと期待されている。この分野の専門性が必要な調査担当者の勤務先は，医薬品の研究開発を行う企業，公的機関や医学部を有する大学，病院の専門図書館，さらに，これらの機関に専門情報をサービスする調査機関などが多く見られる。こうした企業や図書館では，多くの研究・開発担当者，医師，看護師，薬剤師などの専門家が高度で専門的な情報を必要としている。そして，それらの情報の使用が人の生命に係る場合もあることから，情報検索の高い技術をもった調査担当者の確保，教育に積極的である場合が多い。そのため，本項ではライフサイエンスの幅広い領域の中でも基本となる医学・薬学分野に関係する内容を中心に述べる。検索技術者検定の試験問題においても，専門分野に関する出題には医学・薬学分野に関係する内容が多いことから，これらの分野に関する知識を学ぶことが重要である。また，化学構造式，遺伝子配列に関する調査はライフサイエンス分野にも関係が深いが，これらに関しては化学分野の「3.2.2 化学分野の情報資源と検索」で述べる。

（2）医学・薬学分野で必要とされる調査と情報

　医学分野の情報としては，各種の疾患とその治療法，治療薬の安全性に関する情報の必要性が高い。特に，診療ガイドラインの作成に必要なエビデンスを重視した網羅性の高い情報など高度な検索技術を必要とする調査も増えつつある。薬学分野の情報としては，医薬品による治療，副作用，臨床試験に関する情報と創薬のための薬理，薬物動態，安全性，製剤，標的分子，医薬品の合成，バイオテクノロジーに関する情報などが必要となる。これらの医学・薬学分野に関するデータベースを複数含む情報検索システムとしては，CAS STNext と Dialog の実績が高いが，本章では共通するデータベースの名称の表記は CAS STNext を優先して使用する。また，CAS STNext ではデータベースの名称にファイルを付けて記載することがあるが，本章ではファイルの記載を省略する場合がある。

a.　学術文献情報

　医学・薬学分野の臨床，研究に関係する情報は，医療関係者，研究者などにより論文として学術雑誌で発表される。そのため，学術雑誌を収録した文献データベースを検索することにより，書誌情報を入手し，原報を読むことが調査の基本である。医学・薬学分野の

学術文献を収録する文献データベースは複数あるが，これらは，収録対象の雑誌が異なり，さらに疾患情報や医薬品情報に関して使用目的に応じた統制語が付与されているものもある。そのため，これらの文献データベースを検索する際には，調査の目的に適した情報資源を選択する必要があるため，情報検索の網羅性に関係する雑誌の収録タイトル数や国別の収録数，収録年代，索引方針などの知識が重要となる。これらの文献データベースとしては，国内で作成されている医中誌 Web，JAPICDOC，JMEDPlus や海外で作成されている MEDLINE，EMBASE，BIOSIS，DDF（Derwent Drug File）などが重要である。また，医薬・薬学分野の専門のデータベースではないが，関連する科学全般の情報を検索するために，国内で作成されている JSTPlus，海外で作成されている CAplus/CA，SciSearch（Web of Science Core Collection の科学分野），Scopus なども使用される。

b. 医薬品競合情報

医薬品の研究開発に関する情報は，製薬企業にとってニーズが高く，最も重要な情報の一つであるため，複数の専用データベースが作成されている。医薬品の研究開発に関する情報は，特許，学術雑誌，学会発表，ニュースリリース，ウェブサイト，当該企業からのアンケートなどから総合的に判断する必要があり，データベースを作成する企業の独自の人的ネットワークやノウハウも重要となる。特に，医薬品の臨床試験などの開発ステージや開発中止の情報は製薬企業の機密情報とも考えられ，すぐに公開されない場合もある。そのため，データベース作成側の判断基準の違いにより，異なった結果を示すことも多い。このような事情もあり，調査する際には，これらのデータベースを複数使用し，相互に補完して調査することが好ましい。このタイプのデータベースとして日本で作成される「明日の新薬」，海外で作成される Pharmaprojects が基本であり，その他に Cortellis Competitive Intelligence，特許情報を重視した Cortellis Drug Discovery Intelligence，市場予測に強い Evaluate Pharma などがあり，さらに，独自の特徴をもつ ADISINSIGHT（R&D Insight），IMSRESEARCH（IMS LifeCycle，R&D Focus）は CAS STNext でも利用可能である。

医薬品の研究開発に関する競合情報は，海外では competitive intelligence とも呼ばれ，研究に関しては，特許による新規化合物と関連する標的分子，薬理作用，適応症に関する情報，さらに特許情報を含めたライセンス（実施権）の移転についての情報が重要である。この中でも，特に，創薬分野では合成した新規化合物の構造情報とその薬理メカニズム，作成した抗体とその標的分子が関係する疾患に関する情報ニーズは高い。そのため，これらのデータベースを作成する情報企業は，大量に出願される特許を専門の分析者が実際に読むことにより，独自の方法で整理，評価して提供している。また，開発に関する情報については，臨床試験の適応症ごとの開発段階情報や薬剤の企業間アライアンス（事業提携）による導入，導出などの権利情報が重要となる。これらを使用して競合他社に関する情報を分析することにより，独自の研究開発戦略を決めていくことが，競争の激しい製薬

企業にとって重要である。

c. 医薬品情報

　医薬品に関する情報のなかで，ここでは医薬品の規制当局により承認され市販されている医薬品について，その使用者向けの製品情報に関する情報について述べる。これらの基本的な情報としては，医薬品を製造した製薬企業が自社製品について作成した資料である医薬品添付文書と，より詳しい医療従事者向けの資料であるインタビューフォームなどがある。これらは，三次資料と呼ばれ，加工度の高い資料であり，作成者が根拠として収集した一次資料を示すことにより特定のテーマ毎にまとめられている。内容は，医薬品に関する基本的な情報として，製品の特徴，有効成分の安定性，製剤の安定性，用量反応性試験，比較試験，各種の使用上の注意の設定理由，胎児への移行性，乳汁中への移行性，薬物代謝の詳細，非臨床の一般薬理，毒性などがある。これらの情報は，実際の医療行為の際に必要になるだけでなく，研究開発においても，先行品との比較のための参考資料として必要性は高い。

　医薬品情報データベースとしては，国内では，医療用医薬品に関しては日本医薬品集DB，医薬品医療機器総合機構（Pharmaceuticals and Medical Devices Agency：PMDA）の医療用医薬品の情報検索サイト，OTC医薬品（一般用医薬品：OTCとは over the counter の略）に関してはJSM-DB，海外では，米国の公定書に認定されているDRUGDEX，世界の医薬品情報を収載する英国のMartindale などが有名である。

d. 医薬品市場情報

　市場情報としては，医薬品の全体的な売り上げに関する情報と個別の製品がどのような疾患に対してどの程度処方されたかについての情報が重要である。前者の情報は統計情報としてある程度公開されたものを使用することができるが，後者の情報に関しては，統計的に推測した方法による情報が用いられることが多く，データベースとしてIQVIAのIMSBase（国内市場），MIDAS（海外市場）などが実績がある。また，近年になり，保険請求に使用されるレセプト（診療報酬請求明細書）情報により，特定の健康保険に所属する人に関して，ある程度正確な薬剤使用に関する情報が得られるようになった。ウェブによるサービスとして，膨大なデータをさまざまな切り口で集計するJMDC Data Mart などが有名である。これらは，研究開発，マーケティング，安全性部門などによる利用が期待され，創薬から市販後までの，製品のライフサイクルマネジメントに必要な疫学情報を入手することができる。これらの使用により，有病・発生割合，推定患者数，合併症情報，手術実施状況，1日投与量，投与日数，併用状況，検査実施状況，薬剤曝露後イベントなどの多様な情報を分析できる。また，厚生労働省が蓄積管理しているデータベースにNDB（National Database：レセプト情報・特定健診等情報データベース）がある。民間のDBに比べて保険種別に偏らないことや75歳以上のデータが得られるなど優れている面があるが，データ利用の手続きに時間がかかることやデータ利用の制限などの課題があった。

これについては，改善が進みつつあり，今後はデータの利用が進むと考えられる。

（3）医学・薬学分野の主なデータベースの概要

a.　文献データベース

　主要なライフサイエンスデータベースである MEDLINE，EMBASE，BIOSIS，DDF について述べる[1]。

　MEDLINE は，1879 年に医学研究のために創刊された二次資料の *Index Medicus* が起源であり，世界最大規模の医学・薬学データベースとして，現在でも米国国立医学図書館（National Library of Medicine：NLM）が作成している。一方，MEDLINE とよく比較される EMBASE は 1947 年にオランダで設立された Excerpta Medica Foundation が創刊した *Excerpta Medica* が起源であり，現在では Elsevier が作成している。BIOSIS は 1926 年に米国で設立された Biological Abstracts 社による二次資料 *Biological Abstracts* が起源であり[2]，生物学と学際的分野（医学，薬学など）の両方を含む情報に特徴がある。DDF は欧州製薬企業の Roche と Sandoz が 1920 年に始めた論文抄録と索引の共同作成が起源である。BIOSIS と DDF は，現在では Clarivate が作成している。これらのライフサイエンス系データベースは，1980 年代に質，量ともに発展し，1990 年代に情報利用者自身が検索するエンドユーザー検索が始まった。1990 年代後半のインターネット普及にともない，データベース作成機関が直接，利用者へサービスを行うモデルも始まった。

　ライフサイエンス情報を含む主な文献データベース 4 種の特徴を，3-2 表にまとめた。米国の MEDLINE とオランダの EMBASE が医学・薬学分野で重要であるが，収録雑誌の重複は 50 ％程度しかない。さらに索引方針が異なり，EMBASE は薬剤名の索引を多数付与するなど，実際に薬剤名で検索すると収録雑誌の差以上に検索レコード数が異なる。その他の BIOSIS，DDF も収録雑誌，索引システムに特徴があるため，網羅的な調査の際は，同じ検索システムで複数のデータベースを同時に検索し，その結果を重複除去するとよい。

　国内の日本語文献に関しては，海外のデータベースに収録されているものは少ないため，日本の文献データベースを検索する必要がある。医学に関しては，1903 年に医師の尼子四郎により創刊された『医学中央雑誌』が，現在では医中誌 Web として提供され，契約する約 2,500 機関から 1 日 1～2 万回のアクセスがある。索引に関しては，MeSH に準拠した『医学用語シソーラス』を使用して，網羅性の高い検索が可能になっている。一方，1970 年に日本製薬工業協会加盟有志 25 社により設立された日本医薬情報センター（Japan Pharmaceutical Information Center：JAPIC）は，研究開発から市販後までの医薬品に関

---

1 ：化学情報協会. 医薬情報調査. https://www.jaici.or.jp/application/files/1116/5355/1058/ref-pharm.pdf，（参照 2024-02-01）.

2 ：設立当初は，組織名（社名）と二次資料名は同じ Biological Abstracts であった。steere, WC., ed. Biological Abstracts/BIOSIS. The first fifty years. The evolution of a major science information service. 1976, p.13.

3-2表　医学・薬学分野の主な文献データベース

DB 名称	MEDLINE
収録分野	生物医学，歯学，薬学，看護学，栄養学，獣医学，など
概要と特徴	生化学，分子生物学など現代的な生命科学のほぼ全領域を含む文献を収録。収録対象は論文が中心で特許は含まれない。MeSH というシソーラスで索引されており，最新の統制語による検索で過去に遡った検索が可能。薬剤の CAS 登録番号の情報が文献にあれば収録されるが，フリー体の番号となる。作成機関の NLM が MEDLINE に未収録の最新文献情報も付加したデータベースとして PubMed を無料で公開している。
DB 作成機関／提供システムの例	米国国立医学図書館／CAS STNext, Dialog, JDreamⅢ, EBSCOhost, OvidSP, CAS SciFinder, PubMed, Web of Science
DB 名称	EMBASE
収録分野	生物医学，薬学
概要と特徴	EMTREE という医学用語シソーラスによる統制語で索引されており，再現率や精度の高い検索を行うことができる。特に医薬品の索引が詳細に付与され，医薬品に関する文献を効率よく検索できる。現在では，EMBASE 独自のレコードと重複しない MEDLINE のレコードも収録。MEDLINE に多くは収載されない欧州の文献や学会会議資料も多く含む。
DB 作成機関／提供システムの例	Elsevier／CAS STNext, Dialog, Elsevier, OvidSP
DB 名称	BIOSIS
収録分野	生物科学，生物医学
概要と特徴	生命科学全般を網羅した論文情報を収録し，学会会議資料も多数収録。1995年以降の米国特許情報も収録。統制語による網羅的な検索が可能で，概念コード，生物系統分類コードなどで研究対象が限定可能である。
DB 作成機関／提供システムの例	Clarivate／CAS STNext, Dialog, OvidSP, Web of Science
DB 名称	DDF
収録分野	医薬品，会議資料
概要と特徴	明確な選択方針に従って厳選した医薬品を主題とした合成，開発，評価などに関する論文，会議資料を収録。薬剤ごとに統制語，CAS 登録番号，構造を表すキーワードが付与されているため，生物学的情報と化学的情報を関連付けた検索が可能。第三者抄録を作成し，会員専用データベースの DRUGU では情報が充実した拡張抄録（数字データを含んだ詳細な記述）を収録している。
DB 作成機関／提供システムの例	Clarivate／CAS STNext, Dialog

する文献情報を収集して国内医薬品文献データベースとして JAPICDOC を作成し，製薬企業，医療機関，行政機関等に提供している。この他に，科学技術振興機構（Japan Science and Technology Agency：JST）は，医学分野に関して国内文献のみならず多くの関連資料からの情報をデータベース化した JMEDPlus を JDreamⅢ から提供している。索引に関しては，同じ医学系の医中誌 Web と同じように MeSH を意識したサブヘディン

3-3表　医学・薬学分野の主な国内文献データベース

DB名称	医中誌Web
収録分野	国内医学文献，学会演題
概要と特徴	医学文献データベースとして国内最大であり，医学の他に薬学，歯学，看護学，獣医学に関する原著論文，症例報告，総説，解説，学会抄録，会議録など，約4,000誌から採録した約1,500万件の論文情報を収録。索引として付与される統制語は，MEDLINEのMeSHに準拠した『医学用語シソーラス』に体系的に収載されている。Mapping機能により自由語の検索から統制語による検索を自動的に行うことができる。
DB作成機関／提供システムの例	医学中央雑誌刊行会／医中誌Web
DB名称	JAPICDOC
収録分野	医薬品
概要と特徴	国内雑誌，海外雑誌に掲載された論文のうち，医薬品の有効性や安全性に関する文献を収録。医薬品名，薬効分類，疾病，副作用などの12種類の索引を持ち，JAPIC独自の抄録を作成。国内約480誌，海外13誌を収録。JAPICのウェブサイトから提供する国内外の医薬品情報に関するデータベース群（9種）の総称としてiyakuSearchがあり，そこに含まれる文献データベースはJAPICDOCと同一である。iyakuSearchは，文献検索および書誌的事項の閲覧は無料であるが，抄録，キーワード部分を含めた詳細情報を利用するにはユーザー登録が必要。JAPIC維持会員は無料で登録可能。
DB作成機関／提供システムの例	日本医薬情報センター／iyakuSearch，JDreamⅢ，日経テレコン
DB名称	JMEDPlus
収録分野	国内医学文献，学会演題
概要と特徴	日本国内発行の資料から医学，薬学，歯科学，看護学，生物科学，獣医学などに関する文献情報や会議録，公共資料を収録。JST科学技術用語シソーラスによる統制語を付与。薬物や疾患と組み合わせる治療，副作用などのサブヘディングが付与され，精度の高い検索ができる。
DB作成機関／提供システムの例	科学技術振興機構／JDreamⅢ

グ（subheading：副標目あるいは副件名）の使用による検索結果の精度の向上が可能である。

b. 医薬品競合情報データベース

　この分野のデータベースとしては，日本の「明日の新薬」があるが，海外で作成されるPharmaprojects，ADISINSIGHT，IMSRESEARCHについてはCAS STNextで検索可能である[3]。その他に，Clarivate，IQVIAなどが作成する製品もあるが個別の契約が必要となる。これらのデータベースは，世界で研究開発される医薬品に関しての情報を収録して

3：化学情報協会. 医薬品開発情報2009. https://www.jaici.or.jp/application/files/6116/5355/1058/ref-iyaku09.pdf,（参照 2024-02-01）.

いるが，日本で研究開発されているものに関しては，網羅性，信頼性，速報性の面で「明日の新薬」が優れている。医薬品競合情報データベースを選択する際には，調査の目的が重要となる。すなわち，創薬の研究段階における研究シーズとしての新規な薬剤の化学構造式や標的分子関連の情報が必要な場合は，特許情報を重視した非臨床の情報が整理されていることが重要であり，Cortellis Drug Discovery Intelligence などが有用である。ただし，特許の情報のみから，その特許で記載されたどの化合物がどの程度実際に研究開発に進むかを読み取るのは難しい場合があるので，これらのノウハウが高いデータベースの信頼性は高い。また，開発情報として臨床試験の進み具合に関する情報や薬剤のライセンスに関する情報などビジネスとしての面に関係する情報は，Pharmaprojects，ADISINSIGHT，IMSRESEARCH，Evaluate Pharma などが有用である。製薬産業の情報誌 SCRIP で有名な informa（英）が作成する Pharmaprojects は，開発段階に関する情報の選定基準を厳密に定義し，高い情報収集体制による各種の付加価値をつけた情報を提供しているため，データを使用した各種の分析が可能である。ADISINSIGHT は，学術論文を精査した情報に定評があり，臨床的な可能性を含めた評価に優れている。IMSRESEARCH は，医薬品の市場情報を提供する IQVIA が作成し，その医薬に関する人的ネットワークを活かして入手した情報を特許，学会情報，ニュースリリースなどで確認して作成しているが，最新の情報については IQVIA PIPELINE & NEW PRODUCT INTELLIGENCE などの個別の契約が必要となる。EvaluatePharma は，売上予測，疫学データ，開発中薬剤の分析において評価が高い。

（4）医学・薬学分野の検索戦略

a. 疾患の治療方法に関する検索

　医学分野である疾患に関する治療方法を調査する場合は，その調査目的として再現率を重視した網羅的な調査が必要であるのか，精度を重視した特定の条件における治療として評価された質の高い文献が必要であるかなどにより，選択する情報源を変える必要がある。さらに，調査の範囲についても，最新の情報が早急に必要であるか，海外の情報も含めて過去にさかのぼった網羅的な情報が欲しいかにおいて変化する。後者の場合は，出力文献数も千件以上となる場合があり，結果を見るための高いコストや読むための多くの時間など人的負担を考慮する必要がある。すなわち，調査主題だけでなく，その利用目的を明確にすることが重要であり，情報検索を実施する場合は，情報源の特徴と実際の検索レコード件数，結果の分析方法，原報の手配までを総合的に考えて，検索式や結果の処理方法を決定する必要がある。また，網羅的な調査が必要な目的において，検索レコード数が多くなるため，依頼者や検索者が状況を判断して結果の絞り込みを実施する場合もある。その際には，それらの限定された条件や経緯を明確に情報として付与した結果報告を作成することが好ましい。その理由は医学の治療や研究開発の重要な決定に関わる調査の場合は，

人の生命や事業の存続に関係する場合があり，影響が大きいため，調査結果に関する前提条件を明確に記録しておく必要があるからである。

　診療ガイドライン作成のような疾患の治療方法に関する網羅的な調査の場合は，海外のデータベースとして CAS STNext を使用する場合は，MEDLINE，EMBASE が必須であり，さらに BIOSIS，DDF，また，非臨床の情報を含める場合は CAplus/CA，科学系のデータベースとして SciSearch（Science Citation Index Expanded），Scopus などを加え，収録雑誌や引用情報も考慮することによりさらに網羅性が高まる。国内のデータベースとしては，医学系に強い医中誌 Web，JMEDPlus などが必須であり，さらに医薬品に強いJAPICDOC，科学全般を含む JSTPlus などを追加することにより網羅性が高まる。それぞれのデータベースにより検索方法や索引の体系などが異なるため個別に調査し，同じ検索システムであれば，最後にデータベースごとの検索結果を合わせて，重複した論文を除去する。そして，出力に残すレコードは，データベースの優先度を指定することにより調整し，表示する内容も考慮して選択する。たとえばコストを重視する場合は MEDLINE を優先し，薬剤ごとの文献中における役割を知りたい場合は，EMBASE や DDF を優先して指定することにより，索引情報から必要な情報を確認するなどである。また，異なる検索システムで検索した場合には，EndNote などの文献管理ソフトを使用することにより重複除去や原報入手の自動化が可能である。一方，検索の精度を上げるためには，調査主題に必要な概念により限定することが有効であり，あらかじめデータベースごとに専用のキーワードが MEDLINE ではサブヘディング，EMBASE ではリンク語として付与されているため，確認しておく。サブヘディングを使用することにより，治療における薬物療法，食事療法，看護，予防と制御などに限定できるほか，さらに分析，薬理学，診断，病因，疫学など大きな観点で関連する文献に限定できる。さらに，MEDLINE，EMBASE では絞り込みに使用する頻度の多い概念に関して，制限検索用のコードが指定されている。これを使用することにより，指定したキーワードが中心的主題であるものに限定することや，ヒトによる臨床試験に限定すること，動物試験に限定すること，雌雄や性差に考慮した研究などを指定することができる。これらの限定機能は，単に限定するだけでなく，調査結果を分類することにも使用できる。すなわち，大量の検索結果が得られた場合に，これらの限定機能を使用して，内容を調査主題が中心的主題である集合と，臨床に関する集合などと分けて出力することにより依頼者が調査の優先度などを判断しやすくなる。

b. 索引を理解した文献検索

　データベースの検索では，統制語を使用することにより網羅性の高い結果を得ることができる。ライフサイエンス系のデータベースでは，ほとんどのデータベースで統制語による検索が可能である。ここでは，MEDLINE を中心に，その特徴と使用に関する注意について述べる。MEDLINE の統制語はシソーラスである MeSH にまとめられており，MeSH 用語と呼ばれる。一つの文献には，中心的主題を表すキーワード（Major Topics）とその

他のキーワードとして10〜20語のMeSH用語が付与されている。MeSH用語には二つの大きな特徴があり，一つは階層構造をもっているため，上位概念のMeSH用語で検索することにより，下位概念のMeSH用語が付与された文献も同時に検索することができることがある。もう一つは，検索でよく使用される共通性の高い概念に対してサブヘディングが付与されていることであり，MeSH用語とサブヘディングを組み合わせて検索することにより，精度の高い検索が可能になる。例えば，ビタミンC（Ascorbic Acid）の副作用（adverse effects）に関する文献の検索では，MEDLINEなどを無料で検索できるPubMedを使用すると以下のような検索式となる。

　　　"Ascorbic Acid/adverse effects"［Mesh］

　PubMedを使用してMELDINEを検索する場合は，キーワードを入力することにより自動用語マッピングが働き，関連するMeSH用語を使用して検索される。実際の検索式は，Advanced画面の"History and Search Details"の"Details"の表示によって確認できるが，より多くの文献を検索する再現性を重視した検索式となっていることからノイズが含まれる場合があることに注意する必要がある。また，MeSH用語を使用した検索は網羅的検索が期待できるが，新しい概念や低頻度の概念はMeSH用語としてすぐには採用されないため，これらの検索には対応できないことから自由語による検索も併用する必要がある。
　その他のデータベースとしては，EMBASEにはEMTREEと呼ばれるシソーラスがあり，MeSHに似た機能を使用できるが，内容的には，医薬品や関連化合物の統制語の収録数が多いことに特徴がある。そのため，同じ医薬品を検索した場合は，EMBASEの検索レコード数の方が多い可能性が高く，MEDLINEで検索されなかった多数の文献が得られることもある。
　その他のBIOSIS，DDFも特徴のあるシソーラスを有し，BIOSISは定評のある動物生物学資源とその分類による統制語付与が充実しているため，器官の名称など生物に特化した検索が可能になっている。DDFは，製薬企業向けの文献データベースが起源であることから，薬物の文献中に記載された役割に関する索引が充実しているため，薬物間の相互作用や副作用，治療などに関する情報などを的確に指定して検索することができる。また，BIOSIS，DDFは学会などの会議録の収録にも力を入れており，薬剤の開発情報や安全性などの網羅的な検索をする場合に有用である。
　以上のように，各データベースにより索引方法や収録される雑誌タイトルが異なるため，漏れの少ない網羅的な検索が必要な場合は，それぞれのデータベースを同時に指定したマルチファイル検索などを実施し，結果の重複除去を行うことにより，効率的な調査が可能になる。ただし，その場合にもそれぞれのデータベースごとに適切なキーワードを使用して検索した後にマルチファイル検索を実施することが再現性を高めるためには必要である。

c. 治験薬の構造式，薬理メカニズム

医薬品の製品化を目的とした研究開発である創薬では，複数の候補薬剤に関して動物などで効果を調べた結果を特許として申請し，次の段階では人による臨床試験で安全性や治療効果を確認していく。そのため，特許が公開された時点ではどの薬剤で研究を進めているのか不明な場合があり，さらに，治験薬として臨床試験に進んだ場合にも，特許に記載されたどの薬剤が実際に開発されているのか不明な場合がある。しかし，どのような構造式をもつ薬剤がどういった薬理メカニズムで治療に使用できるかは，非常に重要な情報であるため，治験薬のプロファイルに対する調査ニーズは高い。臨床試験を進める製薬企業等が治験薬の構造式や薬理メカニズムを開示した場合は，その構造式を用いて CAS STNext の REGISTRY を構造検索することにより，特許を特定し，より詳細な情報を入手することが可能になる。しかし，すぐに開示しない場合もあり，その際は，その製薬企業に関する公開された特許の中で，当該疾患に関する特許を収集して内容を分析することにより予測する方法がある。この場合，この治験薬が実際には他社から導入されたケースや子会社など関連会社が特許を有しているケースもあるので注意する。治験薬が関係する特許や実際の構造式に関して学会の口頭発表の情報しかない場合もある。そのため，これらの学会情報についても専門に収集している医薬品の研究開発に関する競合情報データベースが有用である。日本では「明日の新薬」，海外では，Pharmaprojects，R&D Focus，R&D Insight，Cortellis などが有名である。

d. ライフサイエンス分野における検索システムの使い分け

ライフサイエンス分野の重要なデータベースを提供してきた CAS STNext などの検索システムでは，異なるデータベースを共通の検索コマンドで検索することができる。しかし，現在では多くのデータベース作成者も，独自にウェブシステムでサービスを提供している。このようなウェブシステムは，個々のシステムは利用しやすいが，システムにより異なる検索方法を覚える負担が大きい。また，類似したデータベースを複数契約することは難しいため，特定の情報源に依存した調査になることが課題である。ライフサイエンス系のウェブシステムである PubMed は，高機能でコストも無料であり，精度の高い情報を検索する目的では優れた情報源であるが，情報源が限られているため網羅性に関しては不十分である。しかし，エンドユーザーが，ライフサイエンスの主要データベースである MEDLINE，EMBASE，BIOSIS，DDF を効率的に検索できる環境にはない場合が多く，これらの検索に精通した調査担当者の役割は重要である。

e. 調査の質を上げる方法と工夫

調査の質は，目的とする情報をどれだけたくさん検索できるかという再現率と，得られた結果の中に，いかに不要な情報が少ないかという精度によって評価されることが多い。自然言語で記述された論文から再現率よく用語を検索するためには，統制語を使用することにより，当該用語の同義語や下位の概念の用語をまとめて検索することができる。

MEDLINE の場合は，MeSH 用語を使用して Explode 検索することにより，下位語も含めて検索できる。また，適当な MeSH 用語がない場合は，すぐ上位と考えられる MeSH 用語を使用することにより，下位の概念として目的の情報が得られる場合がある。さらに，再現率を重視した系統的文献検索（Systematic Search）をする必要があるシステマティックレビューや診療ガイドライン作成のための調査の際には，治療，診断，研究デザインなどよく使用される項目に関しては MeSH 用語以外に Publication Type，All Fields，Title/Abstract Words において使用すべき用語や自由語をまとめたサーチフィルターといわれるリストを参照する必要がある[4]。これらの用語を，予備的に検索した結果の中で使用される索引語や抄録中で使用されている自然言語を集計し，抽出することによって独自に作成する方法の習得も必須となりつつある。

　次に，再現率を落とさずに精度をあげるためには，検索に使用する異なる概念の用語の直接の関係性について指定する検索が有用である。MEDLINE の場合は，主となる MeSH 用語に直接内容を限定するサブヘディングを使用するのが基本である。例えば，「心臓疾患の治療法」について探す場合は，MeSH 用語の Heart Diseases とサブヘディングの drug therapy や surgery を組み合わせて検索する。

3.2.2　化学分野の情報資源と検索

（1）化学分野と情報

　化学分野に関係する情報としては，化学物質に関する情報が重要であり，化学物質の構造や物性などの基本的な情報とともに，人体や環境における毒性などの情報が必要とされる。また，化学物質を使用する際や輸出入する際には，各種の規制に関係する化学物質であるかどうかを明確にすることが求められているため，それらの情報も重要である。

　化学産業の分野としては，化学肥料，工業薬品，高圧ガス，繊維原料，プラスチック，合成洗剤，塗料，石油化学製品などのほか，先端技術分野としては，バイオテクノロジー分野におけるインターフェロン，インスリンなどの医薬品，マイクロエレクトロニクス分野における光ディスク，シリコンウェハー，新素材分野におけるファインセラミックス，エンジニアリングプラスチックなどがあり，低分子の化合物から高分子の化合物，タンパク質までを含めての情報が必要とされる。そのため，それらの産業に関係する調査担当者は，どのような場合にどのような資料を用いて調査を行うことが適切であるのかについて認識しておく必要がある。

（2）化学分野で必要とされる調査と情報

　化学に関する調査は，化学物質の同定情報として CAS 登録番号などの識別情報の確認

4：大﨑泉. 図解 PubMed の使い方：インターネットで医学文献を探す. 日本医学図書館協会, 2022, p. 102.

と，識別情報を使用した化学物質の機能を確認するための文献データベース，ファクトデータベースの検索の二つが基本である。ここでは，CAS STNext の化学系データベースを中心に述べる。

a. 化学物質の同定情報の調査と情報資源

❶化学構造検索による調査　CAS SciFinder\[n\] や CAS STNext の REGISTRY などを使用することにより化学構造式を直接作図して検索し，CAS 登録番号などの同定情報を調査できる。この調査は，化学合成した化学物質の新規性調査を行い，特許出願を検討するためには必須である。ただし，調査対象とする化学物質の正確な化学構造式が重要であり，塩などの多成分の物質の場合も異なる CAS 登録番号となるため注意する。この化学構造式による検索では，化学物質の部分構造式による調査が有用であり，類似の構造をもつ化学物質をまとめて検索することができる。また，特許の化学物質に関する記載には，置換基の範囲を広く指定したマルクーシュ（Markush，マーカッシュともいう）方式の化学構造式を使用した形式もある。そのため，当該物質がその特許の権利の範囲に含まれることを調査するには，CAS STNext の MARPAT などのマーカッシュ方式の検索に対応したデータベースを使用する。このように，化学構造式を使用した検索では，精度の高い検索が可能であるだけでなく，類似した化学構造式の化学物質に関する同定情報をまとめて調査できることが特徴である。

❷ポリマー検索による調査[5]　ポリマー検索は，低分子化合物と異なる特殊な検索方法が必要であり，CAS 化学物質登録システムでも，ポリマーとみなす物質については，REGISTRY のクラス識別子に関する CI（Class Identifier）フィールドに PMS（ポリマーのクラス識別子）を付与して検索できるようにしている。ここにおけるポリマーの定義としては，重合度が 11 以上の物質，あるいは重合度不明の物質としている。また，重合度が 10 以下であっても，重合後の構造が不明なオリゴマーもポリマーとしている。また，重合度が異なれば，異なる CAS 登録番号が付与される。大部分のポリマーは，ポリマーの主鎖を構成する「原料モノマー」に基づいて登録されるが，原料が異なれば，同じポリマーであっても異なる CAS 登録番号が付与される。一方，同じ原料モノマーからであっても，異なるポリマーとしてみなされる場合もある。

　ポリマーを REGISTRY で検索する場合は，ポリマーを構成するモノマーの"CAS 登録番号/CRN"で検索すると効率的である。CRN は成分 CAS 登録番号の検索に使用するが，成分 CAS 登録番号が不明の場合は，モノマーの構造検索式を AND 検索し，ポリマーに制限するスクリーン（SCR2043）をかけ合わせて検索できる。その他に，構成するモノマーの分子式による検索も行うことができる。また，ポリマーの検索によりできた集合に

5：化学情報協会. ポリマー検索. https://www.jaici.or.jp/application/files/5216/7151/6685/text_poly.pdf.（参照 2024-02-01）.

POLYLINK コマンドを使用することによって，原料が異なるなど関連するポリマーの集合を作成することができる。

❸遺伝子，タンパク質配列情報による調査[6]　　CAS STNext の配列検索には完全配列検索，部分配列検索，配列の類似性検索であるホモロジー検索[7]が可能なデータベースとして複数のファイルが搭載され，REGISTRY，GENESEQ がよく使用される。配列の出典に関する文献情報が必要な場合は，これらのファイルから CAplus へクロスオーバー検索する。配列の収録源は，CAplus に収録された文献，56 か国の特許発行機関と国際機関から発行された特許，米国国立生物工学情報センター（National Center for Biotechnology Information：NCBI）が作成する塩基配列データベースである GenBank などから提供されたデータを使用している。また，研究者から受領したデータも出典のあるデータのみ収載している。

　収録の基準は，核酸の場合は塩基数が 9 以上の配列で，タンパク質・ペプチドの場合は，アミノ酸が 4 以上の配列である。登録のルールとしては，一つでも核酸塩基が異なるものは別の配列として収録される。また，配列が同じでも，化学修飾された配列や側鎖の置換基の異なる配列，同位体で置換された配列は，別配列として収録される。GenBank 由来の配列は，一つの GenBank 番号が 1 レコードとして収録される。ただし，文献や特許由来の配列と GenBank 由来の配列が，同じ配列の場合は，一つのレコードにまとめられる。

　配列コードで検索する場合は，完全配列検索と部分配列検索とホモロジー検索の 3 種類がある。REGISTRY では，BLAST プログラム（BLAST は bacic local alignment search tool の略で，相同性検索アルゴリズムの一つを指す）によるホモロジー検索が可能であり，類似した配列を検索することができる。これにより，検索に使用した遺伝子やタンパク質と似た機能をもつ可能性のある遺伝子やタンパク質に関する情報を入手することができる。ここで得られた配列や機能が類似した物質に関する情報は，調査物質の新規性に大きく関係してくるため，特許出願の可能性や他の特許を侵害していないことを確認するために必須の調査である。

❹その他の物質情報による調査　　化学物質の同定調査に関して，CAS 登録番号でREGISTRY を検索する方法がある[8]。これは，CAS 登録番号でフィールドを指定しない基本索引で検索すると当該物質が 1 件検索されるが，検索フィールドを「成分 CAS RN」として CRN を使用し "CAS 登録番号/CRN" のように検索することにより，多成分物質やポリマーとして検索に使用した CAS 登録番号を含む化学物質をすべて検索することがで

6：化学情報協会. REGISTRY ファイル配列検索. https://www.jaici.or.jp/application/files/4316/6692/1317/text_seq_registry.pdf，（参照 2024-02-01）.

7：ホモロジーとは相同性あるいは類縁度という意味である。

8：化学情報協会. 化学物質検索. https://www.jaici.or.jp/application/files/5416/7385/1304/text_chem.pdf，（参照 2024-02-01）.

きる。また，化学物質名による検索には，検索フィールドを"/CN"とした完全名による検索と"/BI"または指定しない部分名による検索がある。完全名による検索は，カンマ，ハイフンも含めて完全に同じ形式で入力をする必要があるため，EXPAND コマンドで実際の索引を表示して辞書の記載と収録件数を確認するとよい。部分名による検索は，完全名が不明な場合に使用するが，多数の回答が得られる場合があるため，分子式（/MF）などのフィールドによる検索結果や特徴的な部分名を利用した検索結果を使用することにより限定する。また，分子式による検索は，Hill 方式で記述し，炭素，水素，その他の元素（アルファベット順）の順とする。また，物質の広いクラス（分類）を示すクラス識別子（/CI）を使用した検索では，CCS（配位化合物），COM（多成分物質成分），MXS（混合物），PMS（ポリマー）などに限定することができる。

b. 化学物質の機能情報の調査と情報資源

1 学術文献情報　　化学に関して研究された内容は論文として発表される場合と特許として出願される場合が多い。そして，新しく合成された化学物質や化学物質として新しくその機能が明らかになった場合は，その構造式と得られたデータが文献に記載され公開される。これらの化学文献のほとんどは，米国の Chemical Abstracts Service（CAS）がその構造式の情報と内容をデータ化して，文献データベースである CAplus/CA に収録する。収録する際には，化学構造が過去に例がない新規な物質であることを確認し，既知な場合はその CAS 登録番号を付与し，新規な場合は，新しい CAS 登録番号を付与する。そのため，基本的には，ある物質に関して，その CAS 登録番号を知ることができれば，その文献の網羅的な検索が可能となる。特に，CAplus/CA には論文だけでなく特許も収録されているため，CAS 登録番号を用いて CAplus/CA を調査することが化学分野の調査の基本となる。

2 物性，毒性情報　　CAplus/CA を使用して得られた文献情報から原報を読んで毒性情報を入手することもできるが，物質に関する基本的な情報や毒性に関する情報を具体的な数値などを含めて収録，提供するファクトデータベースを用いる方法がある[9]。CAplus/CA では，CA を作成する過程で，物質に関する情報を中心に集めたデータベースとして REGISTRY を作成し，検索に用いることができる。ここには，有機化合物，無機化合物，ポリマーなどが収録され，基本的な毒性データも収録されている。また，Elsevier が作成する ReaxysFile では，有機化合物，無機化合物，ポリマーなどの情報が化合物ごとに収録され，毒性情報が収録されている。また，米国の BIOVIA が作成する RTECS には，医薬品，農芸化学物質を中心に有機化合物，無機化合物が収録され，安全性の評価に使用できる毒性情報が収録されている。以上の 3 データベースが物性，毒性情報の基本となる情報

9：化学情報協会．STN おさらいセミナー：物性・毒性情報の調べ方．2014-08．https://www.jaici.or.jp/application/files/5916/5355/1925/osr-proptox.pdf，（参照 2024-02-01）．

源である。

　物性を検索する場合は，REGISTRY の収録物質数が最も多く，一方，ReaxysFile は物性情報の種類が多い。また，毒性検索においては，RTECS は各種の毒性データに特化したデータベースであるが，生態学的なデータの収録は少ない。そのため，最初に RTECS を検索して目的とする生態学的なデータが得られなかった場合は，次に ReaxysFile を使用するとよい。生態学的なデータは，ReaxysFile には収録されており，薬理学のデータも収録しているため，ここで情報を検索し，それでも必要な情報が得られなかった場合は，さらに REGISTRY で検索する方法もあり，50 ％致死量である LD50 などの数値が得られることがある。

❸ 規制情報　　化学物質が人の健康や環境に及ぼす影響が懸念されるため，各国ではさまざまな法規制を設け，化学物質の取り扱い（製造，輸出入，輸送，排出など）に関して規制している。そのため，新規化学物質の製造・輸入を行う際には事前に当局への申請が必用となり，許可を受けることにより，既定の範囲内で製造・輸入が可能になる。規制情報に関する CAS STNext のデータベースには以下のものがある[10]。

①CHEMLIST……CAS が製作する化学物質の規制情報を収録するデータベースである。収録源は，各国の既存化学物質リスト，規制化学物質リスト，その他の規制情報となっている

②TOXCENTER……CAS が製作し，医薬品の副作用，大気汚染，発がん性，環境汚染，食品の汚染，職業上の災害など多くの情報を収録している。収録する情報は，BIOSIS，CAplus，IPA（International Pharmaceutical Abstracts），MEDLINE などの文献データベースから，毒性関連分野を中心に選択されている。大部分のレコードには CAS 登録番号が収録されるため，CAS 登録番号を使用して REGISTRY からのクロスオーバー検索ができる。得られた文献レコードは，複数のデータベースの文献レコードを集めたものであるため，出力する際は DUP REM の検索コマンドを用いて重複文献除去を行う

（3）化学分野の主なデータベースの概要

a.　文献データベース

　化学分野の代表的な文献データベースは，米国化学会（American Chemical Society：ACS）の一部門である CAS が作成する CAplus/CA である。世界約 100 か国で発行された

10：化学情報協会. STN 規制情報セミナー. https://www.jaici.or.jp/application/files/4016/6269/9207/ref-reg2015.pdf，（参照 2024-02-01）.
　　STN 規制情報セミナー：追加資料：2015 年 5 月以降の強化. https://www.jaici.or.jp/application/files/9316/8662/1700/ref-reg2015_add.pdf，（参照 2024-02-01）.

化学分野の広範な文献情報が収録されている。抄録誌（印刷物）の *Chemical Abstracts* は，1907 年に創刊されたが 2009 年に終刊された。CAplus には約 6,100 万件以上，CA には約 4,700 万件以上の学術論文，特許，会議録，単行本などが収録されている（2023 年 7 月時点）。CAplus は毎日更新され速報性や網羅性が重視されており，CA の全情報に加えて CA 収録予定の情報と CA 収録対象外の情報も含まれる。CA には統制語による索引付与がなされた文献が収録され，毎週更新されている。CAplus で検索すると CA も検索対象に含まれるが，CA を指定して検索することもできる。なお，CAplus には従量制で利用した場合に，検索語料が無料になる HCAplus と接続時間料が無料になる ZCAplus がある。CA の場合も同様に HCA と ZCA がある。ただし，これらのデータベース内容は CAPlus および CA と同じである。

　ここでは CA について物質に関する調査を念頭に，その索引方針の概要と検索のポイントを以下に述べる。

　CA の索引情報は，CAS の索引分析の専門家が文献の全文を読んで作成している。このため，詳細で質の高い情報源となっている[11]。CA では索引情報として，一般事項／概念の統制語，CAS 登録番号（特定化学物質の統制語），テキスト説明句，CAS ロール，接尾辞，補足語などを有している。このほか，特定分野に限定するための分類情報として，CA セクション，特許分類がある。

　CA では一つの文献レコードの IT（index term）フィールドには，概念ごとに複数の IT 索引が収録されているが，各 IT 索引の先頭に統制語がまとめて表示されている。また統制語の後にあるテキスト説明句などのデータは，統制語を補足説明する情報として検索に使用できる。基本的に一つの IT 索引には一つの主題を表している。ただし補足説明の情報が共通する場合は，複数の統制語が一つの IT 索引にまとまって表示される。CA では，文献中で著者・発明者が強調している点，および索引分析者がその文献の主旨と判断した点に対して統制語が索引されている。この索引される統制語の数には制限がない。

　CA では，化学物質については 2 通りの索引方法がある。まず，文献中の主題となる物質が構造を特定できる化学物質（特定化学物質）である場合は，対応する CAS 登録物質が索引される。この点が CA の最大の特徴であり，化学物質に対して新規性を確認し，新規が確認された化学物質は新しい CAS 登録番号が付与される。一方，特定化学物質以外は「化合物クラス用語」や「概念分類語」などの統制語が索引される。これに伴い検索方法も異なってくる。例えば，オリゴ糖の一つであるトレハロースに関する文献を検索する場合，これは特定化学物質であるため CAS 登録番号で検索する。また，オリゴ糖に関する文献をある程度まとめて検索する場合は，化合物クラス用語のオリゴ糖（oligosaccha-

11：宮崎佐智子. Chemical Abstracts（CA）の索引方針と検索のポイント. 情報の科学と技術. 2008, vol. 58, no. 4, p. 188-193.

3-4 表　化学分野の主なデータベース

DB 名称	CAplus/CA
収録分野	化学，生化学，化学工学，特許
概要と特徴	CA には，物質や概念ごとに CAS 登録番号，統制語，自然語による詳細な索引が付与されている。REGISTRY データベースによる化学構造やタンパク配列の検索結果から CAS 登録番号を使用したクロスオーバー検索が可能。医学・薬学情報に関しては非臨床試験の情報を多く含む。CAplus には，CA 収録予定の情報や CA 収録対象外の情報も収録しており，速報性や網羅性が高いことから，特許調査などでもよく使用される。
DB 作成機関／提供システムの例	Chemical Abstracts Service／CAS STNext, CAS SciFinder^n
DB 名称	CAS SciFinder^n
収録分野	物質科学，特許
概要と特徴	物質科学関連分野のファクトデータと文献，特許情報を収録。エンドユーザー向けの科学情報検索ツール。物質の反応や合成などの基礎化学研究から医薬品，材料開発に関する研究開発で利用できる。世界中の学術文献，特許，さらに化学物質とその規制情報や試薬カタログ情報など，科学に関係する情報を網羅的に検索可能。また，タンパク質・核酸の配列や PubMed 由来の医学文献も同時に検索可能である。
DB 作成機関／提供システムの例	Chemical Abstracts Service／CAS SciFinder^n
DB 名称	REGISTRY
収録分野	化学物質（有機化合物，無機化合物，タンパク質，核酸，金属，など）
概要と特徴	ポリマー，合金，配位化合物，混合物などを含むあらゆる有機・無機物質の物質情報を網羅する世界最大の物質データベース。すべての物質情報には，特定の CAS 登録番号が含まれる。構造検索と配列検索が可能で，化学物質情報に関しては実測物性値，予測物性値，スペクトルデータも含む。
DB 作成機関／提供システムの例	Chemical Abstracts Service／CAS STNext
DB 名称	MARPAT
収録分野	化学物質，特許
概要と特徴	CA に収録する特許の中でマルクーシュ構造の記載がある特許情報，化学構造データを収録し，化合物の可変置換基を持つ化学構造であるマルクーシュ構造が検索できる特許データベース。収録対象化合物は有機化合物，有機金属化合物，重合度が 10 以下のオリゴマーであり，無機化合物，ポリマー，核酸，タンパク質は収録対象外。特定化学物質（構造が明確な物質）は収録されない。
DB 作成機関／提供システムの例	Chemical Abstracts Service／CAS STNext
DB 名称	ReaxysFile
収録分野	化学物質
概要と特徴	化学物質の同定情報，物性情報，反応情報，参考文献を収録。現在は 1771-2011 年の情報のみ収録する固定データベースで化学物質単位の物質レコードと反応単位の反応レコードの 2 種類のレコードを収録。CAS

	登録番号，名称，分子式などの辞書検索および構造検索により化学物質を検索でき，毒性情報も収録。また，反応物と生成物の両方を指定した検索や，試薬，触媒，反応条件などで限定して反応レコードを検索できる。最新の情報は，化学物質が ReaxysfileSub，出典情報は ReaxysfileBib で利用可能である。
DB 作成機関／提供システムの例	Elsevier Information Systems GmbH／CAS STNext
DB 名称	RTECS
収録分野	医薬品，農芸化学物質などの化学物質，毒性
概要と特徴	各種毒性試験（刺激性，変異原性，生殖試験，腫瘍原性など）の数値データを表形式で表示。掲載データは第三者機関によって評価されたものでないため，出典データを参照する。
DB 作成機関／提供システムの例	BIOVIA／CAS STNext，Dialog
DB 名称	CHEMLIST
収録分野	化学物質の規制
概要と特徴	規制関連情報を調べる際の第一選択となる情報で主要国の既存化学物質リスト（米国，日本，EU，中国，韓国，カナダなど多数でアジアの主要国も含む）の情報，各国の規制活動およびその関連情報を収録。REGISTRY の検索結果をクロスオーバー検索できるが，CAS 登録番号が無い場合は検索できない。
DB 作成機関／提供システムの例	Chemical Abstracts Service／CAS STNext
DB 名称	TOXCENTER
収録分野	化学物質，医薬品の毒性
概要と特徴	毒性に関する文献情報で医薬品の副作用，大気汚染，動物毒，発癌性，食品汚染，変異原性，殺虫剤と除草剤，放射線，廃棄物処理などの毒性情報関連の文献データベース。20 のサブファイルから構成され，CAS 登録番号が多く付与（68 ％）されている。情報源は抄録誌，新聞，単行本，特許公報，学会会議録，雑誌記事，技術レポート，学位論文，未発行資料など。薬物や化学物質の薬理学的，生化学的，生理学的，毒物学的作用に関する情報を収録している。
DB 作成機関／提供システムの例	Chemical Abstracts Service／CAS STNext

ride）を用いて検索する。網羅的に検索する場合は，化合物クラス用語のほかに該当する CAS 登録番号も併用する。

CA では，文献中の主題をより具体的に表現する統制語が索引されている。例えば，抗腫瘍剤の一種であるアルキル化剤に関する文献では，抗腫瘍剤の統制語（antitumor agents）ではなく，アルキル化剤の統制語（alkylating agents, biological）が索引される。このため，抗腫瘍剤に関する文献を網羅的に検索する場合は，抗腫瘍剤の統制語（antitumor agents）だけでなく，下位語も含めて検索する必要がある。

統制語は年月の経過と共に変更される場合があるが，CA では MEDLINE のように統制

語のリロード（最新の統制語に置き換えること）は行わない。このため，一つの概念を表す統制語が年代によって複数存在する場合があり，これらをすべて含めないと網羅的な検索ができないなど，物質の検索とは異なる難しさがある。

　CAの特徴を活かした検索方法としては，上記の特徴を理解して，適切に関連する統制語の集合を作成し，それに対して調査が必要な概念に関係するキーワードやロールについてリンク演算子（L）を用いて，調査フィールドを/ITとして検索することにより，網羅的で精度の高い検索が期待できる。

b.　物性，毒性情報データベース

　ここでは，関連する主なデータベースとしてCAS STNextで使用できるREGISTRY，ReaxysFile，RTECSの3データベースについて述べる[12]。

1 REGISTRY　　化学物質情報，物性データ（実測物性値と予想物性値）を収録し，有機・無機化合物，ポリマー，遺伝子配列などを収録した世界最大の物質データベースである。CASが作成した1億5,500万件以上のデータを収録している。収録期間は1800年初頭からであるが，初期のデータの収録数は多くはない。データの更新は毎日行われている。実測の物性値は沸点，密度，50％致死率（LD_{50}），融点など13種類あり，これらはCAに索引された物質に関する情報である。予想物性値は，生物濃縮係数，オクタノール–水分配係数，酸塩基解離定数，蒸気圧など20種類がある。検索は，CAS登録番号や名称，分子式，化学構造式を使用することができる。結果を表示する場合は，FA表示形式を使用して，物性値の存在するフィールドをあらかじめ確認し，必要な情報が含まれていることを確認して出力する。また，すべての物性値をまとめて下記のコマンドのようにPROP表示形式で表示することもできる。

```
=>D FA
=>D PROP
```

2 ReaxysFile　　化学物質情報，物性データ，反応情報を収録しているが，特に，物性データの種類が多いことが特徴である。有機・無機化合物，有機金属化合物を収録している。作成機関は，Elsevierであり，収録件数は1,940万物質で収録期間は1771年からである。情報源はBeilstein発行の *Handbook of Organic Chemistry*（1771〜1959年），*Gmelin Handbook*（1817〜1995年），1771年以降の有機化学，無機化学分野の主要雑誌論文，特許などで幅広い。

　更新は無く，1771〜2011年の情報のみを収録する固定データベースである。基本的な検

12：前掲注9。

索方法としては，物質の分子式，名称，CAS 登録番号，化学構造式などを組み合わせて物質同定情報の集合を作成し，それに対して，物性値，毒性など必要な情報のフィールドコードを指定して限定する方法がある。物質同定のために辞書検索として CAS 登録番号や化学物質名を使用する際に，検索語料は無料であるが，それらの収載の網羅性は高くはないため，ヒットしない場合は，分子式検索や構造検索を行う。この構造検索の使用料は高価であるが，誘導体もまとめて検索できる長所がある。また，物性の検索においては，検索フィールドコードを用いた数値による検索が可能であり，（P）演算子と組み合わせることにより，測定条件と組み合わせた検索ができる。ReaxysFile には，その他に合成法などの化学反応に関するレコードが収載されているため，反応物と生成物を指定し，反応条件を限定することにより，必要な物質に関する反応情報をまとめて検索することができる。

❸ RTECS　　化学物質の基本的な化合物情報と毒性情報，基準・規制情報が物質ごとに収録されている。化学物質は医薬品，食品，農芸化学物質など商業的に重要な物質を収録している。作成機関は，BIOVIA である。収録件数は 19 万件以上で収録期間は 1971 年以降となり更新頻度は年 4 回である。毒性試験データとしては，毒性発現の最小値が記載されている。また，刺激性や変異原性などの特殊毒性試験データは，陽性データを収録している。掲載データは第三者機関などによって評価されたものではないため，必要に応じて出典データの原文献を参照する。検索の流れとしては，名称や分子式，CAS 登録番号で物質検索を行い，毒性など調査目的の情報の存在を FA コマンドで確認し，物質の基本的情報と目的の情報に限定して出力する方法が一般的である。データの表示形式として FULL 付き（例：IRRFULL）を指定すると，該当するデータとあわせて，詳細な出典情報を表示することができる。

c.　規制データベース

　CHEMLIST は，化学物質の規制情報を収録するデータベースで最初に調査すべき情報源である[13]。CAS が作成し，収録源は，主要国の既存化学物質リスト，規制化学物質リスト，その他の規制情報である。収録年代は 1980 年以降で，収録件数は，39 万件以上，更新頻度は毎週である。収録国は，日本，米国，EU，中国，韓国，カナダ，メキシコ，スイス，オーストラリア，ニュージーランド，フィリピンである。このデータベースは，情報源である IECSC（中国の現有〔既存〕化学物質名録），ECL（韓国既存化学物質目録）の CAS 登録番号が正確でない場合にも，収録時に確認して修正するため，信頼性が高い。検索の際は，REGISTRY で化合物検索した結果をクロスオーバー検索して規制情報を得ることができるため，必要な情報だけをすばやく出力できる。また，アラートとして化合物を登録することにより，規制情報の追加，更新に対応することができる。出力の際は，保

13：前掲注 10。

有データを表示して，項目を確認して実施する。

（4）化学分野の検索戦略
a．構造式検索における注意点
　化合物の新規性を調査するためには REGISTRY を使用して構造検索をする必要がある。以前は検索のために作図した構造式が単純な場合はシステム制限値により検索が困難な場合があったが，CAS STNext では，回答数のシステム制限値が 1 億件に増えたことにより検索式の自由度が上がった。そのため，単純な部分構造式による検索が可能となり，化学構造とそれに関係した薬理作用の文献検索などの調査の可能性が広がった。また，膨大な化合物を検索する場合は一定の時間内に構造質問式との照合が完了しないレコードについては INCOMPLETE と表示される。INCOMPLETE の回答はノイズの可能性が高いが，必ずしもノイズとは限らない。特に，化合物の新規性の調査の場合は網羅的な検索が必要であり，漏れを防止するためにも内容を確認することが望ましい。そのため，構造検索の回答セットが L3 であった場合に，S L3/INC で INCOMPLETE の化合物に限定して出力し，その構造を確認することによりノイズである化合物を特定して除去することができれば，CAplus/CA などにクロスオーバー検索した結果から，ノイズ化合物に関する不要な文献を見る負担が軽くなる。

b．REGISTRY に CAplus/CA の文献数の表示がない化合物
　REGISTRY に CAplus/CA の文献数の表示がない化合物の場合は，その L 番号でクロスオーバー検索しても文献は得られない。その際には，収録情報源（SR）フィールドに CA，クラス識別子（CI）に COM（多成分物質成分）の記載があるか確認する。記載があれば CAS 登録番号を "/CRN" を使用して成分 CAS 登録番号で検索し，得られた L 番号で CAplus のクロスオーバー検索を行うことにより文献が得られる。REGISTRY では，CAplus/CA 以外にも，米国（Toxic Substances Control Act：TSCA），カナダ（Domestic Substance List：DSL，Non-Domestic Substance List：NDSL），EU（European Inventory of Existing Commercial Chemical Substances：EINECS）の化学物質規制法に基づく化学物質台帳に収載された物質を収載しているため，このような場合がある。その他にも，市販の化学薬品のカタログ情報を収録する化合物ライブラリー（CHEMCATS）から登録される場合や，公的機関や企業からの依頼により CAS 登録番号を付与する CAS のサービスもある。

3.2.3　産業財産権分野の情報資源と検索

　企業（特に製造業）の事業活動においては，技術開発や製品開発の過程で，特許調査が欠かせない。適切なタイミングでしっかりとした調査を行っておかないと，せっかく開発した技術が使えなくなったり，製品の出荷を中止せざるを得ない状況に追い込まれたりす

ることになりかねない。また，企業の事業活動は，技術や製品の開発から製造，販売まで有機的につながっており，特許だけでなく必要に応じて，意匠や商標の調査が必要になる。従って，産業財産権全般について，基本的な知識を持っていることが求められる。ここでは特許情報を中心に紹介する。

（1）特許分野の情報資源：五大庁と WIPO の検索サービス

　特許情報は，「権利の保護と技術内容の公開」という産業財産権の理念に則って，各国特許庁が種々の公報を発行し，データベース作成機関（データベースプロデューサー）は，それらを基にデータベースを作成し，自らまたは情報検索サービス提供者（ベンダー）を介して提供してきた。

　電子出願や関連書類の電子化とインターネットの普及を背景に，1990年代以降各国特許庁は，公報や審査経過などの法的情報をはじめ，自国が保有する特許情報をデータベース化し，自らのウェブサイトで提供するとともに，データの複製にかかる原材料費のみのマージナルコストで広く希望者に提供するようになった。

　特許庁自らが保有情報を提供する検索サービスの検索機能は，比較的シンプルなものが多いが，無料であること，公報発行と同時に検索できることなど利点も多い。特に，経過情報や年金納付状況，商用の検索サービスにない電子包袋（明細書などの出願書類，拒絶理由通知，意見書，手続補正書など）といった法的な情報のオンラインによる入手においては，タイムラグが最短である上，情報源自らのサービスであるので，信頼性も高い。

　特許庁が保有する特許情報を自ら無料提供する動きは，五大庁のように出願件数の多い大規模庁ばかりでなく，新興諸国のように出願件数の少ない小規模庁にも広がっている。大規模庁は，自国言語以外のインターフェース（英語など）での提供や，自国の情報だけでなく特許庁間のデータ交換などで入手した外国特許の情報を機械翻訳を含む翻訳データとともに提供するなど，充実した内容と安定したサービスの提供を行っている。これに対し，小規模庁は，自国語インターフェースが多く，機械翻訳など機能面での充実も十分とはいえないが，商用サービスでは入手しにくい国の特許情報が入手できる点で魅力的である。ここでは，五大庁（日本，米国，欧州，中国，韓国）が直接または関係機関に作成や運営を委託しているサービス，および世界知的所有権機関（World Intellectual Property Organization：WIPO）の主な無料サービスについて紹介する。

a. 日本

　日本の特許庁（Japan Patent Office：JPO）が提供する主なサービスとして，3-5表に特許情報プラットフォーム（J-PlatPat）と外国特許情報サービス（Foreign Patent Information Service：FOPISER）を挙げる。なお，J-PlatPat は工業所有権情報・研修館（National Center for Industrial Property Information and Training：INPIT）が特許庁の委託を受けて運営している。

3-5表　日本特許庁が提供する主な検索サービス

サービス名	特許情報プラットフォーム（J-PlatPat）
収録分野	特許，実用新案，意匠，商標，経過情報，海外の特許広報
概要と特徴	特許，実用新案，意匠，商標，経過情報，審決公報，特許庁が保有する公開技法などの非特許文献や公知資料，および海外公報，分類参照などの関連情報と，五大庁などの電子包袋を入手できるワン・ポータル・ドシエを含む。情報を四法別に分け，番号，出願人名，分類，技術用語，商標名等から検索できる。 特許・実用新案検索は，国内出願に加え，中国，韓国をはじめとする外国の公報やJ-GLOBALなどの非特許文献を対象に，分類や技術用語で検索可能である。番号や分類などの書誌情報は明治時代の公報まで遡って検索可能であるが，全文を対象に技術用語で検索できるのは，主に電子公報発行以降である。
DB作成機関／提供システムの例	工業所有権情報・研修館／J-PlatPat
システム名	外国特許情報サービス（FOPISER）
収録分野	外国特許，意匠，商標
概要と特徴	特許庁が保有する外国文献の情報で，J-PlatPatに含まれていないロシア，台湾，オーストラリア，シンガポール，ベトナム，タイの特許，実用新案の検索と，ロシア，台湾，欧州連合知的財産庁（EUIPO），ベトナム，タイの意匠，商標の検索，審決（中国）情報の番号照会ができる。公報を，機械翻訳した日本語で読める。公報発行からのタイムラグが大きい場合がある。
DB作成機関／提供システムの例	日本特許庁／FOPISER

b. 米国（アメリカ）

　アメリカ特許商標庁（United States Patent and Trademark Office：USPTO）は保有する公報情報をPatent Public Searchという名称で提供している。また，審査経過や年金情報などの法的情報は，Patent Centerで確認できる（3-6表）。

　他にも五大庁の審査経過を参照できるGlobal Dossierや権利移転情報を調べるPatent Assignment Searchなどがある。

　商標については，検索サービスとしてTrademark Searchが，法的情報を提供するサービスとして，Trademark Status and Document Retrieval（TSDR）がある。しかし，商標の検索サービスは，従前のTrademark Electronic Search Systemを引き継いだものである。

3-6 表　アメリカ特許商標庁が提供する主な検索サービス

サービス名	Patent Public Search
収録分野	特許（アメリカに出願されたもの）
概要と特徴	アメリカで発行された特許登録公報，公開公報の検索と公報（デザイン特許，植物特許などを含む）の表示ができる。分類，番号などの書誌事項で検索できるほか，1976 年以降は公報全文を対象に技術用語で検索，公報を表示できる。付与分類の最新の状態や引用文献の番号などがわかる。CPC が遡及付与されている。
DB 作成機関／提供システムの例	アメリカ特許商標庁／Patent Public Search
サービス名	Patent Center
収録分野	特許（アメリカに出願されたもの）の法的状況
概要と特徴	Patent Center を使うと，出願番号，登録番号などから，アメリカ特許庁の特許の法的状況（経過情報，年金納付情報）の確認ができる。
DB 作成機関／提供システムの例	アメリカ特許商標庁／Patent Center

c. 欧州（ヨーロッパ）

　ヨーロッパ特許庁（欧州特許庁ともいう。European Patent Office：EPO）は，世界約100 の国や機関と特許の書誌や抄録データの交換事業を行っている。これらの情報や自機関で保有する公報全文などの特許情報を統合したものを Espacenet として提供し，審査経過など法的情報を European Patent Register として提供している（3-7 表）。

3-7 表　ヨーロッパ特許庁が提供する主な検索サービス

サービス名	Espacenet
収録分野	特許（世界）
概要と特徴	EPO が発行した公報の全文と，EPO がデータ交換などを通じて収集した世界約 100 の国または機関が発行した公報の書誌事項と英文抄録を収録する。EPO が収録する各国語の公報の表示ができる。英仏独の言語を同時に検索できる。EPO の公報については，European Patent Register へのリンク，Global Dossier の対象国については電子包袋へのリンクがある。出力に機械翻訳機能がある。Derwent World Patent Index より広範な国々を対象に，優先権主張データに基づくパテントファミリー情報を調べられる。
DB 作成機関／提供システムの例	ヨーロッパ特許庁／Espacenet

サービス名	European Patent Register
収録分野	特許（EPO 出願の経過情報）
概要と特徴	EPO に出願された特許，Euro-PCT などの審査経過および，電子包袋，パテントファミリー情報などを収録する。審査経過，パテントファミリーなどを照会できるほか，EPO で特許査定後，メンバー国へ移行した特許の状況を確認できる。Register Alart という SDI サービスを利用できる。
DB 作成機関／提供システムの例	ヨーロッパ特許庁／European Patent Register

d. 中国

　中国語で特許は「专利（専利）」といい，中国の特許法が定める「専利」には，発明特許，実用新案，意匠の三種類が含まれる。中国の特許を調べる方法は，J-PlatPat の「特許／実用新案」から日本語で調べる方法もあるが，中国の特許庁である国家知识产权局（国家知識産権局，China National Intellectual Property Administration：CNIPA）が提供する专利检索及分析（特許の検索と分析）がある。

　中国の特許庁である国家知识产权局（国家知識産権局）は，特許の検索と分析（日本語インターフェースでの名称）で，自国へ出願された特許・実用新案・意匠の公報と中国が保有する約 100 の国や機関が発行した特許情報の検索と表示ができるサービスと，中国における審査経過情報を確認できるサービスなどを提供している（3-8 表）。複数言語のインターフェースがあり，日本語のインターフェースもある。利用に当たってはユーザー登録が必要である。

3-8 表　中国国家知識産権局が提供する主な検索サービス

サービス名	专利检索及分析（特許の検索と分析）
収録分野	特許（中国および海外），実用新案，意匠
概要と特徴	中国に出願された特許，実用新案，意匠の検索と公報の表示，および中国特許庁が保有する外国（日米などを含む）特許の検索ができる。また，分析や法的状況の照会，引用，被引用の調査ができるサービスも提供している。中国語のほか，欧米系言語，日本語のインターフェースで利用できる。ユーザー登録を必要とする。
DB 作成機関／提供システムの例	国家知識産権局／专利检索及分析（特許の検索と分析）

e. 韓国

　KIPRIS（Korea Intellectual Property Right Information Service）は，韓国特許情報院（Korea Industrial Property Rights Information Center：KIPI）が提供する無料の検索サービスである（3-9 表）。韓国に出願された特許，実用新案，意匠，商標および韓国特許の

英文抄録，審判の情報を検索できる。韓国語の他，英語のインターフェースで利用できる。

3-9表　韓国特許情報院が提供する検索サービス

サービス名	KIPRIS
収録分野	特許，実用新案，意匠，商標（韓国）
概要と特徴	韓国に出願された特許，実用新案，意匠，商標および韓国特許の英文抄録を収録する。入力は原則韓国語で行うが，発明の名称や抄録など，英語データがある場合は，英語で入力しても回答が得られる。発明の名称や抄録については韓国語と英語が併記されている（公報は韓国語）。検索結果に公報や法的状況，審判情報などがリンクしている。韓国語と英語のインターフェースがあるが，機能などは韓国語の方が豊富で，審判情報の検索などもできる。
DB作成機関／提供システムの例	韓国特許情報院／KIPRIS

f. 世界知的所有権機関（WIPO）

WIPO は，PCT 出願（Patent Cooperation Treaty：特許協力条約）および，国連機関として発展途上国を含む諸外国の特許情報を個別にデータベース化しており，それらを個別または横断的に検索できる PATENTSCOPE を提供している。ここでは商用サービスが提供していないような，小規模庁の情報も得られる。ユーザー登録すると，化合物の構造式検索などの機能が使える。他に，商標の Global Brand Database，意匠の Global Design Database などがある。

3-10表　世界知的所有権機関が提供する検索サービス

サービス名	PATENTSCOPE
収録分野	特許（PCT 出願および諸外国）
概要と特徴	PCT 出願の国際公開パンフレットと，WIPO が入手した特許情報を個別に，または横断的に検索し，書誌，抄録，全文，国内移行状況などを確認できる。検索には公報に使用されている言語が使えるが，例えば日本語で検索した場合，日本語で発行されている公報のみが検索対象となる。検索に使いたい用語や文章を，機械翻訳で各国語に翻訳する機能を利用できる。他に，環境保全技術の検索ができるサービスや，WIPO Pearl などがある。Cross Lingual Expansionl を使うと，入力した技術用語を対応する各国語にして検索式を作り，検索することができる。
DB作成機関／提供システムの例	世界知的所有権機関（WIPO）／PATENTSCOPE

（2）特許分野における商用の情報資源

多くの特許庁が自ら保有する情報を無料で提供する一方，商用の検索サービスは，下記のような努力を行っている。

①利用者に受け入れられやすい料金体系の導入

②GUI（graphical user interface）を利用したエンドユーザー向けサービスの開発

③概念検索（類似文書検索）や人工知能（artificial intelligence：AI）のような，新しい技術を導入した多種多様な検索機能や出力機能の工夫

④フルテキスト検索可能な期間の独自遡及のようなデータの拡充，シソーラスや独自分類のような索引面での充実

　海外製の，特許調査のためのデータベースには，a. 技術内容の検索に主眼を置くデータベースと，b. 法的状況の調査に主眼を置くデータベースがある。a. としては，先ず各国特許庁が発行する公報に基づくフルテキストデータベースがある。フルテキストデータベースは国別になっており，情報検索システムの中には，それらを横断的に検索する機能を提供しているものもある。一方，データベースとして歴史が古いのは，収録内容や索引に工夫を凝らした特許情報に特化したレファレンスデータベースである。

　a. としては，以下のようなデータベースがある。

①Derwent World Patents Index（DWPI）……発明の内容を短文にした独自タイトルや独自抄録，独自分類であるマニュアルコードの付与，独自のパテントファミリーの情報を収録する。引用情報として，従前の Derwent Patents Citation Index（DPCI）の審査官引用とその被引用の情報を提供する情報が統合された。

②MARPAT，Derwent Markush Resource……特許特有の Markush 構造の化学構造検索ができる。

③IFI Comprehensive Database……出願人表記の標準化を行っている。

　b. としては，以下のようなデータベースがある。

①INPADOC……ある出願が，世界のどことどこの国に出願されているかという情報を，世界100の国や機関に出願された特許を対象に，そこに記されている優先権（4章 4.4.1「（1）日本の特許制度」参照）の情報を紐付けして，パテントファミリー（patent family：対応特許）という特許のグループを作り，その情報や各国での審査状況の情報を提供する。

②FIF Patent Legal Status Database……アメリカ特許の法的状況を提供する。

　これらの歴史あるデータベースの中には，各国特許庁の公報に基づくフルテキスト系のデータベースより，収録開始年が早いものもある。

　この他，技術分野ごとに論文などの非特許文献と特許文献の両方を含むデータベースが

ある。ライフサイエンス分野は本章「3.2.1 ライフサイエンス分野の情報資源と検索」に，化学分野は「3.2.2 化学分野の情報資源と検索」に，その他自然科学分野などは「3.2.4 その他の自然科学・科学技術分野の情報資源と検索」に詳しい。

a. 日本

多くの国の特許情報がマージナルコストで入手できるようになり，日本製の商用検索サービスでも，日本と海外の特許情報を提供するサービスが主流となっている。機械翻訳技術を使って，国内国外特許情報の日本語での横断検索や，英日，日英，中日など外国語の公報を機械翻訳して表示する機能を提供している。また，無料の検索サービスにはない機能として，SDI（Selective Dissemination of Information：選択的情報提供あるいは情報の選択的提供）や概念検索，AI による検索などの付加機能を備えた検索サービスが多い。主な検索サービスとして，3-11 表に示す 5 種類がある。なお，3-11 表中の DOCDB は，ヨーロッパ特許庁（EPO）が作成する書誌データベースで，世界 100 か国以上の書誌データ，要約，引用が含まれるが，フルテキスト（全文）や画像は含まれない。

3-11 表 特許分野における日本の主な商用検索サービス

サービス名	HYPAT-i2
収録分野	特許，実用新案，意匠，海外特許
概要と特徴	五大庁の特許（加えて一部の国では実用新案と意匠），PCT，DOCDB，アジア諸国の特許情報を収録する。通常のブール演算の他，日本特許について，概念検索（類似文書検索）ができる。SDI，ウォッチング，簡単な統計機能がある。日本の経過情報で，引用・被引用文献，関連出願をツリー表示できる。中日，英日機械翻訳ができる。独自分類や評価を入力できる。独自に遡ったフルテキストがある。利用料金により利用範囲や機能が異なる。
DB 作成機関／提供システムの例	発明通信社／HYPAT-i2
サービス名	JP-NET／JP-NETWeb
収録分野	特許，実用新案，意匠，商標，海外特許
概要と特徴	五大庁と PCT，DOCDB，ロシアなどの特許情報を収録する。独自に日本の公開特許全期間の全文を収録している。日本の経過情報について，中間コードや審査官フリーワードで検索できる。SDI，ウォッチングの機能がある。通常のブール演算の他，日本特許について，類似検索（類似文書検索）ができる。外国特許の出力結果の翻訳機能がある。利用料金により利用範囲や機能が異なる。
DB 作成機関／提供システムの例	パテントデータサービス／JP-NET
サービス名	CyberPatent Desk
収録分野	特許，実用新案，意匠，商標，海外特許
概要と特徴	五大庁の特許（国により実用新案を含む），意匠，商標，DOCDB，台湾，インドの特許，日本企業の技報を収録する。通常のブール演算の他，日本

	の特許，実用新案，アメリカ特許で概念検索（類似文書検索）ができる。SDI，ウォッチングの機能がある。日本の経過情報をフローチャートで表示，引用マップの機能がある。海外特許の横断検索ができる。海外検索の結果で，英日機械翻訳ができる。オプションサービスとしてヒートマップや AI による自動分類機能がある。
DB 作成機関／提供システムの例	サイバーパテント／CyberPatent Desk
サービス名	Patent SQUARE
収録分野	特許，実用新案，意匠，海外特許
概要と特徴	日本の特許，実用新案，意匠および，アメリカ，EP，PCT，中国，DOCDB を収録する。SDI，日本特許に対する概念検索（類似文書検索）機能がある。オプションサービスとしてウォッチング（海外も可），英日機械翻訳（リアルタイム），AI 検索や AI 自動分類機能がある。
DB 作成機関／提供システムの例	パナソニックソリューションテクノロジー／Patent SQUARE
サービス名	SRPARTNER（ID 単位）／Shareresearch（企業向け）
収録分野	特許，実用新案，意匠，海外特許
概要と特徴	日本の特許，実用新案，意匠，アメリカ，中国，EPO，PCT，ドイツ，イギリス，オランダ，フランス，DOCDB などを収録する。通常のブール演算の他，概念検索（類似文書検索）ができる。統計分析，SDI，ウォッチングの機能がある。英日機械翻訳機能がある。
DB 作成機関／提供システムの例	日立システムズ／SRPARTNER，Shareresearch

b.　海外

　日本製の情報検索サービスに搭載されている海外特許の情報は，フルテキスト（全文）中心であるが，情報検索の草創期に開発された Dialog，CAS STNext は，本項「（2）特許分野における商用の情報資源」の最初に挙げたような特徴あるデータベースを搭載している。Dialog と CAS STNext の概要は，本章「3.1.2　主な商用情報検索システム」で紹介しているので，ここでは先に挙げた収録内容や索引に特徴のある 4 種類のデータベースを紹介する（3-12 表）。

　この他，特許調査に特化して進化してきた検索サービスとして Orbit Intelligence が，学術文献や会議録と特許情報を合わせて調査できる検索サービスとして Derwen Innovation がある。

3-12 表　特許分野における海外の主な商用データベース

DB 名称	Derwent World Patents Index（DWPI）
収録分野	特許（世界）
概要と特徴	全技術分野について，59 特許発行機関から発行される特許および，2 技術公開誌の書誌，抄録を収録している。同一発明単位（ファミリー単

	位）での調査と結果を確認できる。独自分類コード，独自タイトル・独自抄録，独自のパテントファミリー情報など，索引に注力している。また，Derwent Patents Citation Index（DPCI）として独立していたデータベースが統合され，審査官引用（特許，文献）・被引用特許情報も収録する。一部の国々について，特許請求の範囲を蓄積している。
DB 作成機関／提供システムの例	Clarivate／CAS STNext, Dialog
DB 名称	INPADOC
収録分野	特許（世界　法的状況とパテントファミリー）
概要と特徴	約 100 の特許発行機関の書誌，抄録，特許分類，パテントファミリー，法的状況データを全技術分野にわたって収録する。収録国が多く，古い年代から特許を収録しているので，網羅的に特許情報を検索できる。
DB 作成機関／提供システムの例	ヨーロッパ特許庁／CAS STNext, Dialog
DB 名称	IFI Comprehensive Database（IFIALL／IFICLS）／CLAIMS
収録分野	特許（米国特許の法的状況）
概要と特徴	米国特許の法的状況や期間満了日などが調査できる。検索には，書誌情報，抄録，クレーム，特許分類や標準化された表記での出願人，統制語による検索ができる。
DB 作成機関／提供システムの例	IFI CLAIMS Patent Service／CAS STNext, Dialog
DB 名称	Litigation Alerts（LITALERT）／LitAlert
収録分野	特許，商標（米国　訴訟情報）
概要と特徴	米国の 94 の地方裁判所に提訴され，米国特許商標庁（USPTO）コミッショナーに通知された特許権・商標権侵害訴訟提起に関するレコードを収録している。Official Gazette には掲載されなかった 1970 年代以降の訴訟についても収録している場合がある。特許番号または商標登録番号，発行日，発明の名称または商標名，発明者・所有者・出願人，分類などで検索できる。訴訟の内容に関しては地方裁判所名，Docket 番号，原告・被告，提訴日，存在すれば判決内容と判決日を収録している。
DB 作成機関／提供システムの例	Clarivate／CAS STNext, Dialog

（3）特許情報の検索

　特許調査には，技術動向や先行技術の有無を調べる遡及調査，遡及調査後の先行技術を継続調査していく SDI 調査，検索結果から気になる出願が権利化されそうかなどを注視していくウォッチング調査，他者の特許を侵害していないか調べる侵害予防調査，自らの技術開発の障害となるような技術が権利化されないように行う異議資料調査など，さまざまな種類がある。調査の名称は，遡及調査を，先行技術調査と呼ぶこともあるし，技術動向調査の意味で使う場合もあり，一義に定まっているわけではないが，ここでは前述のように呼ぶこととする。

　特許情報には，技術情報としての側面と法的情報の側面がある。そのため，一般的な情

報検索の際に必要な調査主題に関する知識と情報検索に関する知識に加え，特許法に関する知識も必要となる。例えば，遡及調査やSDI調査のように技術の主題を中心とした調査の場合，明細書全体を対象に調査するより，目的に応じて特許請求の範囲に限定したり，実施例に限定して調査する方が効果的な場合がある。ウォッチング調査では審査請求の可能性の有無や権利化されそうかなど，法的状況も踏まえた視点が必要である。また，侵害予防調査や異議資料調査では，検索期間の指定や，特許請求の範囲の記載に基づく技術的な対比や公知例としての有効性の判断など，特許法に照らして検索結果を判断することが求められる。

　特許調査では，適切なデータベースの選択はもちろん，出願人名や特許分類などの特有の索引項目があり，検索項目に応じた調査のコツがある。例えば，ある企業が出願人となっている出願を網羅しようとした場合，合併や社名変更している場合もあり，ベンチャー企業などの出願では，会社名ではなく，社長の名前で出願していることも考えて，検索式を工夫する必要がある。特許調査に利用できる分類には，国際特許分類（International Patent Classification：IPC），日本特許庁独自分類であるFI，Fターム，ヨーロッパ特許庁とアメリカ特許商標庁の共通分類であるCPC（Cooperative Patent Classification）がある。このほか，前述のDWPIのマニュアルコードやIFI CLAIMSのユニコードなど，各データベースの独自分類もある。それぞれの分類の特徴を知り，分類改正に伴う遡及付与の有無や付与対象，付与率などを勘案して調査に用いると，より効果的な調査に繋がる。

a. 調査の観点から見た特許情報の検索

■1 分類　　特許情報には，IPCという，国際的に共通な特許のための分類が付与されている。IPCはストラスブール協定により規定されており，協定加盟国は自国の特許公報にIPCを記載する義務がある。これにより，世界100以上の国や地域の特許出願をIPCという共通する技術的な観点から調査することが可能になっている。

　調査に分類を使うことにより，例えば日焼け止めクリームを探す場合なら，A61Q17/04（日光または他の光線から保護するための局所用製剤：局所用日焼け剤〔8〕）という分類があるので，日焼止め，日焼け止め，UVカットなど，異表記や同義語，アクロニムなど関連する技術用語を網羅する労力をかけずに，日焼け止め用に用いられる化粧品をクリームやローションなどの剤形を問わず検索することができる。

　しかし，IPCは国際的に共通な分類であるがために，出願件数の多少や産業構造の違いによる，出願分野の偏りには対応が難しい。そのため出願件数が多く，欧米との産業構造の違いから出願の偏りがある日本（例えば，農業用機械では，欧米に比べ日本は圧倒的に田植え機の出願が多い）では，IPCを細分化したFIや，一定範囲のFIを異なる観点から横断的に分類したFタームを付与している。特にFタームは，IPCやFIが特許請求の範囲を中心に分類付与するのに対し，図面など特許請求の範囲以外についても付与している

ので，日本特許の調査にとって有用な検索項目である。

　同様に欧米では，ヨーロッパ特許庁主導で CPC という IPC をベースとした独自分類を付与している。CPC は，ヨーロッパ特許庁とアメリカ特許庁だけでなく，ヨーロッパの他の国々や南米，韓国などでも内部分類として採用されており，ヨーロッパ特許庁の検索サービスである Espacenet では CPC を使って検索ができる。また，アメリカ，韓国は提供する検索サービスで検索項目としているだけでなく，公報に CPC を記載している。

　特許情報の調査に分類を使うためには，検索に用いる分類の構造や付与規則を理解する必要があるが，J-PlatPat や Espacenet の分類参照機能の中で解説資料が提供されている。また，パテントファミリーを調べ，各国で付与されている分類や，審査官の引例，出願人が先行技術として開示している特許文献に付与されている分類を参考にするなど，分類を探すさまざまな方法がある。ただし，見つけた分類を鵜呑みにするのではなく，調査の目的に叶った適切な分類であることを確認してから使うべきである。

❷技術用語　多くの特許情報検索サービスが公報全文を検索できるデータベースを提供し，発明の名称，抄録，特許請求の範囲，明細書を個別に検索したり，例えば，発明の名称と抄録というように，複数の項目を一括して検索したりできる機能を提供している。特許情報の調査では，公報のどの部分を対象に調査するかにより，技術用語の選び方にも工夫が必要なことがある。例えば，特許請求の範囲は，その発明の権利範囲を主張している部分なので，なるべく広い権利が取れるよう，上位概念の技術用語で表現される傾向がある。一方，実施例などにおいては，請求項よりも狭い概念の技術用語で表現されたり，数値限定などもより厳密に記されたりしていることがある。

　調査に使う技術用語の選択は，シソーラスや調査分野の技術用語辞典などを参考に，上位概念や下位概念の語，アクロニム（頭字語），関連語を調べることが多いが，分類を探す時と同様，引用文献や先行技術として開示されている特許文献の表現を参照することもある。

b. 調査の種類から見た特許情報の検索

　他の分野の調査同様，特許調査でも調査の目的や種別ごとに再現率を重視する場合と精度を重視する場合がある。

　遡及調査は，技術開発前や出願前に先行する関連技術を幅広く調べる必要があるので，どちらかというと再現率重視の調査となる。その後の SDI 調査は，開発や事業の進度に応じて，遡及調査の検索式や調査結果の配布先を適宜見直しつつ，再現率と精度のバランスを考慮しながら継続的に行う。遡及調査やその後の SDI 調査で見つかった気になる先願については，審査請求の有無や審査の状況など，法的な観点からウォッチング調査を行い，関連部署への情報提供と異議申し立てなど，適宜適切な対応が必要となる。

　侵害予防調査は，クリアランス調査とも呼ばれ，自社技術が他者の権利を侵害していないか，幅広く調査する。製品開発，製品の販売段階になって，他者から警告状が届くような事態を避けるため，十分な調査が必要である。

　一方異議申し立て調査は，自社の製品開発や販売の障害となる特許出願の権利化を防ぐために行うので，異議申し立て資料として関係者の納得が得られるものが見つかれば目的を達成したといえる。そのため，最初は精度に重点を置いた調査をし，そこで見つからなかった場合に少しずつ調査範囲を広げる方向で進めることが多い。また，当該特許出願が，すでに権利化されている場合は，特許の無効化を目指す一方，クロスライセンス交渉を視野に入れ，相手企業による自社技術の侵害の可能性や，自社の技術で相手企業が開発中の技術などへ，ライセンス可能な技術がないかまで調査することもある。

　一口に特許情報の調査と言っても，調査の目的や開発の進捗状況，新規参入を目指す社運をかけた技術開発か，従来からの自社製品の改良なのかなど，調査の際の条件はその都度異なる。遡及調査だから，異議申し立て調査だからという事だけで，一概に再現率重視，精度重視とはいえない。自社の技術にとって大きな障害となる場合は，特許文献か非特許文献かを問わず，目的達成のため幅広い調査が求められることもある。場合によっては，遡及調査の結果から異議資料へ，さらにクロスライセンスのための調査へと変化していくこともある。一方，多額の費用と時間を費やすより，好条件で導入できるなら，他社技術を導入するケースもあり，そのための調査という事もある。人材育成の観点から特許調査のマニュアルを作成し，成果を上げている報告は多いが，調査の目的と条件に合わせた分類や技術用語の選び方，組み合わせ方など，ケースバイケースの要素も多く残っている。

c.　IP ランドスケープ

　IP ランドスケープは，経営や事業戦略策定に資するため，産業財産権情報を含む多様な情報を用いて，総合的，戦略的に活用しようという観点に立った，情報解析の考え方である。具体的には，オープン＆クローズ戦略（自社の技術を，標準化して世の中に普及させ，かつ儲けが出るように，多くの企業に共有するオープン領域と，自社で独占するクローズ領域を組み合わせる戦略）の立案や，M&A 候補の選定，事業提携先探し，知的財産戦略のための活用が挙げられる。

　従来のパテントマップによる特許情報のマクロ解析に，自社技術の総合的な分析と現状把握，競合他社の現状分析および自社技術との関係の分析や当該技術の将来予測，市場の研究開発動向，経営戦略などを含み，技術のベンチマークや自社の市場ポジションについて，俯瞰や将来展望などを行う。情報の分析手法や問題解決のための手法については，4章「4.2　情報の分析」および「4.3　情報と問題解決の知識」に詳しい。

　分析の対象とするデータは，産業財産権情報に加え，学術情報，新聞情報など，記述形式や構成の異なる情報を扱う。そのため，各情報が持っている特性や解析の目的に則った扱いに留意する必要がある。例えば，特許情報と学術情報の場合でいえば，特許法第三十条の新規性喪失の例外規定の適用により，特許出願より早く論文が発表されている可能性に留意が必要なこともある。また，技術分野を俯瞰的に見る場合，事前に調査目的や技術分野に合わせ，技術用語の所謂「名寄せ」を行うこともある。

3.2.4　その他の自然科学・科学技術分野の情報資源と検索

　ここでは，工学，農学，数学などの情報資源について述べる。工学には，電気・電子工学，金属工学，機械工学，海洋工学，建築学などがある。工学分野では，最新の論文や特定テーマの文献の調査が多い。しかし例えば機械工学の研究などでは，開発する機械に用いる化学物質の物性値を調べる必要が生じることも少なくない。このような場合には，本章「3.2.2 化学分野の情報資源と検索」で説明した化学分野の情報資源を使い物性値の検索を行う必要がある。農学はバイオテクノロジー，微生物学，食品化学などを含む領域である。数学は理論的な研究のほかに，コンピューター科学などの電子工学分野とも関わりが深い。

　また建築の範囲は単に建築学に限らず，環境工学・都市工学・土木工学・芸術・美学と幅広い学問分野にまたがる。建築学は建築図面や建築作品の画像などを参考にすることも多い。特定の建築作品（建築物）の図面（一般図など）を探す場合は，その建築作品に関する雑誌記事や，建築家の作品集，建築設計図集などに掲載された図面を探すことになる。建築作品の画像なども同様の傾向にあり，デジタル情報資源のみならず冊子体による調査も必要となることが多い。

3-13 表　物理学，工学，農学，数学，土木分野に関する主なデータベース

DB 名称	Inspec
収録分野	物理学，電気工学，電子工学，コンピューター科学
概要と特徴	Institution of Engineering and Technology（IET：英国工学技術学会）が作成する文献データベースである。物理学，電気工学，電子工学，制御工学，情報技術の文献について検索を可能としている。また材料科学，海洋学，原子力工学などの分野についても豊富な情報量を有している。科学・技術分野における約 4,500 誌以上の学術雑誌に加え，書籍，レポート，約 2,000 の会議録，特許などを収録し総収録データ数は 2,200 万件を超える。豊富なフルテキストへのリンクも張られている。検索機能として独自の分類コードによる検索が可能であり，広い主題の検索や回答の絞り込み等が可能となっている。また，その分類コードから変換した IPC も付与されている。
DB 作成機関／提供システムの例	英国工学技術学会／CAS STNext, Web of Science, Dialog, Engineering Village, Ovid, EBSCO
DB 名称	Compendex／Ei Compendex
収録分野	工学
概要と特徴	Elsevier が作成する文献データベース。雑誌記事，技術報告書，工学関係学協会の出版物，会議録，個々の会議論文の書誌データを収録しており，簡潔な抄録がついている。190 以上の工学分野の文献等を対象とし，工学専門の索引，シソーラスを活用することにより，効率的な検索が可能となっている。約 2,000 万件のデータが収録されている。Elsevier の Engineering Village（工学系研究者とエンジニアのためのプラットフォーム）では，Inspec と一括した検索が可能である。

DB 作成機関／提供システムの例	Elsevier／CAS STNext, Dialog, Engineering Village, Ovid
DB 名称	IEEE Xplore Digital Library
収録分野	電気・電子工学，航空宇宙，情報工学，ロボット，エネルギー，など
概要と特徴	Institute of Electrical and Electronics Engineers（IEEE：米国電気電子学会）は電気・電子技術分野の学会であり，当該分野では世界最大規模である。IEEE によって製作された科学技術系の電子ジャーナルや電子ブックへのアクセスを提供するプラットフォームである。IEEE が発行した膨大な出版物を利用できるため，電気電子工学分野の調査に用いられている。IEEE と IET 等パートナー学会が発行する雑誌・会議録・技術規格から約 600 万件の記事・論文が利用できる。フルテキストも利用可能であるが，利用できるタイトルなどは契約により異なる。
DB 作成機関／提供システムの例	米国電気電子学会／IEEE Xplore Digital Library
DB 名称	Agricola
収録分野	農学
概要と特徴	National Agricultural Library（NAL：米国国立農学図書館）が作成する農業およびその関連分野の書誌情報を収載している書誌データベースである。農業，農業経済，農業工学および農作物，動物学，バイオテクノロジー，昆虫学，食品科学，林学などを収録対象としている。またモノグラフ，学位論文，特許，ソフトウェア，視聴覚資料，技術報告書や書籍などの情報を収録している。約 670 万件以上のデータを収録している。
DB 作成機関／提供システムの例	米国国立農学図書館／CAS STNext, Dialog, EBSCO, Ovid
DB 名称	CAB Abstracts／CABA
収録分野	農学
概要と特徴	英国の Centre for Agriculture and Biosciences International（CABI）が作成する農業，林業，人間栄養学，獣医学，環境学，生命科学や，その他関連分野の学術論文，会議録，書籍や年報の書誌情報を収録したデータベースである。CAB シソーラスによる統制語検索ができる。なお，CAB Abstracts，Global Health，CABI のデータベースサブセットは，2022 年 7 月に新設されたプラットフォーム「CABI Digital Library」から提供されている。
DB 作成機関／提供システムの例	CAB International／CAS STNext（CABA），Dialog, EBSCO, Web of Science, Ovid
DB 名称	MathSciNet
収録分野	数学，統計
概要と特徴	American Mathematical Society（AMS：米国数学会）が提供する世界の数学文献を網羅する書誌データベース。AMS の Mathematical Reviews および Current Mathematical Publications へのアクセスも可能である。さらに AMS および他の出版社の原文献へのリンクがある。また検索画面は，日本語での表示もなされている。約 400 万件以上のデータを収録している。
DB 作成機関／提供システムの例	米国数学会／MathSciNet

DB 名称	土木図書館デジタルアーカイブス
収録分野	土木工学
概要と特徴	土木学会が公開している日本の土木工学を中心としたアーカイブスである。戦前図書，戦前雑誌，写真，絵葉書，土木図書館デジタル化資料，図面・史料アーカイブス，震災デジタルライブラリーなどを提供している。
DB 作成機関／提供システムの例	土木学会／土木図書館デジタルアーカイブス

3.3　ビジネス分野の情報資源と検索

3.3.1　ビジネス分野の情報資源

　ビジネス情報を必要とするのは，企業内の情報センターや調査担当者にとどまらない。地元での創業や地域活性化を推進する「ビジネス支援サービス」を標榜する公共図書館においても，学生の就活支援を行う大学図書館においても，ビジネス分野の情報需要が高まっている。

　しかし一口で「ビジネス情報」といっても，その範囲は広大といえる。第1次産業（農林水産業）にとっては天候も重要なビジネス情報となろうし，第2次産業（製造業）にとっては技術情報の重要性が増す。第3次産業（サービス業）では地域ごとの人口動態が必須の情報といえよう。また経営企画，研究開発，生産，マーケティング，人事・労務，財務，ITシステムなど事業活動における役割によっても，創業，海外進出，合併，倒産など，事業の発展段階によっても，必要となる情報は変わってくる。本節では，一般的にビジネス情報といわれる情報の中から，調査ニーズの比較的高い企業，業界・市場，統計，人物，新聞・雑誌記事に関する基本的な情報資源について解説する。なお，海外のビジネス情報については，日本で比較的普及している一部の紹介にとどめている。

　ビジネス情報の第一の特徴は，データベースの発展が，主に民間主導で発展してきたことにある。法定書類や統計など，国主導で構築・提供されているものも一部にはあるが，企業情報や業界情報などの多くは，専門の出版社やサービス企業によって独自に情報が収集，整理され，商業ベースで提供されている。そのため会社情報でも，例えば上場会社の株価など，高い需要をもつ分野については多くの情報提供者による類似サービスがひしめき合うような状況がある一方で，地域にある零細企業など，需要があまり見込めない情報となると，どこを探しても見つからないといったことが起こりうる。

　第二の特徴は，科学技術や特許分野に比べて，書誌コントロールが弱いことにある。上述したように民間主導で発展してきたことや，扱う情報の専門性が比較的低く，一般的な言葉で検索するカジュアルユーザーが多くいることなどが背景にあるが，商用データベー

スにおいても索引や分類が整備されていなかったり，表記の揺れが未調整だったりする場合も少なくない。特に新聞・雑誌記事データベースでは，全文検索が主流になるにつれ，一つひとつの記事に付与されるキーワードや分類コードは減少する傾向にあり，コードを駆使した高度な検索活動を困難にしている。

　第三の特徴は，ビジネス分野の調査をデジタルの世界だけで完結させることはできない，ということである。先述したように，ニーズの高い一部のビジネス情報は大量に（しかも多くが無料で）溢れている一方で，そこから一歩外れると，情報がデータベース上にはまったく出てこないということがよくある。そのためビジネス情報の調査においては，業界団体の出版物やシンクタンク・研究機関の報告書など印刷物としてしか流通していない情報源に目を通したり，「灰色文献」といわれる非流通本を専門図書館で閲覧したりすることも時には視野に入ってくる。国立国会図書館が特定のテーマ別に調べ方をまとめたりリサーチ・ナビ[14]や，都立中央図書館の「テーマ別調べ方案内—ビジネスについて調べる」[15]などのサイトを参考にすることも有用となる。入口のハードルは低いが，奥が深いのがビジネス情報である。日々，拡大・増殖を続けている情報を適切に検索し，利用者のニーズに合った情報提供を行うためには，日頃の情報収集や絶えざる研鑽が必要である。

3.3.2　企業情報

　営業訪問先の開拓，顧客企業や競合の経営状況調査，新規取引または買収対象としての検討など，ある企業の事業内容や財務状態を把握するために企業情報が必要となる。

　証券取引所に株を上場していたり大規模な債券を発行したりする企業には，金融商品取引法[16]により，有価証券報告書などの各種書類の開示が義務付けられており，2004年からは電子ファイルでの提出も義務付けられた。提出された開示書類は金融庁のEDINET（Electronic Disclosure for Investors' NETwork：金融商品取引法に基づく有価証券報告書等の電子開示システム）上で誰でも無料で閲覧できる。しかし例えばある企業名で検索した場合に，検索結果に大量保有報告書や訂正報告書などが多数含まれてきたり，頭に「株式会社」を入れなかったために「該当なし」となったりすることがあるなど，インターフェースは必ずしもユーザーフレンドリーにはできていない。また有価証券報告書は，企業の一次資料であり重要な情報源ではあるが，求めるデータがどこに記載されているかを素早く見つけるためには，ある程度の熟練も必要となってくる。

　そこで活用されるのがeolなどの専門商用データベースである。これらは株式銘柄（証券）コードでの検索を可能にするなどユーザーインターフェースが使いやすいだけでなく，

14：国立国会図書館．リサーチ・ナビ．https://rnavi.ndl.go.jp/jp/index.html．（参照 2024-02-01）．

15："ビジネスについて調べる"．東京都立図書館．https://www.library.metro.tokyo.lg.jp/search/research_guide/business/．（参照 2024-02-01）

16：金融商品取引法第二十四条第一項．

「大株主」「財務」「株価」といった個別項目に特化したデータを表示させることができるため，企業情報検索の初心者でも比較的簡単に求める情報を取得することができる。また財務数値を cvs 形式でダウンロードすることも可能となっている。

　コンパクトにまとまった形で会社情報を取得したい場合には，東洋経済デジタルコンテンツ・ライブラリー内の会社四季報や日経テレコン内の会社プロフィルなどが有効になる。これらのデータベースでは業種や売上，会社規模など多角的なスクリーニング（絞り込み）検索も可能にしている。また日経会社プロフィルであれば最近の日経記事を表示させるし，東洋経済デジタルコンテンツ・ライブラリーの場合は，日本企業の海外進出状況やCSR[17] 活動状況，求人動向も収録しているなど，付随する独自コンテンツも活用できる。

　未上場企業の情報を収録する代表的な商用サービスには，COSMOSNET（帝国データバンク）と tsr-van2（東京商工リサーチ）がある。信用調査機関である両社のデータベースには，日本で活動する企業 360 万社の大半が登録されているとされるが，概要が取得できるのは 150 万社程度，財務が取得できるのは 80〜90 万社程度に留まり，残りはデータがなかったり古かったりする。その場合は個別に信用調査を依頼することになるが，両者ともに企業への直接取材に依存しているため，高価な調査料を支払っても，必ずしも詳細データが取得できるとは限らないことに注意したい。

　企業情報の取得はもちろん，当該企業のウェブサイトからも可能である。上場企業の場合は「投資家向け（investor relations：IR）」ページに，有価証券報告書だけでなく，決算説明会のビデオやそのときの配布資料，中期経営計画なども掲載していることが多く，今後の企業戦略や業績見通しなどは，ここから情報を取得できることが多い。未上場企業においては，ウェブサイトは企業広報，PR が中心となりがちだが，企業理念や沿革の確認に役立つことも少なくない。またプレスリリースや求人募集などから業績を推測できることもある。

　インターネット上には，企業業績を解説したり口コミで評判を集めたりするサイトも多い。情報の信頼性には細心の注意を払いながら扱いたい。主な企業情報資源を 3-14 表に示した。なお，表中に無料の記載のないデータベースは有料となる。

3-14 表　企業に関する主なデータベース

DB 名称	EDINET
収録分野	有価証券報告書
概要と特徴	Electronic Disclosure for Investors' NETwork（金融商品取引法に基づく有価証券報告書等の電子開示システム）の略称で，金融商品取引法に基づき，上場企業および未上場の有価証券報告書提出企業が開示した書類を検索・閲覧できる。有価証券報告書，四半期報告書，臨時報告書，

17：Corporate Social Responsibility 企業の社会的責任

	大量保有報告書などを収録している。無料。
DB 作成機関／ 提供システムの例	金融庁／EDINET
DB 名称	eol
収録分野	有価証券報告書
概要と特徴	有価証券報告書を 200 項目以上に細分化し，必要な情報のみをピンポイントで表示させることができる。そのほか決算短信，適時開示等の開示書類だけでなく，各企業の HP 上に掲載されたニュースリリースも収録している。財務項目を XBRL データとして取得できるため，経年グラフ化したり，競合会社と比較したりといった編集加工が可能。
DB 作成機関／ 提供システムの例	プロネクサス／eol
DB 名称	NEEDS-FinancialQUEST
収録分野	企業財務，経済統計，など
概要と特徴	上場会社および有価証券報告書提出会社の詳細な財務情報や業績予測，株式および債券市場のデータ，国内外のマクロ経済，産業統計情報などの数値系データを CVS 形式で一気にダウンロードすることができるサービス。長期にわたる傾向や，複数項目の相関関係などを分析するときに有用。
DB 作成機関／ 提供システムの例	日本経済新聞社／NEEDS-FinancialQUEST
DB 名称	日経会社プロフィル
収録分野	企業概要
概要と特徴	上場・有力未上場企業約 2 万社の企業概要。財務諸表の主要項目や業務内容，業績推移を含む。
DB 作成機関／ 提供システムの例	日本経済新聞社／日経テレコン
DB 名称	東洋経済デジタルコンテンツ・ライブラリー
収録分野	企業概要，CSR 情報，など
概要と特徴	会社四季報：上場企業約 4,000 社の概要。特色，業績，株価など。 外資系企業総覧：在日外資系企業約 3,200 社の企業概要。 海外進出企業総覧：海外進出する日本側出資企業と現地法人の情報。 CSR 企業総覧：アンケートに回答した 1,305 社の CSR 関連データ。2016 年より「雇用・人材活用編」と「ESG 編」に分割。 そのほか，就職四季報，会社四季報・未上場版，大株主総覧，日本の企業グループなども収録している。
DB 作成機関／ 提供システムの例	東洋経済新報社／東洋経済デジタルコンテンツ・ライブラリー，日経テレコン
DB 名称	COSMOSNET
収録分野	企業概要
概要と特徴	全国の上場および未上場企業情報を収録する。COSMOS1（企業財務データ）では約 94 万社の財務諸表および財務分析表をカバーし，COSMOS2（企業概要データ）では約 147 万社の概要，業績，代表者情報などを提供。詳細な信用調査報告書（CCR）も発注可能（別料金）。

DB 作成機関／提供システムの例	帝国データバンク／COSMOSNET，日経テレコン，G-Search
DB 名称	tsr-van2
収録分野	企業概要
概要と特徴	全国の上場および未上場企業情報を収録する。財務情報は約 85 万社，企業概要は約 156 万社をカバー。企業によっては詳細な信用調査報告書がとれる（別料金）。 主要 25 万社を収録した CD-EYES，50 万社を収録した CD-Eyes50 もある。
DB 作成機関／提供システムの例	東京商工リサーチ／tsr-van2，日経テレコン，G-Search
DB 名称	EDGAR
収録分野	米国 SEC 提出書類
概要と特徴	The Electronic Data-Gathering Anaysis and Retrieval system の略。米国証券取引法に基づき米国内で投資対象となる企業等が米国証券取引委員会（SEC）へ開示した書類を検索・閲覧できる。アメリカ版の EDINET といえる。日本の有価証券報告書にあたる Form 10K，四半期報告書にあたる Form 10Q，大量保有報告書などを収録している。無料。
DB 作成機関／提供システムの例	米国証券取引委員会／EDGAR
DB 名称	D&B レポート
収録分野	世界の企業概要
概要と特徴	米国の信用調査会社 Dun & Bradstreet が構築した世界約 240 か国以上，約 5 億 1,420 万件の事業所のデータベース。企業概要，支払実績，財務情報，D&B 格付け，経営沿革などを収録している。
DB 作成機関／提供システムの例	Dun & Bradstreet／tsr-van2
DB 名称	Orbis
収録分野	世界の企業概要
概要と特徴	世界の上場・未上場企業約 4 億 4,800 万社について，概要，財務，役員，オーナーシップ（株主・子会社・関連会社），ESG スコア，コンプライアンス，ニュース，M&A（合併・買収），特許などの情報を提供。
DB 作成機関／提供システムの例	Bureau Van Dijk／Orbis，帝国データバンク
DB 名称	Mergent Online
収録分野	世界の企業概要
概要と特徴	世界の上場企業 1 万 5,000 社の会社データと未上場を含む 4 万社の年次報告書を収録。米国以外では，企業 2 万社のデータと 7 万 5,000 社の年次報告書がとれる。米国上場企業の役員 15 万件のデータが毎日，更新されている。米国の 1 万社については，会社概要をコンパクトにまとめた「Factsheet」を PDF フォーマットでとれる。
DB 作成機関／提供システムの例	Mergent／Mergent Online

DB 名称	KOMASS
収録分野	世界の商品情報
概要と特徴	世界 73 か国約 5,700 万社におよぶ企業の製品・サービス情報を提供する BtoB（企業向け）データベース。KOMASS 独自の 6 万種類に分類された製品別カテゴリーから，海外でその製品を製造している企業を見つけたり，外国の取引先のデータを得ることができる。日本語のインターフェースももつが，検索は英語でするのが無難（ただしイギリス英語のスペルにする必要がある）。無料。
DB 作成機関／提供システムの例	Kompass International SA／KOMPASS

3.3.3　業界・市場情報

　業界動向や製品・サービスに関する情報は，これから起業しようとする社会人や就職しようとする学生のみならず，すでに事業を展開している企業にとっても，日々変化するビジネス環境をモニターし，自社の事業計画の見直しや新商品・サービスを検討するのに欠かせない。具体的には（1）業界の概要，（2）その業界におけるプレイヤー（事業者）のリストや相関図，（3）商品・サービスごとの市場規模，（4）企業の占有率（マーケットシェア）やランキング，（5）業界の今度の動向や予測のような情報が含まれる。

　業界動向を俯瞰するには，きんざいが編集，出版している『業種別審査事典』（2020 年発行の第14次より電子版も発売されている）がもっとも網羅的で品質も高いが，情報更新が 4 年に 1 度となっている点，また電子版ではライセンスが 6 年で切れることに注意が必要である。日経 NEEDS 業界解説レポートは更新頻度が高く，最新動向も反映している点で優れているが，必ずしもすべての業界を網羅していない。民間調査会社による市場調査レポートは高額なものが多いが，データベースでは目次ごとの購入を可能にしている場合もある。また料金体系も各社バラバラで，1 レポートあたりいくら，といった課金制をとる場合もあれば，一定の条件のもとで年額固定制をとっている場合もあり，用途や頻度に応じて使い分ける必要がある。一般な調査の仕方としては，まず該当業界の概要レポートを取得して大枠を把握し，その後，統計情報や雑誌・新聞記事検索で情報を補足・更新し，それでも足りない部分を調査レポートなどを取得して補うといった，段階的多角的アプローチが必要になる。統計情報は「3.3.4　統計情報」を，雑誌・新聞記事検索は「3.3.6　雑誌・新聞記事情報」を参照されたい。

3-15 表　業界・市場に関する主なデータベース

DB 名称	業種別審査事典電子版
収録分野	業界情報
概要と特徴	64 分類 1,500 業種それぞれの動向，特性，見通し，関連法規，関連団体などをまとめた『業種別審査事典』（全 10 巻）の電子版。2000 年発売の

	第 14 次では「クラウドアプリ版」の名称だったが，2024 年発売の第 15 次では「シングルライセンス版」に改称される。4 年に 1 度の改定であり，必ずしも最新情報を反映してしていない場合もあるが，各業界の基本情報を把握するのに最適な情報資源。全文検索が可能。ライセンス期間は発売後 6 年（第 15 次の場合，2030 年 3 月末）。
DB 作成機関／提供システムの例	きんざい／業種別審査事典　シングル・ライセンス版
DB 名称	日経 NEEDS 業界解説レポート
収録分野	業界解説
概要と特徴	日経 NEEDS の小分類，約 550 業界について業界概要，市場動向，競合状況をまとめている。内容が月 1 回の頻度で更新され，最新ニュースなども反映されている。「日経 NEEDS グローバル業界解説レポート」として，35 業界について世界市場の動向レポートも提供している。
DB 作成機関／提供システムの例	日本経済新聞社／日経テレコン
DB 名称	JRS 経営情報サービス
収録分野	業界解説，経営指標，など
概要と特徴	主に中堅・中小企業を対象に，中小企業診断士による 712 業種の業界動向と最新ビジネス動向 71 テーマを提供。そのほか，経営・労務問題などに関する情報，ビジネス文書や契約書の書式なども取得することができる。
DB 作成機関／提供システムの例	経営ソフトリサーチ／JRS 経営情報サービス，日経テレコン
DB 名称	TDB 業界動向
収録分野	業界解説
概要と特徴	国内主要 100 業界，約 200 分野の動向について概説。非上場企業を含んだ各業界の主な企業業績や，統計データ，注目トピックスなどをカバー。
DB 作成機関／提供システムの例	帝国データバンク／TDB REPORT ONLINE
DB 名称	会社四季報業界地図
収録分野	業界解説
概要と特徴	東洋経済新報社が年 1 回（9 月頃）に発行する『会社四季報　業界地図』をデータベースにしたもの。全 178 業界につき，見開き 2 ページで業界の主なプレイヤーと相関図を表示。基本は業界と年度を指定して検索するが，テキスト部分のキーワード検索も可能。
DB 作成機関／提供システムの例	東洋経済新報社／東洋経済デジタルコンテンツ・ライブラリー，日経テレコン
DB 名称	FK-Mards
収録分野	市場調査レポート
概要と特徴	富士経済グループが発行した市場調査資料約 3,300 冊分を市場名や企業名で横断検索することができる。目次項目単位で PDF ファイルとして購入することが可能。
DB 作成機関／提供システムの例	富士経済ネットワークス／FK-Mards

DB 名称	市場調査データ
収録分野	市場データ
概要と特徴	2,000 品目超の市場規模推移・予測，市場シェアなどを A4 判 1 枚にまとめた PDF フォーマットで提供。ドラッグストアの POS データ，家計調査，消費者アンケートなども収録。
DB 作成機関／提供システムの例	富士経済ネットワークス／Mpac，日経 BP 記事検索サービス
DB 名称	富士経済グループ　マーケットシェアデータ
収録分野	市場データ
概要と特徴	富士経済グループの市場調査レポートの中から，注目度が高い品目をピックアップし，市場規模，会社のシェア，将来予測などをまとめたもの。
DB 作成機関／提供システムの例	富士経済グループ／日経テレコン，G-Search
DB 名称	マーケットシェア事典オンライン
収録分野	市場データ
概要と特徴	矢野経済研究所が毎年発行する『マーケットシェア事典』に収録されている約 750 品目の市場シェアデータのデータベース。 このうち最新版の主要 650 品目と 1,200 社のシェア情報を日経テレコンでも提供している。
DB 作成機関／提供システムの例	矢野経済研究所／マーケットシェア事典オンライン，日経テレコン
DB 名称	日経 POS 情報
収録分野	POS データ
概要と特徴	日本経済新聞社が全国のスーパーマーケット，コンビニエンスストア，ドラッグストアなどから収集した POS（販売時点情報管理）データに基づき，290 万の商品の毎日の販売実績を蓄積。約 2,000 の品目ごとに，各社の商品（ブランド）ランキングを毎週，更新している。
DB 作成機関／提供システムの例	日本経済新聞社／日経テレコン，日経 POS 情報
DB 名称	Profound
収録分野	世界の市場調査レポート
概要と特徴	Euromonitor，Datamonitor，Frost&Sullivan など，世界のマーケット調査会社約 120 社が出版する調査レポート約 50 万件を全文横断検索することができ，必要な箇所だけを部分的に購入できる。
DB 作成機関／提供システムの例	MarketResearch.com／Profound，G-Search

3.3.4　統計情報

　統計は，わが国の人口動態，金融・経済動向，社会・国民生活状況などを数値で示し，企業や産業活動の実態把握や今後の予測を行ううえで，欠かせない情報資源となる。統計は，作成主体によって公的統計と民間統計とに分けられる。

　公的統計は国の行政機関，地方公共団体およびその他の公的機関が作成する統計で，統計法ではこれを社会全体で利用される情報基盤として位置付けている。特に重要性が高いと国に指定された53件の基幹統計[18]を含め，政府による統計は約800種類[19]にも及ぶが，オープンデータ化推進のもとにウェブ上での公開が進み，現在は政府統計の総合窓口（e-Stat）に統合されて，格段に入手しやすくなった。e-Statでは，たとえ所管省庁や統計名を知らずともキーワードから目的のデータにたどり着ける便利さがあり，複数データにまたがるダウンロードやグラフ化機能も充実している。しかし出典や調査方法，項目の定義を確認しないままデータを使いがちな面もあるので注意が必要である。統計それぞれの目的，調査対象，調査事項，結果の要約や概要，用語の解説などを確認するためには，総務省統計局など，所轄官庁のサイトを見る必要がある。公的統計は全国規模調査で，比較的長期に時系列データをもち，調査方法や調査結果への信頼性も高い。調査にあたっては，まず公的調査が出ていないかどうかを最初に確認するのが王道といえる。

　公的統計で必要な情報が入手できない場合には，民間統計を活用する。業界団体，調査会社，研究機関，新聞社・出版社などが，数多くの独自調査を行い，定期・不定期に結果を発表している。ただし業界団体が行う調査では，その団体の加盟企業のみを対象にしていたり，新聞や雑誌の調査では，読者だけを対象としていたりといったこともある。近年では，「インターネット上で100人に聞きました」といった手軽な調査も少なくなく，民間調査においては標本数や収集方法に常に注意を払う必要がある。一方で，公的統計では得られないような細かな情報がとれたり，個別企業や商品の動きが分かったり，最新の動向がキャッチできたりするケースも多いため，留意点を踏まえながら，上手に活用することが肝要である。

　海外の統計については，総務省統計局のサイトに収録されている「世界の統計」やジェトロのサイト[20]から，各国・地域の基本的なデータを取得したり比較したりすることができる。いずれの情報資源もデータの出典が明示されているので，それを手がかりにして元データをもつウェブサイトにアクセスし，より詳しい調査に進むこともできる。主な国際的統計サイトとしては，国連諸機関の統計データを横断的に検索できるUN data（国際連合）[21]，経済開発協力機構（OECD）の加盟国などの主要統計を収録するOECD.Stat[22]，世界の経済予測などを発表する国際通貨基金（IMF）のサイト[23]，欧州連合（EU）の総合統

18：“基幹統計一覧”. 総務省. https://www.soumu.go.jp/toukei_toukatsu/index/seido/1-3k.htm，（参照 2024-02-01）.

19：“政府統計コード一覧”. e-Stat 政府統計の総合窓口. https://www.e-stat.go.jp/estat/html/tokei_itiran.pdf，（参照 2023-08-20）.

20：日本貿易振興機構（ジェトロ）. https://www.jetro.go.jp/，（参照 2024-02-01）.

21：United Nations. UNdata. https://data.un.org/，（accessed 2024-02-01）.

22：OECD. OECD Statistics. https://stats.oecd.org/，（accessed 2024-02-01）.

23：IMF. IMF Data. https://www.imf.org/en/Data，（accessed 2024-02-01）.

計ウェブサイト Eurostat（EU 統計局）[24] などがある。

3-16表　統計に関する主なデータベース

DB 名称	政府統計の総合窓口（e-Stat）
収録分野	政府統計
概要と特徴	政府による公的統計のポータルサイト。統計ファイルを Excel，CVS，PDF 形式でダウンロードできるほか，複数の統計にまたがるデータを一つの表に表示させたり，グラフのレイアウトを指定したりできる。分野やキーワードによる検索ができるだけでなく，提供周期，調査年月などによる絞り込みもできる。主要統計指標のグラフをデザインする（統計ダッシュボード），データを地図上に表示させる，地域ランキングを作成するなど，簡単なデータ加工機能もある。無料。
DB 作成機関／提供システムの例	総務省統計局，統計センター／政府統計の総合窓口（e-Stat）
DB 名称	統計データ（総務省統計局）
収録分野	政府統計
概要と特徴	「国勢調査」「経済センサス」「労働力調査」「家計調査」など総務省統計局が実施する基幹統計 14 件のほか，「日本統計年鑑」「世界の統計」など国内外の主要統計を集めて編集・刊行した総合統計書を収録する。統計結果の要約を PDF 形式で取得でき，概要や全体動向を把握するのに向いている。無料。
DB 作成機関／提供システムの例	総務省統計局／総務省統計局
DB 名称	日経 NEEDS 統計データ
収録分野	政府統計，産業統計
概要と特徴	景気，生産，消費，物価，貿易といったビジネス需要の高い主要統計に絞って収録。公的統計だけでなく，日銀短観，旅行取扱高，企業倒産件数といった民間統計もカバーする。また産業統計として，半導体，パソコン，新車，中古車，百貨店，チェーンストアなどの販売高をとることもできる。
DB 作成機関／提供システムの例	日本経済新聞社／日経テレコン，日経 NEEDS
DB 名称	市場情報評価ナビ MieNa
収録分野	商圏情報，地図情報
概要と特徴	町丁目単位に細分化された商圏における人口・世帯構成，消費・購買力，動向レポートなどがとれる。指定した都道府県，市区町村ごとに，地図上にデータを表示させることができ，出店戦略やエリアマーケティングを行う際に活用できる。
DB 作成機関／提供システムの例	日本統計センター／MieNa

24：European Commission. Eurostat. https://ec.europa.eu/eurostat,（accessed 2024-02-01）.

3.3.5 人物情報

　ビジネスにおいて必要となる人物情報は圧倒的に現在活躍中の人が多く，そのため既存の情報資源が役立たなかったり，情報のアップデートが必要だったりすることが頻発する。取得した情報の更新日時を常にチェックする習慣を身に着けたい。

　有名会社の経営者や役員についての情報は，人物専門のデータベースのほか，その企業のホームページや，ビジネス系の新聞・雑誌記事を検索することで一定の情報を得ることができる。

　官庁職員の場合は，人物データベースや新聞・雑誌に名前や経歴が出てくるケースは極めてまれである。官庁および地方公共団体の職員を網羅する冊子体の『職員録』を当たれば，発行年度における役職を確認することができる。現時点の名簿は，幹部職員（内部部局（本省）室長級以上）であれば，各府省のウェブサイト上の「組織・制度の概要」のカテゴリに掲載されている[25]。地方自治体の職員録は，自治体によっては電子化して公開している場合もあるが，組織内のイントラネットとしてのみ電子職員録システムを運用している場合もあるので，個別の確認が必要となる。1947(昭和22)年頃までの『職員録』は国立国会図書館デジタルコレクションで公開されている。

　特定分野の専門家や有識者を探したい場合には，人物情報に特化したデータベースのほか，インターネット上での情報収集も有効となる。情報発信に積極的な人ほど，自身のサイトをもっていたり，ソーシャルメディア上で活発に発言したりしているので，経歴や業績などを確認しやすい。ただし個人情報保護の観点から連絡先を明示していない場合もあり，情報を確認するためには所属機関やエージェントを通すことが求められる場合もある。

　研究者の情報を取りたい場合には，科学技術振興機構が無料で提供するresearchmapやJ-GLOBALのほか，科学技術系の論文データベースや特許データベースが有用になる。3-17表では，主な人物系商用データベースをあげる。

3-17表　人物に関する主な商用データベース

DB名称	日経 WHO'S WHO
収録分野	経営者
概要と特徴	約30万人。約1万7,000社・団体の経営者，役員，管理職などの経歴，出身地や出身校と，約7,400社・団体の次課長級以上の人事異動情報，叙位勲章情報を収録。
DB作成機関／提供システムの例	日本経済新聞社／日経テレコン

25：各府省情報化統括責任者（CIO）連絡会議．"Webサイト等による行政情報の提供・利用促進に関する基本的指針"．2015-03-27．https://warp.ndl.go.jp/collections/info:ndljp/pid/11517337/www.kantei.go.jp/jp/singi/it2/cio/dai61/honbun2.pdf，（参照 2024-02-01）.

DB 名称	東京商工リサーチ経営者情報
収録分野	経営者
概要と特徴	上場・未上場企業約 150 万社の企業経営者（代表者）の人物プロフィール。
DB 作成機関／提供システムの例	東京商工リサーチ／日経テレコン，G-Search

DB 名称	ダイヤモンド役員・管理職情報
収録分野	経営者
概要と特徴	約 20 万人。上場・有力未上場企業約 1 万 3,000 社の役員・部長以上の管理職のプロフィール。
DB 作成機関／提供システムの例	ダイヤモンド社／日経テレコン，G-Search

DB 名称	朝日新聞人物データベース
収録分野	人物
概要と特徴	約 3 万 5,000 人。各界の有識者を中心に経済人，政治家，研究者，文化人，スポーツ選手などを収録。氏名（漢字／かな）や肩書，分野コードなどから検索できる。
DB 作成機関／提供システムの例	朝日新聞社／朝日クロスサーチ，日経テレコン，G-Search

DB 名称	現代人名録（読売人物データベース）
収録分野	人物
概要と特徴	約 2 万 6,000 人。学術，文化，芸術，スポーツ，外国人など各界の第一線で活躍している人物と国会議員などのプロフィール。氏名，肩書，分野，出身校，出身地などから検索可能。
DB 作成機関／提供システムの例	読売新聞社／ヨミダス歴史館，日経テレコン，G-Search

DB 名称	WhoPlus
収録分野	世界の人物
概要と特徴	約 87 万人。歴史上の人物から現在活躍中の人物まで，日本人約 24 万人，外国人約 8 万人の人物，文献情報を収録した「WHO」に日外アソシエーツ発行の人物関連事典・索引の 65 万人を追加している。
DB 作成機関／提供システムの例	日外アソシエーツ／WhoPlus

DB 名称	Marquis Biographies Online
収録分野	世界の人物
概要と特徴	約 160 万人。Who's Who in America, Who's Who in the World などを出版しているマーキス社のすべての人名録を統合したデータベース。世界 193 か国の法曹，科学，医学，芸術，ビジネスからエンターテイメントまで，全分野を収録。現在の人物だけでなく，米国であれば 17 世紀以降，その他の国については 19 世紀後半以降をカバーしている。毎日更新。
DB 作成機関／提供システムの例	Marquis Who's Who Ventures, LLC／Marquis Biographies Online

3.3.6　雑誌・新聞記事情報

　雑誌・新聞記事は情報の速報性，作成機関によるコンテンツの独自性，比較的長期にわたる発行の継続性などからビジネス分野において欠かせない情報源である。

　国内では 3-1 表に示した日経テレコンおよび G-Search が代表的な情報検索システムとしてあり，3-18 表に示した ELNET も含め，いずれも，全国紙，地方紙，ビジネス誌，専門・業界紙誌など 100 以上の媒体の横断検索を可能にしている。

　ただし 1980 年代以前に遡って新聞記事を検索したい場合は，新聞社ごとに作成・販売されているデータベースシステム内で縮刷版（紙面イメージ）の検索をする必要が出てくる。縮刷版の検索では，読売新聞では全文検索ができるものの，毎日新聞では日付と掲載面を指定できるだけなど，各社の検索システムにかなり開きがある。地方紙や業界紙などではデータベース化されていない場合もある。一方縮刷版では，テキスト検索ではかなわない広告が見られるなどの利点もある。

　海外の代表的な新聞・雑誌情報検索システムとしては，3-18 表にあげたように，Factiva，Nexis などがある。Factiva は日本語のインターフェースをもち，日本国内の雑誌・新聞記事も収録している。「3-27 表　雑誌および論文に関する情報資源」もあわせて参照されたい。

3-18 表　雑誌・新聞記事に関する主なデータベース

DB 名称	ELNET
収録分野	新聞記事，雑誌記事
概要と特徴	国内の全国紙，地方紙，スポーツ紙，政党機関紙などの専門新聞約 100 紙，および経済，ライフスタイル，一般雑誌など 250 誌の約 4,000 万件の記事を，掲載された紙面イメージで収録し，PDF 形式や FAX で提供するデータベース。キーワード登録によって必要な記事が毎朝メールや FAX で届くモーニングクリッピングサービスと，過去記事検索システム（データベースサービス）がある。
DB 作成機関／提供システムの例	エレクトロニック・ライブラリー／ELNET
DB 名称	朝日クロスサーチ（朝日新聞）
収録分野	朝日新聞記事，朝日新聞社刊行物
概要と特徴	朝日新聞の 1879 年（創刊号）から 1999 年までの紙面イメージ（縮刷版），1985 年から現在までの記事テキスト，2005 年 11 月以降は記事ごとの切り抜きイメージを提供している。縮刷版検索では，キーワード，分類，日付での検索が可能（全文検索はなし）。『AERA』『週刊朝日』『アサヒグラフ』，英文ニュース，人物，現代用語，歴史写真アーカイブも収録し，歴史写真以外での横断検索が可能。
DB 作成機関／提供システムの例	朝日新聞社／朝日クロスサーチ

DB 名称	ヨミダス歴史館（読売新聞）
収録分野	読売新聞記事，読売新聞社刊行物
概要と特徴	読売新聞の 1874 年（創刊号）から 1989 年までの紙面イメージ（縮刷版），1986 年から現在までの記事テキスト，2008 年 12 月以降は記事ごとの切り抜きイメージを提供している。縮刷版でも全文検索が可能。現代人名録，The Japan News（英字新聞），辞書も収録し，読売新聞（テキスト版，イメージ版）と現代人名録での横断検索が可能。
DB 作成機関／提供システムの例	読売新聞社／ヨミダス歴史館
DB 名称	毎索（毎日新聞）
収録分野	毎日新聞記事，毎日新聞社刊行物
概要と特徴	毎日新聞（創刊時は東京日日新聞）の 1872 年（創刊号）から 1999 年までの紙面イメージ（縮刷版）と 1987 年から現在までの記事テキストを提供している。縮刷版の検索では日付と紙面の指定のみ。『週刊エコノミスト』，毎日新聞社の主な世論調査結果，英文ニュースも収録している。
DB 作成機関／提供システムの例	毎日新聞社／毎索
DB 名称	日経 BP 記事検索サービス
収録分野	日経 BP 社刊行の雑誌記事
概要と特徴	『日経ビジネス』『日経コンピューター』『日経ヘルス』など日経 BP が発行する約 40 誌の雑誌記事を横断検索できるデータベース。ウェブサイト上で検索および見出し表示まで無料で行うことができ，その後，記事ごとに購入する仕組みになっている。
DB 作成機関／提供システムの例	日経 BP／日経 BP 記事検索サービス
DB 名称	ルーラル電子図書館
収録分野	農文協刊行物，など
概要と特徴	『現代農業』『農業技術大系』『食品加工総覧』など，農文協が発行する出版物を収録している。害虫，農薬，加工食品などについて，テキスト，写真，イラスト，ビデオなどのコンテンツでわかりやすく提供されている。
DB 作成機関／提供システムの例	農文協（農山漁村文化協会）／ルーラル電子図書館
DB 名称	Factiva
収録分野	世界の新聞，雑誌記事，ニュース記事，など
概要と特徴	日本を含む世界 200 か国，28 言語の 3 万 2,000 以上の情報源を収録。Wall Street Journal（1979 年〜）をはじめとする世界の主要新聞，業界紙，雑誌，通信社などの速報ニュースから，企業情報，マーケット情報，業界レポート，アナリストレポートまで多岐にわたる。日本国内の主要紙，専門業界紙，TV 局のニュース報道なども収録している。独自の索引システム（ダウ・ジョーンズ・インテリジェント・インデクシング）によりすべての記事に会社，トピック，業種，地域の分類コードが付与され，これらを活用することで，複数言語にわたるコンテンツの横断検索を可能にしている。日本語を含む 9 か国語のインターフェースに対応している。

DB 作成機関／提供システムの例	Dow Jones／Factiva
DB 名称	Nexis
収録分野	世界の新聞，雑誌記事，ニュース，など
概要と特徴	世界の新聞・雑誌，TV・ラジオのニュース情報，専門家による企業・業界レポート，企業情報，M&A（合併・買収）レポート，人名録などを 2 万 3,000 以上の情報源から収集している。法律・判例のデータベース Lexis とともに，同社独自の検索システムをもち，ある検索語が一記事内に登場する件数を指定したり，検索語どうしの間隔（単語数）を指定したりすることができる。機械翻訳機能，企業調査レポートのための特別機能が利用できる。
DB 作成機関／提供システムの例	LexisNexis／Nexis
DB 名称	ABI/INFORM Collection
収録分野	ビジネス，経営，貿易分野の新聞記事，学術雑誌論文，業界レポート，など
概要と特徴	ビジネス研究における最大級の学術総合データベースで，ABI/INFORM Global，ABI/INFORM Trade & Industry，ABI/INFORM Dateline の三つのデータベースで構成されている。Wall Street Journal（1984 年〜），The Economist，Financial Times（1996 年〜）などの金融経済誌紙，Economist Intelligence Unit（EIU），Euromonitor，Oxford Analytica などが発行する調査レポート，Cambridge University や MIT Sloan School of Management などの経営学術誌を収録するほか，4,000 万社の企業データ，OECD など国際機関のワーキングペーパー，ビジネス関連学位論文などを収録している。
DB 作成機関／提供システムの例	ProQuest／ProQuest

3.4　人文科学分野の情報資源と検索

3.4.1　人文科学分野全般における情報資源と検索

　国内の人文科学分野の学術データベースや検索サービスは，自然科学やビジネス分野とは異なり，特定分野のデータベース化等の十分な整備がなされているとは言い難い状況である。そのため人文科学全般にわたる調査の場合，CiNii Research や MagazinePlus などを用いることが多い。さらに研究結果の発表の場も学術雑誌とは限らず，図書などで発表されることも少なくない。また，古典研究などは古文書や古い年代の文献などを求められることも多い。そのため現在でも印刷物による調査も必要不可欠である。欧米では人文科学を含む古い年代の文献を多数収録している電子図書館がサービスを提供している。代表的なものに 1995 年に創設された JSTOR がある。また人文科学全般を対象としたデータベースに Arts & Humanities Citation Index（A&HCI）がある。3-19 表はこれらの人文科

学分野全般を対象とした情報資源についての説明である。

3-19表　人文科学分野全般を対象とした主なデータベース

DB 名称	JSTOR
収録分野	人文科学，社会科学
概要と特徴	1995 年に創設された電子図書館サービスである。古い年代の論文や書籍などをアーカイブすることを目的の一つとしている。王立協会が発行する *Philosophical Transactions of the Royal Society* の創刊号（1665 年 − ）からのデジタルデータをはじめとする約 2,000 誌の全文が提供されている。現在，75 分野，1,200 万件を超える文献，10 万冊の書籍，300 万件以上の画像などを提供している。
DB 作成機関／提供システムの例	ITHAKA（当初は JSTOR が運営，その後非営利団体 ITHAKA が JSTOR を統合）／JSTOR
DB 名称	Arts & Humanities Citation Index（A&HCI／AHCI）
収録分野	人文科学
概要と特徴	人文学関連の専門誌 1,700 誌以上の書誌データを収録している。引用情報も検索できる。さらに論文，短報，会議録等を収録するほか，詩，小説，戯曲，楽譜，書籍の引用句，年表，映画作品リストなども収録しており，幅広い検索が可能である。引用情報の検索が可能な Web of Science Core Collection の中のデータベースの一つとして提供されている。
DB 作成機関／提供システムの例	Clarivate／Web of Science
DB 名称	Project MUSE
収録分野	人文科学，芸術，社会科学
概要と特徴	Johns Hopkins University Press と Milton S. Eisenhower Library（JHU）を中心とした米国の主要大学出版局，学協会で刊行している人文科学，芸術，社会科学分野の学術書，雑誌論文および電子書籍を収録している。文学，歴史，映画，舞台芸術，文化研究，哲学，教育，政治・政策研究，宗教，アジア研究，ユダヤ研究，ジェンダー研究などの幅広い人文，社会科学の分野を網羅した電子ジャーナルおよび電子書籍のコレクションが提供されている。
DB 作成機関／提供システムの例	Project MUSE／Project MUSE

3.4.2　図書館情報学，心理学，哲学分野の情報資源

　3-20 表に示したように，図書館情報学における代表的なデータベースには，LISA（有料）と LISTA（無料）があげられる。他に，Library Literature & Information Science Full Text などもある。

　心理学は，医学と関連性が強く複合領域にまたがる分野である。心理学分野における基本的なデータベースである PsycINFO は，心理学分野の文献検索の窓口であり，関連する精神医学分野においても有益なデータベースである。本章「3.2.1　ライフサイエンス分野の

情報資源と検索」で記述した医学分野の MEDLINE，PubMed，JMEDPlus，医中誌 Web
も有用である。

　哲学については，哲学分野全般を対象とする Philosopher's Index がある。1940 年以降
の書誌データを収録しており，網羅的な検索が可能である。

3-20 表　図書館情報学，心理学，哲学の主なデータベース

DB 名称	LISA：Library and Information Science Abstracts
収録分野	図書館情報学
概要と特徴	図書館情報学分野の代表的なデータベースである。68 か国以上から 20 以上の言語で発行された 440 以上の定期刊行物の書誌情報，32 万件以上の抄録を検索できる。主な対象分野はコンピューターサイエンス，情報管理，インフォメーション・サイエンス，情報技術，インターネット技術，図書館とアーカイブなどである。
DB 作成機関／提供システムの例	Clarivate／ProQuest
名称	Library Literature & Information Science Full Text
収録分野	図書館情報学
概要と特徴	図書館情報学分野の全文データベースである。非オープンアクセスの学術誌だけではなく，厳しい基準で選書された世界各国のオープンアクセス（OA）ジャーナル 71 誌も収録されている。更に 213 誌の学術誌の索引（インデックス）と抄録情報が継続的に収録されており，うち 153 誌が査読誌である。
DB 作成機関／提供システムの例	EBSCO／EBSCOhost
DB 名称	LISTA
収録分野	図書館情報学，情報科学
概要と特徴	Library, Information Science & Technology Abstracts（LISTA）は，図書館情報学および情報科学分野のデータベースである。世界 68 か国以上，20 以上の言語の定期刊行物，研究レポート，議事録，書籍等の出版物 900 タイトル以上の索引・抄録情報，また EBSCO のオンラインジャーナルについては，全文へのリンクもある。
DB 作成機関／提供システムの例	EBSCO／EBSCOhost
名称	PsycINFO
収録分野	心理学
概要と特徴	心理学分野では世界有数の規模を誇る文献データベース。心理学だけではなく，医学，精神医学，教育，ソーシャルワーク，法律，犯罪学など関連分野の文献の書誌情報も幅広く採録している。2,500 誌以上におよぶ雑誌などを中心に，360 万件以上のデータを収録している。1967 年以降に収録された文献には，Thesaurus of Psychological Index Terms による統制語が付与され，さらに抄録も含まれている。
DB 作成機関／提供システムの例	米国心理学会／EBSCOhost，Dialog

名称	Philosopher's Index
収録分野	哲学
概要と特徴	主要な哲学分野の総合的な文献データベースである。哲学関連学術誌のインデックスを豊富に収録している。美学，価値論，認識論，論理学，倫理学，形而上学，歴史哲学，教育哲学，言語哲学などを対象としている。書籍や学術誌で公開された研究論文の著者による抄録も含まれている。世界 50 か国からの学術雑誌をはじめ，1940 年以降に発表された研究論文や書評，選集への寄稿などを検索できる。約 220 誌のフルテキストも収録している。
DB 作成機関／提供システムの例	Philosopher's Information Center／EBSCOhost

3.4.3　歴史，地理分野の情報資源

　歴史の分野での調査には①国や地域の歴史情報②歴史上の事件③起源や由来，について求められることが多い。文献の調査では CiNii Research，MagazinePlus をはじめとするデータベースを第一選択肢にあげることが多い。さらに文献だけではなく，史料そのものを求められることも少なくない。そのため史料の所在確認が必要となる。日本史の史料については，東京大学史料編纂所が提供するデータベースサービスは，無料で提供される有益な情報資源である（3-21 表）。また国立公文書館や国立国会図書館（NDL）が提供するデジタルアーカイブも情報資源として重要である。デジタルアーカイブについては本章「3.6　全分野に関わる図書・雑誌・アーカイブなどに関する情報資源と検索」で述べる。

　地理や地誌に関する分野では，学術論文以外に地図を求められることが多い。地図には一般図と主題図がある。一般図は特定のテーマを持たず，地形や地名，河川や交通路などの情報を描いた地図で，さまざまな縮尺で描かれている。一方，主題図は利用目的に応じて，ある特定の主題を表現した地図をいう。ビジネス分野では，住宅地図（建物の居住者の氏名が表示されている地図）や路線価図が求められることもある。住宅地図も冊子体による提供だけではなく，コンビニのマルチコピー機でも入手可能となっている。一般図では国土地理院の提供するサービスが知られている。歴史研究などと関連して，古地図を求められることもある。古地図についても，図書や国土地理院の提供するサービス，goo 地図などで入手できる場合もある。

3-21 表　歴史，地理における主なデータベース

DB 名称	東京大学史料編纂所データベース
収録分野	日本史学
概要と特徴	東京大学史料編纂所が提供する検索サービスである。①史料の所在を確認する「所蔵史料目録データベース（Hi-CAT）」「正倉院文書マルチ支援データベース」②できごとを主題にする「維新史料綱要データベース」「大日本史料総合データベース」③人を主題にする「中世記録人名

	索引データベース」④図像を探す「錦絵データベース」など30以上からなる。さらに一度に複数のデータベースを検索できる横断検索の機能もある。
DB 作成機関／提供システムの例	東京大学史料編纂所／東京大学史料編纂所データベース
DB 名称	データベースれきはく
収録分野	日本史学
概要と特徴	国立歴史民俗博物館が提供する学術データベースである。「古代・中世都市生活史（物価）」「荘園関係文献目録」「地域蘭学者門人帳人名」「縄文・弥生集落遺跡データベース」などがある。一部データベースは，利用者登録が必要となる。
DB 作成機関／提供システムの例	国立歴史民俗博物館／データベースれきはく
DB 名称	地理空間情報ライブラリー
収録分野	地理
概要と特徴	国土地理院の提供する地図および関連情報を含めた検索サービスである。「地図・空中写真閲覧サービス」3D で閲覧できる「地理院地図 Globe」などがある。
DB 作成機関／提供システムの例	国土地理院／地理空間情報ライブラリー

3.4.4　芸術分野の情報資源

　芸術とは，彫刻．絵画，工芸，音楽，舞踊，演劇，映画など，美を追求・表現しようとする人間の活動をいう。

　ここでは，①芸術家，芸術作品，芸術理論についての文献を探す，②芸術作品そのものを探す，を中心に説明する。①については和雑誌の文献であれば，CiNii Research や Web OYA-bunko，洋雑誌であれば Art Index をはじめとするデータベース等を活用する。②の芸術作品を探す場合，⑴どこの美術館等に所蔵されているかを調べるケース⑵芸術作品が掲載されている図録や全集を調べる場合がある。⑴は各美術館や博物館の収蔵データベースを確認する必要がある。また作品が掲載されている図録や全集を必要とする場合もある。このような場合は，美術図書館の横断検索システムが効率的である（3-22 表）。

　また美術や歴史，文学などでは，専門図書館の情報資源を活用することも有益である。

　音楽については，楽譜の重要性が極めて高い。音楽大学の附属図書館では蔵書全体のうち楽譜や録音資料が占める割合が高い。楽譜は複数の作品を収録する楽譜集と作品 1 曲毎に印刷・販売されている演奏用の楽譜がある。楽譜集に収録されている楽譜を調べるには，国立国会図書館サーチや同館提供の目次データベースを用いて検索する方法がある。演奏用の楽譜については，国立国会図書館デジタルコレクションを検索するほか，ぷりんと楽譜（ヤマハ）などのサービスを用いる方法もある。ただし図書館所蔵の楽譜については，著作権法上，1 曲全ての複写ができない場合も多いことに留意しなければならない。

3-22 表　芸術分野の主なデータベース

DB 名称	Art Index
収録分野	芸術学
概要と特徴	ファインアート（純粋芸術），装飾美術，商業美術などをはじめとする芸術および関連分野の二次情報データベースである。世界各国で出版された約 600 誌の定期刊行物から記事を採録している。また学位論文も併せて収録している。
DB 作成機関／提供システムの例	EBSCO／EBSCOhost
DB 名称	国立美術館 所蔵作品総合目録検索システム
収録分野	美術
概要と特徴	国立美術館 5 館（東京国立近代美術館，国立工芸館，京都国立近代美術館，国立西洋美術館，国立国際美術館）が，おおむね 2022(令和 3)年度末までに収蔵した所蔵作品の総合目録。
DB 作成機関／提供システムの例	国立美術館 5 館／国立美術館 所蔵作品総合目録検索システム
DB 名称	美術図書館横断検索
収録分野	美術
概要と特徴	東京国立近代美術館，国立新美術館，東京都現代美術館美術図書室，横浜美術館美術情報センター，国立西洋美術館研究資料センター，東京都写真美術館図書室，東京国立博物館資料館，江戸東京博物館図書室，神奈川県立近代美術館美術図書室の OPAC を横断検索できる。
DB 作成機関／提供システムの例	美術図書館連絡会／美術図書館横断検索
DB 名称	音楽文献目録オンライン
収録分野	音楽
概要と特徴	冊子体で発行されていた国内で発表された 1 年分の音楽関連文献を収録した目録である「音楽文献目録」をウェブデータベース化したものである。この目録では西洋音楽，日本音楽，音楽教育，民俗音楽，ポピュラー音楽，音楽に関係する文学，歴史学，宗教学，など幅広い分野にわたる文献が収録されており，CiNii Research 等に収録されていない文献も含まれている。
DB 作成機関／提供システムの例	音楽文献目録委員会（国際音楽文献目録委員会日本支部）／音楽文献目録オンライン
DB 名称	IMSLP ペトルッチ楽譜ライブラリー
収録分野	音楽
概要と特徴	パブリックドメインとなった楽譜を中心に 71 万 5,000 冊の楽譜を収録している。カナダの著作権法に基づき運営されているため，利用者はカナダの著作権法と自身の国の著作権法等を確認し遵守することが求められる。
DB 作成機関／提供システムの例	IMSLP（International Music Score Library Project）／IMSLP ペトルッチ楽譜ライブラリー
DB 名称	目次データベース
収録分野	楽譜，白書，議会資料，地方史，地図等

概要と特徴	図書や雑誌の目次を対象に検索するシステムである。国立国会図書館職員が選択した参考図書，資料集などを対象に採録されている。楽譜，白書，日本の議会資料や法令集，地方史，地図，新聞編年史，憲政資料，古典籍細目，移民資料細目の目次を検索できる。
DB 作成機関／提供システムの例	国立国会図書館／目次データベース

3.4.5　言語学・文学分野の情報資源

　国内の言語学分野と文学分野の文献調査においては，本章「3.6.2　雑誌および雑誌記事・論文，電子ジャーナル等に関する情報資源」で後述する CiNii Research や MagazinPlus を第一選択肢とすることが少なくない。また機関リポジトリや国立国会図書館（NDL）の提供するサービスも重要な情報資源である。

　文学の分野では，国文学と英米文学に大別してとりあげる。国文学の調査に際しては，万葉仮名・漢文・変体仮名などの知識が求められる。さらに史料，古文書，手稿なども必要とされることが少なくない。国文学研究資料館が作成する 3-23 表に示した各種データベースは，そのような調査に有用な情報資源である。日本文学 Web 図書館は，和歌，俳諧についての検索が可能な基本的データベースである。また英米文学では，総合的なデータベースとして，Literature Online がある。

　3-23 表に示したように，言語学のうち日本語学については，国立国語研究所が提供する日本語研究・日本語教育文献データベースがある。欧米の言語学および言語行動に関する文献データベースには，Linguistics and Language Behavior Abstracts（LLBA）がある。

3-23 表　言語，文学の主なデータベース

DB 名称	国書データベース
収録分野	古典籍（江戸時代以前の日本の書物），一部の漢籍・明治時代以降の書籍
概要と特徴	「日本古典籍総合目録データベース」（館蔵和古書目録データベースを含む）と「新日本古典籍総合データベース」を，2023 年 3 月に統合したデータベースである。国文学研究資料館，国内外の機関等が所蔵する国書（近代以前に日本人が著述した書籍等）の書誌情報と一部の高精細画像を一度に検索できる。全文検索ができ，各書誌情報が著作典拠によってまとめられており，同一作品のバリエーションを比較できる。画像がある書誌には DOI（デジタルオブジェクト識別子）を付与している。
DB 作成機関／提供システムの例	国文学研究資料館／国書データベース
DB 名称	国文学・アーカイブズ学論文データベース
収録分野	国文学，アーカイブズ学
概要と特徴	国文学については，日本文学研究論文の総合目録データベース（明治から令和）として提供されている。国文学研究資料館で所蔵している雑誌，紀要（論文集）等に収められた，日本文学および関連領域の研究論文に

	関する情報を収録している。アーカイブズ学論文データベースは，検索コードによる検索や章立てがある文献については，検索項目である「内容」に全て採録されている。国文学とアーカイブズ学を統合した検索も，個別に絞った検索もできる。
DB 作成機関／提供システムの例	国文学研究資料館／国文学・アーカイブズ学論文データベース
DB 名称	日本文学 Web 図書館
収録分野	国文学
概要と特徴	日本文学研究のための総合検索サイトである。和歌・連歌ライブラリー，和歌・連歌・俳諧ライブラリー，平安文学ライブラリー，辞典ライブラリー，研究書ライブラリー，日本文学研究ジャーナルからなる。和歌・連歌ライブラリーでは，新編国歌大観，新編私家集大成，歌書集成，連歌大観を利用できる。和歌・連歌・俳諧ライブラリーでは，これらに加えて古典俳文学大系も含まれる。
DB 作成機関／提供システムの例	古典ライブラリー／日本文学 Web 図書館
DB 名称	Literature Online
収録分野	英米文学
概要と特徴	英米文学の総合的なデータベースである。文学作品や作家についての資料や英米文学を研究するために必要な資料を収録している。8 世紀から現代までの多くの英米文学作品のフルテキストを収録している。古代から現代までの作家についての基本情報を提供している。
DB 作成機関／提供システムの例	ProQuest／ProQuest
DB 名称	日本語研究・日本語教育文献データベース
収録分野	日本語学
概要と特徴	日本語学および日本語教育に関する文献データベースである。『国語年鑑』『日本語教育年鑑』に掲載されている文献情報を元にしており，1950 年以降のデータを検索できる。約 28 万件のデータを収録している。
DB 作成機関／提供システムの例	国立国語研究所／日本語研究・日本語教育文献データベース
DB 名称	Linguistics and Language Behavior Abstracts（LLBA）
収録分野	言語学
概要と特徴	言語学と言語行動に関する文献データベースである。理論言語学および応用言語学，心理言語学も対象としている。逐次刊行物，書籍，レポート，研究成果報告書，学位論文などの抄録付きデータを収録している。
DB 作成機関／提供システムの例	ProQuest／ProQuest

3.5　社会科学分野の情報資源と検索

　社会科学は，人間が営む社会の社会現象や社会環境を対象にして研究する学問である。その対象分野は，社会学，経済学，政治学，財政学，法律学，教育学，民俗学などである。

しかし，社会科学の対象とする範囲は非常に広く，社会科学の領域を明確化するのも難しい側面がある。さらに現実の社会や経済などを対象とするため，自然科学とは異なり，研究成果についても必ずしも学術雑誌への掲載を第一に求めるとは限らない。社会学などでは，時には政策提言や社会運動の発展を目的とした研究もある。このような学問としての傾向から，研究方法も図書や雑誌論文等の文献をもとにした研究だけではなく，社会調査などをもとにするもの，統計データを分析して研究する方法，メディアの分析などさまざまである。そのため必要とされる情報資源も文献，統計，新聞記事など多様である。例えば「アベノミクスにおける金融政策の成果と課題：統計と社会調査からの分析」というテーマの研究の場合，先行研究の文献，さらには経済統計の数値，世論調査や各種の意識調査も必要となることは容易に想像ができる。

　法令に関する情報資源に関しては各法令の条文や立法，改正状況，判例，法学研究論文などが重要となる。以前は弁護士事務所や法学を専門とする研究者や学生，企業の調査担当者などが有料のデータベースを中心に扱うことが多かった。しかし，司法制度改革の一環として 2009（平成 21）年 5 月 21 日から裁判員制度が導入され，国民一人一人が法令と向き合う機会も増えた。このような社会状況の変化を踏まえて，国や地方自治体，司法，立法，行政などが無料で使いやすい法令および関連分野の情報資源の提供を行っている。3-24 表に法令・判例に関する主な情報資源を示した。

3-24 表　法令・判例に関する主なデータベース

DB 名称	D1-Law.com　第一法規　法情報総合データベース
収録分野	法令，判例，法学
概要と特徴	「現行法規」「判例体系」「法律判例文献情報」などから構成される法律分野の総合的なデータベースである。現行法規は「法令」の検索データベースであり，現在効力のある法令だけではなく，過去および施行予定の法令もあわせて収載している。他の法令への参照や下位法令への委任，なども参照可能である。「判例体系」は判例を検索できる。「法律判例文献情報」は法律および判例の文献データベースである。
DB 作成機関／提供システムの例	第一法規／D1-Law.com
DB 名称	TKC ローライブラリー
収録分野	法令，判例，法学
概要と特徴	判例，法令，文献の情報などからなる総合的な法律分野のデータベースである。収録コンテンツは，判例の LEX/DB インターネット，公的判例集データベース，法令の Super 法令 Web，文献情報の法律文献総合 INDEX，新聞社より取捨選択した記事情報などを収録している。利用できる資料は契約内容によって異なる。
DB 作成機関／提供システムの例	TKC／TKC ローライブラリー

DB 名称	Westlaw Japan
収録分野	法令，判例，法学
概要と特徴	日本法の総合的な情報サービス。法令，判例，審決等，書籍・雑誌論文等の文献情報，ニュース記事を収録している。判例は，戦前の判例を含む約 31 万件（2023 年 6 月現在）を収録。判例では関連ニュースなども対象としている。オプション契約により，法学のコアジャーナルである『判例タイムズ』『ジュリスト電子版』『判例百選』『法学教室』なども利用可能である。
DB 作成機関／提供システムの例	ウエストロー・ジャパン／Westlaw Japan
DB 名称	WestlawNext（Westlaw Classic）
収録分野	法令，判例，法学
概要と特徴	アメリカ法を中心に提供される法情報データベースである。連邦および各州の判例，法令，行政関連資料，法律雑誌，法律百科事典など，多様な資料を収録している。また米国以外の英国その他の法律情報も閲覧できる。
DB 作成機関／提供システムの例	Thomson Reuters／WestlawNext
DB 名称	HeinOnline
収録分野	法学
概要と特徴	米国の法学分野における全文データベースである。2,300 タイトル以上の法律および法律関連の定期刊行物の創刊号から記事全文を収録している。また，米国政府の発行する官報「Federal Register」，米国の公式判例集である『U. S. Reports』（1954 年創刊以降）などの全文を収録している。全文検索ができる。
DB 作成機関／提供システムの例	William S. Hein／HeinOnline
DB 名称	国会会議録検索システム
収録分野	国会会議録
概要と特徴	第 1 回国会（1947（昭和 22）年 5 月開会）以降の衆参両院におけるすべての本会議，委員会等の会議録を開催日付，発言者，会議名，発言内容（本文）などから検索でき，全文をテキストと画像情報で閲覧できる。
DB 作成機関／提供システムの例	国立国会図書館／国会会議録検索システム
DB 名称	帝国議会会議録検索システム
収録分野	国会会議録
概要と特徴	1890（明治 23）年 11 月 23 日開催の第 1 回から 1947（昭和 22）年 3 月 31 日の閉会の第 92 回までの帝国議会の本会議，委員会の速記録を閲覧できる。戦前期分（明治 23 年 11 月～昭和 20 年 8 月）は画像で，戦後期分（昭和 20 年 9 月～昭和 22 年 3 月）はテキストまたは画像で閲覧できる。
DB 作成機関／提供システムの例	国立国会図書館／帝国議会会議録検索システム
DB 名称	官報情報検索サービス
収録分野	官報

概要と特徴	『官報』は国が定めた法令を公布するほか，国の広報，公告類等を掲載する機関紙で，行政機関の休日を除いて毎日発行される。この有料データベースでは 1947（昭和 22）年 5 月 3 日から直近分までの官報の全文検索ができ，全文をテキストと画像情報で閲覧できる（有料）。
DB 作成機関／ 提供システムの例	国立印刷局／官報情報検索サービス
DB 名称	インターネット版官報
収録分野	官報
概要と特徴	直近 90 日分の官報全紙の本文，2003（平成 15）年 7 月 15 日以降の法律，政令等，2016（平成 28）年 4 月 1 日以降の政府調達の官報情報が画像情報（PDF 形式）で閲覧できる（無料）。
DB 作成機関／ 提供システムの例	国立印刷局／インターネット版官報
DB 名称	官報（国立国会図書館デジタルコレクション）
収録分野	官報
概要と特徴	1883（明治 16）年 7 月 2 日の創刊号から 1952 年 4 月 30 日までの官報を画像情報で収録している。『官報目録』（月刊）に掲載された件名をテキスト化し，法律・政令などの事項名，機関名，法令名等での検索ができる（無料）。
DB 作成機関／ 提供システムの例	国立国会図書館／官報（国立国会図書館デジタルコレクション）
DB 名称	日本法令索引
収録分野	法令
概要と特徴	1886（明治 19）年 2 月公文式施行以降の省令以上の法令について，法令の改廃経過等の情報（法令沿革，被改正法令），また，帝国議会および国会に提出された法律案や国会に提出された条約承認案件等の審議経過等の情報が検索できる。1867（慶応 3）年 10 月大政奉還から 1886（明治 19）年 2 月公文式施行までに制定された法令の索引情報である日本法令索引［明治前期編］へのリンクもある。
DB 作成機関／ 提供システムの例	国立国会図書館／日本法令索引
DB 名称	e-Gov 法令検索
収録分野	法令
概要と特徴	現行の法令（憲法，法律，政令，勅令，府令，省令，規則）を検索でき，条文が閲覧できる。法務省司法法制部および各府省が，法令改正の度に改正内容を反映させた法令データを確認し，登録する仕組みとなっている。法令の題名中の用語，事項別分類，法令番号，条文の全文などで検索できる。
DB 作成機関／ 提供システムの例	デジタル庁／e-Gov ポータル
DB 名称	裁判例検索
収録分野	判例
概要と特徴	最高裁判所判例集，高等裁判所判例集，下級裁判所裁判例速報，行政事件裁判例集，労働事件裁判例集，知的財産裁判例集の判例が収録され，それぞれの判例集に対する検索機能と，全判例検索機能がある。最近の

	最高裁判例，最近の下級裁判例，最近の知財裁判例では，最新の裁判例を5～10件程度表示することができる。
DB作成機関／提供システムの例	最高裁判所／判例検索システム
DB名称	e-Govポータル
収録分野	行政
概要と特徴	行政情報の総合的なポータルサイトで，e-Gov法令検索をはじめ，各府省の審議会，研究会等，所管の法令・告示・通達等，白書，年次報告等の報告書，統計調査結果などへのリンクが提供されている。各府省のパブリックコメントの募集状況や応募方法，結果も掲載している。
DB作成機関／提供システムの例	デジタル庁／e-Govポータル

社会学全般，教育学，文化人類学に関する主な情報資源を3-25表に示した。

　教育学は，学校教育や社会教育などを対象とする学問分野である。学校教育においては，教育理論，教育制度，授業の実践研究などを扱うことが多い。授業の実践報告や研究などは，国立教育政策研究所などが情報の提供を行っている。また教科書を研究対象とすることも少なくない。わが国の教科書については，同じく国立教育政策研究所の教育図書館，教科書図書館などで閲覧可能である。この分野もまた図書や新聞記事なども情報資源として重要である。

　文化人類学（民族学，民俗学など）では，「昔話の記録」にみられるように記録映像や動画，音声資料などを必要とする場合も多々ある。社会科学分野における情報資源の選択は，このような学問としての傾向を考慮した上で選択を行うことが肝要である。

3-25表　社会学・経済学・教育学・文化人類学に関する主なデータベース

DB名称	Social Sciences Citation Index（SSCI）
収録分野	社会科学分野全般
概要と特徴	社会科学の58分野の中から3,400の雑誌および3,500の科学技術ジャーナルからの関連する書誌情報を提供している。被引用情報についても検索できる。Web of Science Core Collectionで提供されている。Web of Science Core Collectionは引用情報を検索できるデータベースであり，Social Science Citation Indexは，そのうちの1ファイルとして提供されている。社会科学分野の文献データベースのうちでも，長い歴史を有するデータベースである。
DB作成機関／提供システムの例	Clarivate／Web of Science
DB名称	SocINDEX
収録分野	社会学
概要と特徴	SocINDEX（ソシインデックス）は，社会学系分野全般を対象とする文献データベースである。抄録まで検索可能である。詳細な抄録や検索可能な引用文献を含み，高度な検索が可能である。オープンアクセスを含

	む多数の社会学関連雑誌に収録されている論文の書誌や抄録情報を提供している。SocINDEX に収録されている分野は，社会学理論，社会心理学，教育社会学，文化社会学，農村社会学，犯罪学，刑事司法，民族研究，都市研究，ジェンダー，結婚と家族など多方面にわたっている。社会学シソーラスによる検索もできる。
DB 作成機関／提供システムの例	EBSCO／EBSCOhost
DB 名称	EconLit
収録分野	経済学
概要と特徴	American Economic Association（アメリカ経済学会）が作成する各国の経済学に関連する文献データベースである。経済学の約 1,300 タイトルの重要な雑誌，書籍，学位論文，ワーキングペーパーなどの文献情報を採録している。150 万件以上のデータを収録している。会計，資本市場，計量経済学，労働経済，金融政策など幅広い分野を網羅的に収集している。
DB 作成機関／提供システムの例	アメリカ経済学会／EBSCOhost, ProQuest, Dialog, Oviol
DB 名称	ARRIDE
収録分野	経済学，アジア研究
概要と特徴	アジア経済研究所の学術研究リポジトリ。アジア経済研究所が出版する『アジア経済』『The Developing Economies』『現代の中東』などの研究論文を公開している。2023 年 6 月現在，定期刊行物約 1 万件，単行書・論文集約 1 万件，報告書・レポート約 2,200 件，外部出版物約 70 件を収録している。
DB 作成機関／提供システムの例	日本貿易振興機構（ジェトロ）アジア経済研究所／RePEc, Google Scholar, OAISter, IRDB
DB 名称	ERIC
収録分野	教育学
概要と特徴	Educational Resource Information Center（ERIC）は，米国教育省教育資源情報センターが作成した教育学の文献データベースである。教育学の雑誌論文の索引・抄録情報，図書，会議録等を収録している。ERIC シソーラスを完備しており，絞り込みなどの検索がしやすい。190 万件以上の書誌情報を収録し無料で検索できる。
DB 作成機関／提供システムの例	米国教育省教育資源情報センター／ERIC, EBSCOhost, ProQuest
DB 名称	教育研究論文索引
収録分野	教育学
概要と特徴	国立教育政策研究所教育図書館が作成するデータベースである。採録対象資料は，大学，短期大学，高等専門学校の紀要（教育学部以外の紀要も含む），教育関係学会誌，教育関係雑誌，一般雑誌である（約 1,000 タイトル）。
DB 作成機関／提供システムの例	国立教育政策研究所／教育研究論文索引
DB 名称	Winet：女性情報ポータル
収録分野	女性学，女性教育

概要と特徴	Winet（Women's information network）は，男女共同参画社会形成に関する資料やデータ，事例などを調べるためのポータルサイトである。文献情報データベース，女性関連施設データベース，国立大学における男女共同参画状況データベース，女性と男性に関する統計データベースなどで構成されている。文献情報データベースでは，シソーラスによる検索ができる。関連機関のデータベースを含めた横断検索もできる。
DB作成機関／提供システムの例	国立女性教育会館／Winet
DB名称	身装文献データベース
収録分野	文化人類学，服飾
概要と特徴	国立民族学博物館が提供する服飾，身装に関わる文献を網羅的に収集し採録したデータベース。服装関連日本語雑誌記事（カレント），服装関連日本語雑誌記事（戦前編），服装関連外国語雑誌記事，服装関連日本語図書，服装関連外国語民族誌などで構成されている。約17万6,000件のデータを収録している。
DB作成機関／提供システムの例	国立民族学博物館／身装文献データベース
DB名称	日本民俗学文献目録データベース
収録分野	民俗学
概要と特徴	約1,000タイトルの雑誌等（休廃刊を含む）を対象に，民俗学および関連分野の論文，報告，資料等を採録している。調査地の項目からも検索できる。
DB作成機関／提供システムの例	国立歴史民俗博物館／日本民俗学文献目録データベース

3.6　全分野に関わる図書・雑誌・アーカイブなどに関する情報資源と検索

3.6.1　図書に関する情報資源

　従来，図書に関するデータベースは，図書の書誌情報を収録するレファレンスデータベースが主流であった。例えば図書館のOPACでは，検索項目としてタイトル，著者名，出版者名，出版年などからの検索だけではなく，主題検索のための件名標目や分類を用いての検索も可能である場合が多い。さらに加えて近年では，図書の目次や要旨，帯の情報などからも検索可能なデータベースも増えている。一方で電子書籍やデジタルアーカイブなどの無形の情報資源も増加している。電子書籍はコロナ禍において注目されるようになり，公共図書館でも導入が促進された。またAmazonなどの商品情報，特に図書・雑誌の目次情報は，レファレンスに活用できる場合もある。デジタルアーカイブとは，さまざまな情報資源をデジタル化しネットワーク経由で閲覧・利用できるようにしたものである。その範囲は図書館に留まらず，博物館や美術館，公文書館，大学，研究機関と多岐にわたる。
　大学図書館を中心に導入が進んでいるサービスにディスカバリーサービスがある。ディ

スカバリーサービスとは，これまで OPAC，データベース，電子ジャーナルを個別に検索する必要があった情報資源を，同一のインターフェース上で一元的な検索を可能としたものであり，ほぼ次世代 OPAC と同義語といえる。代表的なディスカバリーサービスには，WorldCat Discovery Services（OCLC），Summon（Ex Libris），EBSCO Discovery Service（EBSCO），Primo（Ex Libris）などがある。

　3-26 表に，図書や所蔵資料を検索できる主な情報資源を示した。国内出版物を網羅的に検索できるのは，納本制度により国内発行の出版物を収集している国立国会図書館（NDL）が提供する国立国会図書館サーチ（NDL サーチ）である。国立国会図書館サーチ（NDL サーチ）の検索範囲は広く，所蔵情報については国立国会図書館だけでなく，都道府県立図書館，政令指定都市立図書館等の連携機関についても検索可能である。検索範囲も NDL の電子情報サービスである国立国会図書館デジタルコレクション等も含み，情報資源を幅広く一元的に検索できる。国立国会図書館と同様，書誌ユーティリティである国立情報学研究所（NII）が提供する CiNii Books は，全国の大学図書館の所蔵情報を検索できる。なお，CiNii Books はすでにデータは統合済みであるが，2025 年後半に CiNii Research にサービス統合される予定である。カーリルは全国 7,400 以上の公共図書館と大学図書館の蔵書目録を検索し，貸出状況も確認できる横断検索サービスである。

3-26 表　図書に関する主なデータベース

DB 名称	国立国会図書館サーチ（NDL サーチ）
収録分野	図書，雑誌，記事，児童書，レファレンス情報，デジタル資料，など
概要と特徴	納本制度により収集した国立国会図書館所蔵資料および国立国会図書館デジタルコレクションのほか，都道府県立図書館および政令指定都市の市立図書館，大学図書館，専門図書館，公文書館などが所蔵する資料を統合的に検索できる。また，ジャパンサーチにデータを提供している。国立国会図書館件名標目（NDLSH）による統制語検索，国立国会図書館分類（NDLC）および日本十進分類（NDC）による主題からの検索ができる。また NDLSH は国立国会図書館典拠データ検索・提供サービスである Web NDL Authorities で調べることができる。
DB 作成機関／提供システムの例	国立国会図書館／国立国会図書館サーチ
DB 名称	国立国会図書館デジタルコレクション
収録分野	図書，雑誌，古典籍資料（貴重書資料），博士論文，官報，など
概要と特徴	国立国会図書館が収集・保存しているデジタル化された資料を目次および全文も含めて検索できる。検索対象資料は図書，雑誌，古典籍資料，博士論文，録音・映像関係資料，歴史的音源などを検索できる。検索に際しては，所有している画像ファイルを用いての検索，ウェブ上の画像による検索などの画像検索の機能も備えている。コンテンツの公開範囲は 3 種類ある。①インターネット公開：著作権などの問題がないことが確認できた情報資源，②送信サービスで閲覧可能：個人向けデジタル化資料送信サービス（個人送信）を利用して利用者自身の端末で閲覧可能

	あるいは図書館向けデジタル化資料送信サービス（図書館送信）を利用して国立国会図書館の承認を受けた全国の公共・大学図書館内の端末で閲覧可能，③国立国会図書館内限定公開がある。
DB 作成機関／提供システムの例	国立国会図書館／国立国会図書館デジタルコレクション
DB 名称	CiNii Books
収録分野	図書，雑誌情報
概要と特徴	国立情報学研究所が作成する目録所在情報サービス（NACSIS-CAT）に蓄積されている全国の大学図書館等の所蔵資料を検索でき，所蔵館を確認できる。書誌情報のほかに内容説明・目次を見ることができる。CiNii Books は CiNii Research の検索結果でも情報が得られる。国立国会図書館サーチ，Webcat Plus，カーリル，WorldCat へのリンクがあり，各データベースのデータも参照できる。なお，データはすでに統合済みであるが，2025 年後半に CiNii Research にサービス統合される予定である。
DB 作成機関／提供システムの例	国立情報学研究所／CiNii Books
DB 名称	Webcat Plus
収録分野	図書
概要と特徴	NACSIS-CAT を基にさらに JAPAN MARC などの情報提供を受けて開発したデータベースである。図書・雑誌の書誌情報および目次，内容がわかる。検索機能には「一致検索」のほか，類似文書検索である「連想検索」を装備し，文章による検索を可能としている。さらに一致検索では，収載されている作品の検索，人物の検索も可能である。所蔵館情報については，国立国会図書館サーチと CiNii Books へのリンクがある。
DB 作成機関／提供システムの例	国立情報学研究所／Webcat Plus
DB 名称	BookPlus
収録分野	図書
概要と特徴	明治期より現在までに出版された図書（絶版本，非流通本含む）の情報を収録している。1986 年以降の本には，要旨，目次情報，小説のあらすじの情報，2001 年以降の本には，著者紹介情報を掲載し，検索可能としている。
DB 作成機関／提供システムの例	日外アソシエーツ／BookPlus
DB 名称	出版書誌データベース（Books）
収録分野	図書
概要と特徴	各出版社（者）から提供された国内で発行された紙の書籍，電子書籍の情報だけではなく，オーディオブック，オンデマンド版，ゲームの情報も検索できる。要旨や目次情報，試し読みなども閲覧できる場合がある。
DB 作成機関／提供システムの例	日本出版インフラセンター／出版書誌データベース（Books）
DB 名称	Google Books
収録分野	図書，雑誌

概要と特徴	Google の図書館プロジェクト参加機関や出版社によって提供される電子書籍の全文検索ができる。検索結果で得られた書籍は，書誌情報のほかに，著作権保護期間満了の書籍は全文を，保護期間中の書籍は一部を表示できる。全文を読めない書籍に関しては購入サイトへのリンクがある。なお書籍情報はサードパーティベンダーの情報も収録しているため，全部が本文の表示ができる訳ではない。書籍の一部をコピーしたり翻訳したりできる。また書籍の試し読み，ダウンロード，プレビュー機能ある。
DB 作成機関／提供システムの例	Google／Google Books
DB 名称	WorldCat
収録分野	図書，雑誌記事，楽譜，映画，地図，博士論文など
概要と特徴	米国の書誌ユーティリティである OCLC が提供する世界の図書館が所蔵する世界最大の共同書誌目録である。図書，雑誌記事，楽譜，映画，地図，博士論文，電子書籍，オーディオブック，写真などの書誌データおよび所蔵館を検索できる。日本の国立国会図書館を含む世界 30 か国の国立図書館も書誌データを提供している。収録データの 6 割以上が非英語資料である。無料版と有料版がある。
DB 作成機関／提供システムの例	OCLC／WorldCat

3.6.2　雑誌および雑誌記事・論文，電子ジャーナル等に関する情報資源

　雑誌の種類は記事や論文の内容から，一般雑誌（総合雑誌，業界雑誌など）と学術雑誌（学協会が発行する機関誌，大学が発行する紀要，出版社が発行する査読付き学術雑誌）に大別される。

（1）一般雑誌の情報資源

　一般雑誌の記事を探す場合は，対象となる記事の発行年代や分野を十分考慮し情報資源を選定する必要がある。例えば戦前の雑誌記事を探す場合は，雑誌記事索引集成データベース「ざっさくプラス」や Web OYA-bunko を選択する。「ざっさくプラス」は明治期からの雑誌記事を収録している代表的なデータベースである。Web OYA-bunko は一般雑誌の記事を中心に採録しているデータベースであり，2023 年 7 月より 1888 年以降の記事も検索可能となった。さらに Web OYA-bunko は統制語での検索もできることに特徴がある。ただし Web OYA-bunko なども全ての一般雑誌の記事を採録しているわけではない。より網羅的に検索する場合や採録対象外の雑誌記事を探す場合は，Amazon などのネット書店の商品データベースも選択肢の一つである。また論文集や文芸誌，一般誌，地方誌などの情報も収録する MagazinePlus では，大学図書館向けのオプションとして OPAC 連携（検索結果からダイレクトに図書館 OPAC 所蔵画面にリンクするサービス）や後述するリンクリゾルバも用意されている。なおこれらの連携サービスは別途申し込みが必要である。

（2）学術雑誌，学術論文と電子ジャーナルの特徴

　学術雑誌は学術的な内容の記事を掲載する雑誌を指す。主に学協会の機関誌，大学が発行する紀要，出版社発行の学術雑誌などがある。学術雑誌には査読制度を採用しているものが多い。学術雑誌は 17 世紀から出版されてきたが，1990 年代からは学術雑誌を電子メディアにより出版する電子ジャーナルが普及し始めた。当初，電子ジャーナルは印刷物の学術雑誌を電子化したものが主流であったが，現在では印刷物は発行せずに電子ジャーナルのみの学術雑誌も発行されている。1990 年代に大手の商業出版社（例えば Elsevier）による学術雑誌の寡占化が影響し，学術雑誌の高騰が問題となった（これをシリアルズクライシスという）。この状況を背景に生まれたものにビッグディール契約とオープンアクセスがある（2 章「2.3.2　学術情報などのオープンアクセスへの動き」参照）。

　ビッグディール契約とは，ある大学などでそれまで購読していた学術雑誌の購読料に，一定の追加料金を支払うことで，その出版社の電子ジャーナルのすべてあるいは大部分へのアクセスを可能にする方式である。多少の追加料金の支払いは生じるが，多くの学術雑誌へアクセスできるため普及した。3-27 表の ScienceDirect はその代表的な例である。

　オープンアクセスは，研究成果を広く公開すべきという考え方のもと，誰でも無料で利用できるようにすることである。わが国においては，第四期科学技術基本計画の中でNDL や大学図書館の保有する文献や資料の電子化およびオープンアクセスを推進することの重要性が記されている[26]。このオープンアクセスを具体化したものには，無料で閲覧できるオープンアクセス雑誌や機関リポジトリなどがある。CiNii Research では検索結果のうち，その機関リポジトリや J–STAGE などで論文本文の閲覧が可能なものについては，それらへの全文リンクの表示がされている。また J–STAGE は国内の学協会が発行する学術雑誌を閲覧できる電子ジャーナルプラットフォームであり，無料で閲覧可能な論文，一部閲覧制限付き論文，ペイパービュー（pay per view）で購入可能な論文がある。

　電子ジャーナルはさまざまな技術を組み合わせてサービスが提供されている。主にリンクリゾルバ（link resolver）と DOI（digital object identifier）がある。

　リンクリゾルバとは「書誌データベースや OPAC などの検索結果から，利用者にとって最適な文献やサービスへのリンク先を決定する仲介システム」のことである[27]。データベースを検索してその出力結果中に，当該図書館が契約している電子ジャーナルや電子書籍に該当する文献や記事があった場合，その文献や記事へのリンクを自動的に表示し，利用者が直ちに文献へアクセスすることを可能にしている。なお，この機能を利用するには，図書館がリンクリゾルバを契約し，その図書館に学内からアクセスする必要がある。

　インターネット上の情報資源は，リンク切れなどによりアクセスできなくなり，永続的

26：内閣府．"科学技術基本計画"．https://www8.cao.go.jp/cstp/kihonkeikaku/4honbun.pdf,（参照 2024-02-01）.

27：日本図書館情報学会用語事典編集委員会．図書館情報学用語辞典．5 版，丸善．2020．p. 255.

な管理が難しい。リンク切れを防ぐ方法として考えられたのが DOI である。DOI は，Digital Object Identifier（デジタルオブジェクト識別子）の頭文字で，「ISO 26324：2022 Information and documentation—Digital object identifier system（情報とドキュメンテーション—デジタルオブジェクト識別子システム）」の国際規格に基づいて運用されており，オブジェクトに登録される永続的な識別子のことである。論文，研究データ，書籍などが登録されているが，論文の割合が圧倒的に多い[28]。電子ジャーナルの参照文献に DOI を記載することで，DOI をブラウザ等に入力するとコンテンツの所在情報を一意に示す URI（Universal Resource Identifier）に変換される。URI を使用してリンクを張ることでリンク切れを防ぐことができるようになる。余頃の解説をもとに DOI について要約すると次のとおりである[29]。DOI は，10.1241/johokanri.59.43 のような形式をもって表される。スラッシュ前の部分を DOI prefix といい，DOI Foundation（国際 DOI 財団）から認定された Crossref（学術コンテンツに DOI 付与を行い，引用被引用文献提供サービスを行う機関）[30]，DataCite（研究データに DOI 付与を行うコンソーシアム），Japan Link Center（日本では唯一の DOI 登録機関）などの DOI 登録機関がその会員等に払い出す番号である。スラッシュの後の部分を DOI suffix といい DOI を登録するコンテンツの管理者が選択する番号である。DOI の前に https://doi.org/ を付加し，https://doi.org/10.1241/johokanri.59.43 と指定すると，DOI Foundation の名前解決サーバーにより最終的なコンテンツの所在地に導かれるようになっている。コンテンツ管理者が URL を変更する場合は，DOI system 内の当該コンテンツの URL を変更することにより，DOI は変わることなくリンク先だけが変更され，コンテンツへの恒久的なアクセスが保障される。これにより URL などに変更が生じても，DOI により常に情報資源にアクセスできる。

　雑誌および雑誌記事・論文に関する主な情報資源を 3–27 表に示す。なお，3–18 表にも雑誌記事に関する情報資源をあげている。

3-27 表　雑誌および雑誌記事・論文に関する主なデータベース

DB 名称	CiNii Research
収録分野	雑誌論文，雑誌記事，研究データ，科研プロジェクト，博士論文，など
概要と特徴	文献だけでなく，外部連携機関，機関リポジトリ等の研究データ，KAKEN の研究プロジェクト情報などを含めて，横断検索ができる。収録データベースは，「CiNii Articles」「雑誌記事索引」「国立国会図書館

28：波羅仁，他．連載：情報科学技術に関する識別子　DOI と JaLC の活動について．情報の科学と技術，2020．Vol. 70，No. 8．p.418–431．

29：余頃祐介．ごぞんじですか？　ジャパンリンクセンター（通称：JaLC（ジャルク））：国際標準の識別子 DOI を通じて，学術情報流通の輪に入ろう！．専門図書館，2013，vol. 257，p. 40–46．

30：正式には Crossref であるが，CrossRef との記載も多く見られる。

	デジタルコレクション」「学術機関リポジトリデータベース」「CiNii Books」「KAKEN」「CiNii Dissertations」など多岐に渡る。フルテキストを提供する機関などへのリンクが貼られており，文献本文が閲覧できるものもある。収録しているデータベースの一部には参考文献，被引用文献が示されており，引用関係を検索することもできる。なお，CiNii Books のデータはすでに統合済みであるが，2025 年後半に CiNii Research にサービス統合される予定である。また，CiNii Dissertations もデータはすでに統合済みであるが，2024 年 12 月に CiNii Research にサービス統合される予定である。
DB 作成機関／提供システムの例	国立情報学研究所／CiNii Research
DB 名称	MagazinePlus
収録分野	雑誌論文，雑誌記事
概要と特徴	国立国会図書館の「雑誌記事索引」を中心に，「学会年報・研究報告論文総覧」「論文集内容細目総覧」や文芸誌，地方史誌などを含めて構成されている。更に J-STAGE，国立国会図書館デジタルコレクションのデータも収録している。無償連携として OPAC 連携，リンクリゾルバ連携が用意されている。
DB 作成機関／提供システムの例	日外アソシエーツ／MagazinePlus
DB 名称	雑誌記事索引集成データベース「ざっさくプラス」
収録分野	雑誌論文，雑誌記事
概要と特徴	皓星社刊行の『明治・大正・昭和前期　雑誌記事索引集成』（120 巻）を基に作成されたデータベースである。明治初期から現在までに発行された論文や雑誌記事の書誌情報を検索でき，地方誌の論文・記事，総目次なども収録されている。用字用語の変遷に対応する独自の用語集を構築しており，「加奈陀」も「カナダ」と入力することで検索できるようになっている。国立国会図書館デジタルコレクションなどとの連携も用意されている。
DB 作成機関／提供システムの例	皓星社／雑誌記事索引集成データベース「ざっさくプラス」
DB 名称	Web OYA-bunko
収録分野	雑誌記事
概要と特徴	一般雑誌を網羅的に収集している大宅壮一文庫が提供している一般雑誌記事のデータベースである。対象とする雑誌は 1880 年以降の週刊誌，総合月刊誌，大衆誌などの雑誌記事であり，索引総数は約 732 万件にのぼる。独自の分類法を用いている。件名索引についても事件や事項に関する件名索引，人物情報に関する人名索引からキーワードを付与している。更に検索条件には雑誌ジャンルや「インタビュー」「対談」などの記事種類からも検索が可能となっており，高度な検索も可能としている。検索結果から記事原本を入手したい場合もコピーサービスと連携しているため，原報入手も容易となっている。
DB 作成機関／提供システムの例	大宅壮一文庫／Web OYA-bunko
DB 名称	ScienceDirect
収録分野	電子書籍，電子ジャーナル

概要と特徴	Elsevier の提供する 3,800 誌以上の科学，技術，医学，社会科学分野の電子ジャーナルと 4 万タイトル以上の電子書籍を収載している。フルテキストの数は 1,400 万件を超える。動画なども収録している。
DB 作成機関／提供システムの例	Elsevier／ScienceDirect
DB 名称	EBSCOhost
収録分野	電子書籍，電子ジャーナル
概要と特徴	EBSCO が提供する電子ジャーナル，電子書籍，複数の専門分野のデータベースで構成されているサービス・検索プラットフォームである。これらを一度に検索することが可能である。検索画面は日本語にも対応している。PsycINFO（心理学），LISTA（図書館情報学），MLA International Bibliography（文学）等をはじめとする多くの専門分野のデータベースを検索し，契約している電子ジャーナルについては，全文を閲覧できる。
DB 作成機関／提供システムの例	EBSCO／EBSCOhost
DB 名称	SpringerLink
収録分野	電子書籍・電子ジャーナル
概要と特徴	Springer が出版するジャーナル，ブック，プロトコルを登載するオンラインプラットフォームである。総文献数 1,000 万件以上，3,300 タイトル以上の雑誌，23 万件以上の電子書籍のデータを収録している。
DB 作成機関／提供システムの例	Springer Nature／SpringerLink
DB 名称	Google Scholar
収録分野	学術論文，特許，図書
概要と特徴	Google による学術情報に特化した検索サービスで，学術専門誌，学位論文，図書，抄録，特許などさまざまな分野の学術資料の全文が検索でき，引用文献が確認できる。オープンアクセスの文献や自機関が契約しているデータベース収録文献など，本文が閲覧できる場合もある。
DB 作成機関／提供システムの例	Google／Google Scholar
DB 名称	Ulrichsweb
収録分野	雑誌情報
概要と特徴	世界約 200 言語の学術雑誌，電子ジャーナル，一般雑誌，業界誌，新聞などの有料・無料の逐次刊行物に関する詳細情報が検索できる。出版情報だけでなく，採録されている抄録・索引サービス，全文データベースでの収録範囲なども収録する。冊子体の *Ulrich's Periodicals Directory*（2020 年で終刊）のウェブ版である。約 30 万件以上のデータを収録している。
DB 作成機関／提供システムの例	ProQuest／Ulrichsweb
DB 名称	Scopus
収録分野	科学，技術，医学，社会科学，人文科学
概要と特徴	世界有数の規模を誇る抄録・引用文献データベースであり，全分野（科学，技術，医学，社会科学，人文科学）を対象としている。世界 7,000 社以上の出版社，2 万 8,000 タイトル以上の逐次刊行物，15 万 1,000 イベ

	ント以上の会議録, 書籍 30 万 3,000 タイトル以上から 9,100 万件以上の文献を収録している。1970 年以降の論文は参考文献も収録し, 文献の調査だけではなく大学や研究機関などによる各種の評価, 公的機関による科学技術政策立案のための参考資料として用いられている。
DB 作成機関／提供システムの例	ELSEVIER／Scopus

3.6.3 辞書・事典に関する情報資源

　辞書・事典, 百科事典などについてはウェブサイトから無料で利用できる情報資源も多数ある。しかし, 同一書名の辞書・事典でもその内容は印刷物と電子化されたものが必ずしも同一とは限らない。とくに写真, 図・表に関しては著作権の問題から, 電子辞書・事典には掲載されていないことも多い。本文についても全く同一文とは限らない。したがってオンライン辞書や事典から引用した場合は, その旨を明記したほうが良い。3-28 表には収録情報の信頼性の高いサービスを示した。電子化されたサービスの利点は全文検索機能, 完全一致検索, トランケーションによる検索, 検索結果の関連語や関連情報へのリンク機能, 画像・音声の情報の充実, 収録内容の更新の容易さなどがある。さらには多様な分野の辞書・事典を一括して検索できるサービスでは, 異分野の情報も含めて新たな知見が得られる可能性も高い。

3-28 表　辞書・事典に関する主なデータベース

DB 名称	JapanKnowledge
収録分野	百科事典, 辞書・事典
概要と特徴	80 種類以上の辞書・事典, 叢書, 雑誌を横断検索し全文閲覧ができるサービス。『日本大百科全書』(小学館),『改訂新版 世界大百科事典』(平凡社),『日本国語大辞典』(小学館),『国史大辞典』(吉川弘文館),『日本歴史地名大系』(平凡社),『現代用語の基礎知識』(自由国民社),『古事類苑』(国際日本文化研究センター)『東洋文庫』(平凡社) などを収録している。契約によって閲覧できるコンテンツは異なる。
DB 作成機関／提供システムの例	ネットアドバンス／JapanKnowledge Lib, JapanKnowledge Personal
DB 名称	ブリタニカ・オンライン・ジャパン
収録分野	百科事典
概要と特徴	日本語版 Britannica Online Japan は『ブリタニカ国際大百科事典』の大項目事典, 小項目事典,『ブリタニカ国際年鑑』の特集記事, 各国情勢, 各種統計などを収録している。英語版 Britannica Online は *Encyclopædia Britannica* を主なコンテンツとし, 多数の記事は日本語記事から英語記事へのクロスリンクが設定されている。
DB 作成機関／提供システムの例	ブリタニカ・ジャパン／ブリタニカ・オンライン・ジャパン

DB 名称	コトバンク
収録分野	百科事典，辞書・事典
概要と特徴	百科事典，人名辞典，国語・英和・和英辞典，現代用語辞典，専門用語集まで幅広いコンテンツを一括して検索できる。『世界大百科事典』（平凡社），『日本大百科全書』（小学館），『知恵蔵』（朝日新聞出版），『図書館情報学用語辞典』（丸善出版），『飼料作物病害図鑑』（畜産草地研究所）などを含む。無料で利用できる。
DB 作成機関／提供システムの例	DIGITALIO，C-POT／コトバンク
DB 名称	One Look Dictionary Search
収録分野	辞書・事典
概要と特徴	任意の単語やフレーズで複数の辞書・事典を一度に検索できるオンライン辞書である。約 1,895 万語を収録し，1,061 タイトルの辞書・事典を一括検索できる。完全一致，トランケーションの他，関連語の検索もできる。無料。
DB 作成機関／提供システムの例	OneLook.com／OneLook Dictionary Search

3.6.4　情報資源としてのデジタルアーカイブ

　デジタルアーカイブとは，有形・無形を問わず文化財などの資源をデジタル情報として記録・保存し，ネットワーク経由で検索，利用できるようにしたものである。当初からデジタル情報資源として生産された文化資源も含まれる。

　図書館，公文書館，博物館や美術館などが所蔵する資源についての情報を検索・利用できるサイトが公開されている。

　ウェブページもまたデジタル情報資源である。ウェブページは情報の移り変わりが激しく，未来永劫存続する保証はない。ウェブサイトが存続しても，データの更新が激しければ，更新前のウェブページは検索エンジンでは検索できない。また検索エンジンでは，削除されたウェブページも検索できない。そのような事態に対応するためのサービスにウェブアーカイブ（Web Archive）がある。ウェブアーカイブとはウェブサイトを収集して蓄積し，再現可能なように長期的に保存することをいう。ウェブアーカイブの代表的なものには，3-29 表に示した NDL が提供する国立国会図書館インターネット資料収集保存事業（Web Archiving Project：WARP）と Internet Archive が提供する Wayback Machine などがある。

3-29表　情報資源としての主なデジタルアーカイブ

DB 名称	ジャパンサーチ
収録分野	図書，美術，映画，文化財，など
概要と特徴	書籍，公文書，文化財，美術，人文学，自然史／理工学，学術資産，放送番組，映画など，わが国が保有するさまざまな分野のコンテンツのメタデータを検索，閲覧，活用できるプラットフォームである。図書館，博物館，公文書館，大学，研究機関，官庁，地方自治体等の機関が所蔵しているコンテンツを検索できる。全てのデータベースの横断検索や画像検索ができる。
DB 作成機関／提供システムの例	国立国会図書館／ジャパンサーチ
DB 名称	文化遺産オンライン
収録分野	文化財，世界遺産
概要と特徴	わが国の博物館および美術館などに収蔵している国宝や重要文化財，資料を検索し，その概要と所蔵館を確認できるポータルサイトである。世界遺産と無形文化遺産も調べられる。文化庁が運営し国立情報学研究所も技術協力している。
DB 作成機関／提供システムの例	文化庁，国立情報学研究所／文化遺産オンライン
DB 名称	国立国会図書館東日本大震災アーカイブ（ひなぎく）
収録分野	東日本大震災に関する音声，動画，写真，ウェブ情報資源，など
概要と特徴	東日本大震災に関するさまざまなデジタル情報資源および関連文献を検索し，閲覧できるポータルサイトである。
DB 作成機関／提供システムの例	国立国会図書館／国立国会図書館東日本大震災アーカイブ（ひなぎく）
DB 名称	国立公文書館デジタルアーカイブ
収録分野	公文書，文化財
概要と特徴	国立公文書館が所蔵する公文書や重要文化財などのデジタル画像，特定歴史公文書等の目録情報などを検索し閲覧できるサービスである。
DB 作成機関／提供システムの例	国立公文書館／国立公文書館デジタルアーカイブ
DB 名称	科学映像館
収録分野	科学映画
概要と特徴	1950 年以降の貴重な科学映像を原版のフィルムからデジタル化して劣化から保護するとともに，無料で配信している。新プラットフォーム「かがくのふしぎ」も提供されている。
DB 作成機関／提供システムの例	科学映像館／科学映像館
DB 名称	DPLA
収録分野	図書，文化財，美術，など
概要と特徴	米国デジタル公共図書館（Digital Public Library of America：DPLA）が全米の図書館，博物館，美術館，文書館などが保有するデジタルコンテンツを，無料で誰でも利用できるようにしたポータルサイトである。

DB 作成機関／ 提供システムの例	DPLA／DPLA
DB 名称	HathiTrust Digital Library
収録分野	図書，など
概要と特徴	米国を中心として各国の大学等の図書館が所蔵する図書などを提供するデジタルアーカイブである。2008 年に発足し現在は 1,800 万点以上のデジタル化された資料を保存する非営利共同団体である。図書館が遡及入力し作成したデジタルコンテンツはもとより，Google Books などのコンテンツも含んでいる。2022 年には慶應義塾大学が加盟した。
DB 作成機関／ 提供システムの例	HathiTrust／HathiTrust Digital Library
DB 名称	Europeana
収録分野	文化遺産，図書，美術，など
概要と特徴	ヨーロッパ連合（EU）内の図書館，博物館，美術館，文書館などが所蔵する電子化された資料を検索・閲覧できる。3,143 万件の画像，2,433 万件のテキスト，35 万件の動画などを有している。
DB 作成機関／ 提供システムの例	欧州委員会／Europeana
DB 名称	国立国会図書館インターネット資料収集保存事業（WARP）
収録分野	過去のウェブサイト，過去のウェブページ
概要と特徴	国立国会図書館が行っているウェブアーカイブ事業である。インターネット資料収集保存事業（WARP）として，2002 年より日本国内のウェブサイトを保存している。対象は公的機関のウェブサイトが中心であり，大規模に収集している。国の機関，地方自治体，独立行政法人，国公立大学などが収集対象であるが，民間の私立大学などのウェブサイトも保存している。
DB 作成機関／ 提供システムの例	国立国会図書館／国立国会図書館インターネット資料収集保存事業（WARP）
DB 名称	Wayback Machine
収録分野	過去のウェブサイト，過去のウェブページ
概要と特徴	米国の Internet Archive は，世界中のウェブ情報をさまざまなデジタル情報としてアーカイブしている非営利団体である。1996 年に Brewster Kahle 氏によって設立された。国立国会図書館インターネット資料収集保存事業（WARP）とは異なり，民間のウェブサイトも収集対象としている。
DB 作成機関／ 提供システムの例	Internet Archive／Wayback Machine

4章

情報の管理・分析と知的財産

〈4章　学習のポイント〉

　情報部門においては高い情報検索の技術によって利用者の情報支援を行う役割が求められており，それらの業務に関連の深い情報管理として情報資源の管理，法令との関係，情報セキュリティーについて理解する。つぎに，情報検索と関係した情報分析の目的と情報資源について学び，いくつかの方法と具体的な事例としてのパテントマップについて理解する。そして，情報検索の目的として問題解決があることを学び，その手順と情報検索との関係について理解する。最後に，企業における情報管理に大きく関係する知的財産権，著作権について制度，法令を含めて基本事項を学ぶ。

4.1　情報の管理

4.1.1　企業における情報管理

　マネジメント研究の第一人者であり知の巨人といわれたピーター・ドラッカー（Peter Ferdinand Drucker）は，企業の主要な目的は「顧客の創造」であり，そのために企業がもつべき機能はマーケティングとイノベーションの二つであるとしている[1]。そして，これらの機能を高めること，すなわち「顕在化しているニーズに対して手段を提供」し，「潜在的なニーズを有効需要に変える」ことがマネジメントに課せられた責任としている。情報管理の管理はこのようなマネジメントの意味が重要であると考えられ，情報の利活用によってマーケティングとイノベーションを推進する必要がある。今日の情報化社会においては，人間の意思や行動の決定は，さまざまな媒体がもたらす知識や情報に基づいてなされる。これらの意思決定に必要な各種情報の収集・検索・分析・加工・保管・廃棄を効果的に行い，イノベーションに資することが情報管理の役割として求められていると考える。さらに，情報管理は，情報セキュリティの意味で用いられることも多いため，以下の二つの役割がある。

　①情報を有効に利用するため，効率的・統合的に運用すること

1：ピーター・F・ドラッカー 著，上田惇生 訳. マネジメント：課題・責任・実践 上. ダイヤモンド社, 1974, p. 74–76.

　　②情報が漏洩しないように管理すること

4.1.2　情報資源の管理

　企業の調査担当者としての情報管理における役割は，所属する企業が必要とする情報を認識して，それらが入手できる外部情報資源，とくにデータベースが活用できる環境を整備することがあげられる。今日の情報化社会では，多くの情報がウェブ上で無料公開されているが，契約したデータベース（商用データベース）でなければ得られない情報も多い。これらは一般的な検索エンジンでは検索することも表示することもできない深層ウェブと呼ばれる。そのため，必要とされる的確な情報資源を調査し，それらの情報資源に関する情報を比較検討することが重要である。これにより，必須であると判断したデータベースについては，登録や契約を行い，使い方を修得し，利用者に教育する必要がある。また，データベースを検索した結果から，出典となった一次情報の文献原報が必要になる場合が多いため，これらの手配に関しても，ドキュメントデリバリーサービスを利用することや，頻度の多い雑誌に関しては電子ジャーナルで購入するなど，計画的に進める必要がある。

4.1.3　企業内における情報システム

　企業の主要な情報システムとして業務管理システムとサービス提供システムがあるが，その他に社内の情報調査を支援する情報利用システムも重要であり，各システムについて簡単に述べる。

（1）業務管理システム

　企業内の業務を管理するシステムであり，人事管理システム，顧客管理・営業システム，在庫管理・物流システム，予算管理・経理システム，特許システム，研究管理システムなどがある。

（2）サービス提供システム

　利用者にサービスを提供するためのシステムで，企業の業種によってさまざまなものがある。今日では，ウェブで使用できるシステムが主流を占めており，パソコンだけでなくスマートフォンやタブレットから使用できることが重要となっている。インターネットによる販売や銀行のネットバンキング，鉄道の指定席乗車券の購入や映画，演劇，レストランの予約などほとんどのことがウェブ上で可能になっている。

（3）情報利用システム

　企業における情報利用システムに関しては，外部の情報資源を利用するための総合的な企業情報ポータル（エンタープライズポータル，enterprise information portal：EIP とも

呼ばれる）を社内のウェブサイトにより提供している例が多い。特に，製薬企業などでは，一般的な文献，特許，ビジネス系のデータベースだけではなく，医薬品の研究開発に必要な多くのデータベースや情報レポートなどを提供し，その有効な利用方法や検索事例に関する情報なども提供する役割がある。これらの情報資源には，有料のものが多く含まれ，利用するためには個人ごとに ID，パスワードが必要となる場合が多い。そのため，シングルサインオンの機能により，情報ポータルに一度ログインすることにより，利用する複数のデータベースのパスワードが自動入力される機能をもつものが有用である。また，これらの情報ポータルにおいて，情報資源使用に関する利用者の氏名や所属，使用した情報資源名などのログが自動集計される機能も重要であり，これらの統計値は，情報資源の契約更新の可否を判断するための利用実績に関する重要なデータの一つとなる。このように，調査担当者は，情報資源への投資に関して費用対効果に関する意識をもち，統計値による根拠を示すことにより適切な情報管理を行うことが重要である。そして，このような情報利用システムを用いることにより，情報資源を適正にユーザーが使用できるような環境や教育，契約遵守も情報管理としても重要である。

4.1.4　法令などによって管理が求められる情報

　企業は商法，労働法，その他の関連法令に則って業務を行い，これらに関係する情報を管理する必要がある。財務諸表として貸借対照表，損益計算書，キャッシュフロー計算書の三つはその典型であり，会社の経営状態を調べる情報として基本である。財務諸表は有価証券報告書の中に記載され，EDINET（Electronic Disclosure for Investors' NETwork，金融庁によるサービス）により公開されている。また，工場の場合は，消防法，危険物・公害防止関連の法令などが適用される。また，業種により特定の情報に関する管理が求められる場合があり，製薬企業では，薬機法（医薬品，医療機器等の品質，有効性及び安全性の確保等に関する法律）による副作用情報の収集・管理・評価・報告，さらに安全データシート（Safety Data Sheet：SDS）の提供，化学物質排出把握管理促進法［PRTR（Pollutant Release and Transfer Register：化学物質排出移動量届出制度）］による化学物質排出量の報告，その他に麻薬及び向精神薬取締法に関係する薬剤の記録・保管・届出などの規制事項の遵守も必要となる。これらは物質に関する規制情報として，関連するデータベースの導入が必要な場合もあるため，知識を整理しておくことが重要である。

4.1.5　情報管理をめぐる環境変化

（1）ICT の発展と文書の電子化
　先に述べた企業内の情報には，さまざまな法令によって書面による作成・保存が義務付けられている書類がある。これらは紙で管理されており，一元管理および必要なときに簡単にアクセスすることが困難であった。このため，紙から電子化するために，通称「電子

署名法」[2]，「IT 書面一括法」[3]（2001 年 4 月施行）および「e−文書法」[4]（2005 年 4 月施行，2015 年 9 月改正）が定められた。

　なお，IT（information technology：情報技術）は，最近では ICT（information and communication technology：情報通信技術）と表現するようになっている。

（2）内部統制の強化と法令遵守

　法令遵守（コンプライアンス）は，特に企業活動において，法律や規則，社会規範などに違反することなく，これらをきちんと守ることとして各社において社員に対する啓発活動が行われている。また，米国における 2001 年のエンロン，2002 年のワールドコムの会計不祥事をきっかけに企業の財務情報の透明性と正確性を求め，確実にそれが実現できるようにする内部統制の実施も行われている。日本においては，「金融商品取引法」と「会社法」によって内部統制を義務化している。これらが調査における情報の管理に関係する内容は，主に以下のとおりである。

　法令遵守に関しては，調査担当者はデータベースなどの情報資源に関する契約に関係する事項がある。すなわち，データベースを導入する際には契約書を交わすことが多く，この中では，情報資源の利用者の範囲の指定や得られた情報のダウンロード数や情報加工に関する利用制限，パスワードの管理の責任などが記載されている。そのため，情報資源を導入する企業の調査担当者は，利用者である社員がこれらの契約書に違反しないような教育やシステムを維持することが求められる。また，契約を更新する際にも，更新の 3 か月前までに中止連絡がない場合は自動的に更新される契約も多く，社内決済日などに注意が必要となる。そのため，外部との契約に関しては社内の法務部門と協力して内容を確認し，注意すべきポイントを明らかにするとともに，自社に大きく不利にならないような契約案に修正できることが望ましい。また，契約が不要な公開された情報資源に関しても，使用するための利用約款などが決められている場合も多く，そこにはダウンロードの制限や検索キーワードや表示ログの再利用に関する許諾について書かれている場合もあり，それらの違反が所属する組織による情報資源の利用停止や情報漏洩に発展する場合もある。そのため，調査担当者は所属する組織でよく使用される情報資源についても知識をもち，利用する際の注意事項などに関しての啓発を行う必要がある。

4.1.6　調査と情報セキュリティ

　情報セキュリティとは，企業が有する情報資産に対し，機密性，完全性，不可侵性およ

2：正式名称は，「電子署名及び認証業務に関する法律」という。
3：正式名称は，「書面の交付等に関する情報通信の技術の利用のための関係法律の整備に関する法律」という。
4：正式名称は，「民間事業者等が行う書面の保存等における情報通信の技術の利用に関する法律」という。通称「電子文書法」ともいう。

び可用性を維持することをいう。機密性とは，秘密性を保持することである。完全性とは，正確および完全であるよう，情報資産を不正な改ざんおよび破壊から保護することである。不可侵性とは，不正・不当に情報，システム，設備等情報資産が侵害されないことである。可用性とは，正当にアクセスを許可された者が，使用許諾の範囲内で，必要な時に円滑に当該情報資産にアクセスできることである。ここでは，調査業務に関係する情報セキュリティについて述べる。なお，情報セキュリティの詳細については，5章「5.4　情報セキュリティ」で述べている。

（1）アクセス制限

　企業においては，機密情報に関する規定を制定して，厳密なアクセス制限が行われている。特に経営情報や研究開発の情報は，それが漏洩することにより企業が大きな不利益を被る可能性があり，調査担当者は調査業務に関係する部分はよく理解しておく必要がある。情報調査部門で扱う情報は，基本的には公開された情報でありアクセス制限があるものは少ないが，調査依頼の内容に関しては，機密情報であり，管理する必要がある。すなわち，企業調査の依頼は経営に関係する場合があり，M&A（企業の合併や買収）に関係する情報の場合はインサイダー情報として内部者取引の法令違反に発展する可能性も無視できないため，関係者以外のアクセス制限を徹底する必要がある。また，研究開発に関する調査依頼の内容も機密性が高く，特に特許出願前の情報に関しては，アクセス制限をするとともに，不用意な情報の公開により他社の特許を侵害した証拠になる可能性もあるため，取り扱いには注意する。これらは，自社内の調査部門の調査であれば，機密性は高いが，社外の代行検索会社に依頼する場合は，機密保持契約を結ぶことは当然であり，情報セキュリティを重視した対応が必要となる。

（2）情報漏洩対策

　情報の漏洩やコンピューターウイルスに対する対策も重要である。社内のシステム部門においてコンピューターウイルスを防止するためのシステムを設定することが基本であるが，電子メールの添付文書に仕込まれたウイルスや社外のサイトのURLをクリックすることによるウイルス感染を防止することは難しいため，利用者本人が注意することが重要である。情報調査部門に関係する事例としては，契約したデータベースの利用者登録を行うことにより，社員の電子メールアドレスが外部にリストとして保存される場合があり，これらが利用者へのダイレクトメールに利用されることが無いように確約するなどに注意する。これらのメールが多数となる場合は，なりすましメールと区別がつかなくなる場合や，使用していない情報の料金請求メールが来るなどのリスクにつながる。また，文献管理ソフトとして情報共有機能があるものを使用することにより，意図しない社外への情報漏洩が生じてしまう可能性もあるため，情報部門による情報リテラシーの啓発が重要である。

（3）個人情報の取り扱い

個人情報の保護を目的とした「個人情報保護制度」では，法律の義務規定の適応範囲が，民間部門と公的部門で異なっていたが，2021（令和3）年に改正された法律により一元化が進められている。ここでは，企業の情報管理に関係する民間部門に関する法律について述べる。

民間部門を対象にした「個人情報の保護に関する法律」は2005（平成17）年4月1日に全面施行され，通称「個人情報保護法」と呼ばれている。この法律は，ICTの進展やマイナンバーの導入など時代の変化に合わせるために2015年に改正された。従来はこの法律の義務規定の適用を受けるのは，紙・コンピューターで処理された個人情報が体系的に検索可能になっている「個人情報データベース等」を事業とする者であり，5,000件以上の個人情報を有する民間業者であった。しかし，改定により5,000件の要件が撤廃され，さらに町内会などの非営利組織も「個人情報取扱事業者」となった。改正によって，個人情報取得の際に利用目的をできるかぎり特定して本人に通知すること，また，個人情報の安全管理のため，必要かつ適切な措置をすること，本人以外に個人情報を提供する際に，あらかじめ本人の同意が必要であること，個人情報を提供した場合は，提供先を記録し，一定期間の保管が必要であること，個人情報を提供した会員から申し出があった場合は，開示できる状態にすることなどが定められた。2020年の法改正では個人の権利利益の保護と活用が強化された。一方，AI（artificial intelligence：人工知能）・ビッグデータ時代への対応などから「仮名加工情報」を創設し，特定の個人と識別できないように加工することにより，医療・製薬分野等における研究や不正検知・売上予測等の機械学習モデルの学習に利活用できるなどの道を開いた。さらに，2021年には国際的制度調和の確保による日本の成長戦略への整合を図る目的から，「デジタル社会の形成を図るための関係法律の整備に関する法律」が制定され，個人情報保護法についても改正が行われた。この背景には，新たに「デジタル庁」を創設し，国や地方のデジタル業務改革を強力に推進していく方針があり，公的部門で取り扱うデータの質的・量的な増大が不可避であったことがある。そのため，官民を通じた個人情報の保護と活用を強化し，医療分野・学術分野についても病院・大学・研究機関の規律を統一してデータの利活用を進めることとなった。調査担当者は，個人情報の取り扱いに関して法的な対応を準備するとともに，法的基準をクリアした上での情報の利活用を進めることが期待される。

4.2　情報の分析

4.2.1　情報分析の目的とデータの種類

情報検索では必要な情報を入手するために，キーワードなどを使用してデータベースを

検索し，目的とする情報や情報が記載された文献の書誌情報，抄録などのリストを入手する。この方法は目的とする情報が明確な「参照型」の調査の場合は特に有効である。しかし，目的とする情報やその範囲が明確でない場合が多い「探索型」の調査の場合は，検索に使用するキーワードの選択が難しいため，大きな概念の検索式により検索することになる。その結果，大量の検索結果が得られた場合は，内容を確認する負荷が大きくなり，必要な情報の選択が困難となることがある。また，調査に必要な情報が特定の文献に記載された情報ではなく，関係する情報の統計やトレンドなど全体の情報を分析する必要がある情報の場合もある。このように，キーワードによる情報検索だけでは対応できない情報を入手するため，調査担当者はデータベースなどの情報資源を対象とした情報分析により，必要な情報を入手する方法についての知識をもつことが有用である。特に，最新のウェブ情報検索システムには，頻度分析用の情報フィルタリングシステムなどの統計的手法を使用した情報を絞り込むための機能が備わっているため，これらを適切に使用するためにも情報分析に関する知識が有効と考える。

　分析の対象となるデータの種類は，以下のように大別される。それぞれデータの特徴があり，限界もあるので分析の目的により使い分ける必要がある。

①書誌データ……論文の場合は，著者，所属機関，発行年，資料名，特許では，発明者，出願人，出願や公開の日付，出願国，などがある

②主題を表すデータ……文献に付与された分類や索引語，あるいはタイトル，抄録，本文から抽出した用語やテキストなどがある。出現頻度に基づく計量的分析と内容の傾向や特徴等を把握する質的分析が可能である。特に，抄録などの自然言語によるテキストは，テキストマイニングのデータセットとして使用することにより知識発見にも使用できる

③引用データ……引用文献に関する情報が収録されたデータベースでは，被引用数の統計による注目文献のリスト化や，引用関係による関連研究者，関連研究機関の分析など質的な情報分析が可能である

4.2.2　情報分析に用いる情報資源

　情報分析を，その目的により，以下のように大別する。

①企業等の研究開発に関する情報分析
②大学等の研究評価に利用する情報分析
③企業の経営戦略・経営状況に関する情報分析

これらの情報分析に利用可能な情報源について，以下記載する。

（1）企業等の研究開発に関する情報分析と情報資源

企業の研究開発に関しては，技術分野別，あるいは特定企業についての情報分析が多い。その際に基本となるのは，特許情報を利用して情報を可視化（visualization）する分析手法である「パテントマップ」の作成である。技術を整理し，それを俯瞰することにより，技術の動向を理解し，進むべき方向を決める経営判断にも利用されることが多い。パテントマップについては，本章「4.2.5　情報可視化ツールによる分析」で詳述する。また，特許情報以外にも，新聞情報，科学技術文献やウェブ上のニュースなどもこのような分析の情報資源として利用される。

研究開発情報の分析に役立つ情報資源の例を以下に挙げる。

a. 技術動向情報

特定産業に関わる日本の国全体としての動向を示すデータは，政府統計の総合窓口（e-Stat）で得られる。収録情報全体への検索窓から必要な情報を検索し，エクセル形式のデータセットを入手することができる。また，特定の産業や業界の情報に関しては，関係する業界団体のウェブサイトが有効である。

b. 文献情報

科学技術振興機構（Japan Science and Technology Agency：JST）がデータを作成し，ジー・サーチが情報検索システムを提供する JDream Ⅲ は，科学技術情報に関する国内の文献だけでなく，海外の著名雑誌の文献情報を提供する。また，JST の J–GLOBAL，国立情報学研究所（National Institute of Informatics：NII）の CiNii Research，国立国会図書館（National Diet Library：NDL）の国立国会図書館サーチ（NDL サーチ）などからも文献情報が得られる。得られたデータの利用方法については，提供機関による説明を読み，禁止事項についても理解しておく必要がある。

c. 知財情報

知財情報とは，技術情報の一つでもある知的財産に関連する情報のことをいう。企業，研究機関，大学などで研究された有望な技術は特許出願によって権利化される。そのため，特許情報を分析して技術動向を把握することは，研究開発テーマや技術開発の方向を決定するための基本である。

日本特許のデータに関しては，工業所有権情報・研修館（National Center for Industrial Property Information and Training：INPIT）が提供する特許情報プラットフォーム（J–PlatPat）が使用可能で，海外の特許データに関しては，各国の特許庁が提供するそれぞれの特許・知財情報が使用可能である。さらに，CAS STNext などの情報検索システムを契約することにより高度な分析が可能である。CAS STNext では世界の特許情報については，DWPI，CAplus/CA，INPADOC などが有用である。また，CAS STNext 以外にも各種の

特許専門のデータベースがサービスされており，所属する組織で契約している場合は，そこに所属する利用者は，固定費で使用でき，各種の分析機能も使用できることなどから，利用者は多い。

特許出願・登録などをはじめとする各種情報を用いて，特定技術分野についての技術動向を解析した結果をまとめた資料として，特許庁から公表されている「特許出願技術動向調査報告」があり，概要はウェブサイト上で無料公開されている。全文は，発明推進協会から販売されている。

（2）大学等の研究評価に利用する情報分析と情報資源

研究評価のための情報分析は，予算配分を目的とした大学の研究力評価などにも用いられる場合があり，どの分野の研究が優れているか，今後力を入れるべきところはどこかなど，他大学との比較を含めて，研究の実績を評価するために行われている。利用される情報資源を以下に示す。

a. 大学基礎データ

各大学から公表されている便覧や基本情報が利用できる。公立大学においては，公立大学協会のウェブサイトに掲載されている公立大学便覧や大学基本情報により，それぞれの大学の規模や教育研究費等を知ることができる。国公私立の大学の教育情報については，大学改革支援・学位授与機構による大学ポートレートのウェブサイトで基本情報が公開され，データベースを用いた検索が可能になっている。

b. 科研費獲得状況，JST の研究推進資金獲得状況

科研費（科学研究費）の獲得状況やその研究成果の情報入手には，NII が文部科学省，日本学術振興会と協力して作成・公開している科学研究費助成事業データベース（KAKEN）が利用できる。KAKEN には，当初採択時のデータ（採択課題），研究成果の概要（研究実施状況報告書，研究実績報告書，研究成果報告書概要），研究成果報告書および自己評価報告書などが収録されている。科研費助成事業はすべての学問領域にわたって交付されているため，日本における全分野の最新の研究情報についての情報を得ることができる。

また，JST が行っている研究推進事業は，JST のウェブサイトの「事業紹介」に，その研究成果は JST のウェブサイトの「事業成果」に公表されている。

c. 研究者情報，研究課題情報

研究者情報や研究課題情報には JST が提供している科学技術情報のサービス J-GLOBAL が利用できる。J-GLOBAL の研究者情報には，国内の大学・公的研究機関・研究所に所属する研究者の情報約 35 万人分が収録されている（2023 年 5 月 11 日参照）。J-GLOBAL の研究課題情報には，researchmap に登録された情報，および JST 実施の主な研究課題約 2 万件が収録されている（2023 年 5 月 11 日参照）。また，JST プロジェクトデータベースおよび科学研究費助成事業データベースに収録されているデータを統合検索

できる研究課題統合検索（GRANTS）も有用である。

d.　文献情報，特に被引用数などの情報，オルトメトリクス

　論文生産数や被引用数をもとにした分析は，各機関の強み，弱み，特徴の把握に有用である。被引用分析は，科学的業績の重要度や影響力を示す一つの指標として研究評価や研究戦略の検討に使用されることが多い。引用・被引用情報を提供する情報資源の例としては，JST の J-GLOBAL，NII の CiNii Research，Elsevier の Scopus があり，Clarivate の Web of Science Core Collection については，科学関連の情報が Dialog，CAS STNext の検索システムにおいて SciSearch（Web of Science からは，Science Citation Index Expanded）という名称で提供されている。このように論文の被引用数を使用して評価する方法として，学術雑誌の影響度を示すインパクトファクター（impact factor：IF，正確にはジャーナル・インパクトファクターという）や，研究者個人の論文の被引用数から得られる h 指数（h-index）などがある。インパクトファクターは，特定の学術雑誌に過去二年間に掲載されたすべての論文の被引用数をその論文数で割ることによって計算する。そのため，同じ研究分野の学術雑誌については定量的に比較することが可能であるが，異なる分野の研究者の論文を雑誌掲載により評価する手段としては適当ではない。一方，h 指数は，ある研究者が発表した論文の被引用数が h 回以上であるものが h 個以上あることを満たす最大の数値を h とする。そのため，研究者だけでなく研究機関についても研究に対する相対的な貢献度などを論文の質と量の両方によりバランスよく評価することが可能といわれている。この二つの指標は伝統的な意味での学術論文の査読による内容の正当性と引用を基盤としたものであるが，近年では，さらにオンライン論文データベースにおける閲覧数，ダウンロード数，ソーシャルメディアの X（旧 Twitter）などにおける言及数などから求められる指標も作成されている。それらは，「代替的な指標」"alternative metrics" の 2 語を組み合わせた造語としてオルトメトリクス（altmetrics）と呼ばれる。その評価には課題も指摘されてはいるものの，特定分野の科学者のみならず，社会への影響度を定量化しようとしている。

e.　知財情報

　特許庁からのデータを INPIT がサービス窓口となって日本の特許などの知的財産情報を提供する特許情報プラットフォーム（J-PlatPat），世界の特許情報をヨーロッパ特許庁（欧州特許庁ともいう。European Patent Office：EPO）が提供する Espacenet などがあり，各国特許庁サイトへのアクセスには，日本特許庁のサイトの「諸外国・地域の特許庁ホームページ」に設けられたリンクが便利である。また，各大学のウェブサイトでは，産学連携を進めるために技術移転可能な研究シーズ情報を知財情報として公開しているケースが多く，研究評価に使用できる。また，商用データベースとしても，種々の付加価値を設けたさまざまな情報検索と分析のサービスが提供されている。なお，研究シーズ情報のシーズ（seeds）とは，研究開発や新規事業創出に必要となる技術や素材であり，特許などで権利

化されていることが多い。この概念の用語として海外ではテクノロジーが使用されている。

（3）企業分析に利用できる情報資源

　ここで述べる企業分析とは，特定の企業，あるいは特定の産業の分析を，主としてビジネスや経営判断のために行う場合の情報分析を指す。利用できる情報資源には，有価証券報告書，投資情報データベース，特許情報，マーケティング情報，ビジネス分野の各種データベースがある。また，調査対象企業のウェブサイトや関連する業界団体，監督官庁などのウェブサイトも有用である。マーケティング情報やビジネス分野の各種データベースについては，3章「3.3　ビジネス分野の情報資源と検索」ですでに解説した。

4.2.3　文献などの計量的な分析

　近年，研究者や研究機関の評価を「客観的評価」に基づいて行う必要性が高くなっており，それらは研究予算の分配や政策を議論する上でも，基礎となる資料を提供する。そして，研究成果は文献として発表されるため，客観的評価のための情報として文献情報が使用されている。文献情報を数学的・統計学的に操作することにより情報伝達および関連の現象や行為を研究する手法をビブリオメトリックス（bibliometrics：計量書誌学）という。なお，サイエントメトリックス（scientmetrics：科学計量学）は，科学に関する統計など文献情報より広い対象を扱い，文献の内容を含めた分析を扱う場合もあるが，研究の目的と手法はビブリオメトリックスと共通する部分が多い。

　ビブリオメトリックスでは，分析対象とする文献の集合におけるいろいろな項目の出現頻度を計量する。計量の対象としては，文献の発表量（生産量）と利用量がある。生産量の測定には主に書誌データベースが用いられる。利用量は一般的に生産量よりもデータが得にくいが，自然科学系の文献に関しては Web of Science のシステムから利用できるScience Citation Index Expanded や Scopus のような引用文献データベースが存在するため引用データが最もよく用いられる。引用データを用いると，被引用文献と引用文献の両方が計量できるため，その間の関係についても分析できる。実際の情報検索では，これらの引用文献データベースを使用することにより，検索に使用した用語に関して，多くの被引用数を有する文献を降順にランキングできる。これにより，特定の主題に関する重要な論文リストを得ることが簡単にでき，その分野で重要な研究者や研究機関を調査する場合に有用である。これは，検索エンジンの表示順に応用できることから，ウェブ文書のバックリンク数（被リンク数）が被引用数と似た意味で使用されている。

4.2.4　知識発見のための情報分析

　膨大な情報を収めたデータベースの中から今まで知られていない知識を発見することは，データマイニング（data mining）と呼ばれ，「データベースからの知識発見」（knowledge discovery from database）ともいわれる。この手法が唱えられたのは1990年代前半で，スーパーマーケットのPOS（point of sales）データベースから「紙おむつを買う人が一緒に缶ビールを買う傾向が強い」という「知識」（つまり，勤め帰りの若いサラリーマンが奥さんに頼まれたおむつを買うついでに缶ビールを買う傾向が強いという発想）が得られ，店舗内の商品配列戦略に役立つといった話が有名である。そこに使われる原理は，相関ルールによる事象の関連性の分析，決定木（decision tree）による段階的なデータの分割による分析，クラスタリング（clustering）による特徴の分類などの通常の統計学や多変量解析の手法と大きな違いはない。一方，専門のデータマイニング分野では，大規模データベースに対して効率的にデータの抽出，解析を行うため，組合せ最適化やアルゴリズムの開発にも力点が置かれている。

　しかし，広義には，このようなアルゴリズムを用いなくても，大規模なデータベースの統計解析からデータの中に潜む新事実（知識）を抽出することもデータマイニングと呼んでいる。その意味から，ビブリオメトリックスによる情報分析の事例もデータマイニングの一種である。ただ，データマイニングでは，データの全体的・主流的傾向よりも，むしろマイナーだが注目すべき現象を取り出すという意味合いが強い。

　文献情報の分野では，抄録や全文データベース中の用語の頻度，集中性，近接関係などの情報に基づくデータマイニングを，特にテキストマイニング（text mining）という。テキストマイニングでは，文章で記載された情報を扱うため，自然言語処理と呼ばれる人間の言語を分析する技術が使用される。自然言語処理では，次に示すような要素技術により自然言語を分析する。

　①形態素解析（辞書による単語と品詞の決定処理）[5]
　②構文解釈（文節を単位とした係り受け解析）

　これらによって分析された単語，複合語は出現頻度などが集計され，統計的な手法によって分類や分析が行われる。特に，文献データベースを特定の主題により情報検索した結果を分析のためのデータセットに用いることにより，効果的なテキストマイニングによる分析が期待される。近年では機械学習の学習用データとして文献データベースを使用することにより，AIによる分析にもそれが使用されている。

　これらの情報分析の技術と検索技術，および分類整理の技術の比較について，那須川がおこなった分類を4-1表に示す[6]。情報検索の技術は，必要な文献を収集することが目的であり，分類整理の技術は類似する文献を整理して仕分けることであるが，分析の技術とし

5：形態素解析については，1章「1.1.5　形態素解析」で説明している。
6：那須川哲哉. テキストマイニングを使う技術/作る技術：基礎技術と適応事例から導く本質と活用法. 東京電機大学出版局，2006，p. 16.

4-1 表　大量文書を活用する技術の比較

処理の深さ	処理の概要	機能（用途）	技術的要素	処理対象	自然言語処理内容
レベル1	検索	目を通す対象を絞り込む	情報検索	文字列 単語列	単語の抽出 （語の原型・基本形への置換など）
レベル2	分類整理	文書の振り分けおよび全体的にどのような内容が含まれているかの把握	クラスタリング 分類	単語の集まり（Vector Space Model）	単語分布状況の分析
レベル3	分析 （知識発見）	面白い内容・役に立つ知見の抽出	自然言語処理 データマイニング 視覚化	意味的概念の集まり	意味の分析 関係の分析

てのテキストマイニングは，文献に記載された文章の内容の傾向や重要な用語の関係を発見することを目的としている。そのため，情報検索とは目的が異なり，処理の対象が内容であることに大きな違いがあるとしている。情報検索の目的として問題解決があり，そのためには，得られた情報の内容までを分析することができれば，より高いレベルの調査が期待できる。

4.2.5　情報可視化ツールによる分析

　分析した結果が数字で表される場合は，そのままでは理解しにくい。これをグラフやチャートとして可視化することにより，人間ならではの認知能力を活かして注目すべき情報を発見することや，第三者への説得力のある情報とすることができる。情報の可視化にはさまざまな技法があり，ビッグデータの処理が進むにつれてその技法はさらに進歩してきている。一方，情報検索の分野では，特許情報においてパテントマップ（特許マップ）と呼ばれる可視化が1980年代から始まり，可視化ソフトの発達した2000年以降は，テキストマイニングによる自動処理化が進んだ。これらは，技術情報の分析という高いニーズがあったことと，情報資源としての特許情報が少ないコストで入手できる場合があること，加工に関する制限が少なかったことも関係している。

　ライフサイエンス分野においても，PubMedに含まれるMEDLINEデータなどが無料で使用できることから，抄録のテキストマイニングやそのデータを使用した可視化のツールが多数使用されている。また，契約が必要な検索システムにおいても，近年では，文献検索の結果を分析して可視化するツールが専用に用意されている場合が多い。これらを使用することにより，データを加工するための許諾の問題をクリアできる。CAS STNext では，ANALYZE機能によりメニューから，検索結果を視覚的に判りやすく表示できる。これを使用することにより文献をCAplus/CAで分析したり，特許をUSPATFULL，WPIで分析したりできる。また，契約が必要ではあるが，競合情報データベースであるClarivate

の Cortellis では強力で直感的な分析機能を活用して，医薬品の特許や製品について可視化を行い，新しい洞察を得ることが可能になっている。

　特許分野においては，パテントマップによる特許分析が重要となる。パテントマップの主な利用目的を以下に挙げる。

　　①特定技術，企業，業界などの現状を把握

　　②時系列分析により，技術動向，企業動向を知る

　　③クロス集計により技術分布，企業分布を捉える

　　④自社，他社の権利・出願網把握

　　⑤他社戦略を知る

　　⑥技術の問題点・課題を発見し，今後の技術開発戦略を練る

　パテントマップを大別すると，統計解析型と内容解析型に分けられる[7]。

　統計解析型は，特許の書誌的事項にある出願日，公開日，登録日などの日付データや国際特許分類（International Patent Classification：IPC），FI（File Index：IPC の日本詳細版），F ターム（技術分類記号）などの特許分類データを使用して，統計解析を行う方法である。これらは，各種の特許検索システムや分析システムで標準的な機能として分析やグラフ作成が備わっている場合が多い。

　内容解析型は，特許公報に記載されている技術内容から作成する方法である。研究テーマの探索など研究開発段階で行う特許出願動向調査のような場合は特許情報を技術情報として使用する。そのため，要約，課題，解決手段，作用・効果，実施例などを実際に読んで内容確認することによりマップを作成する。また，開発が進んだ製品に関する侵害防止調査においては，特許を権利情報として考えるため，特許請求の範囲に関して詳細に分析し，マップを作成することになる。さらに，内容解析型には，その解析結果に統計解析を組み合わせた方法で作成する合成型の場合もある。内容解析型は，基本的には調査者が実際に特許を読む必要があるが，自然言語処理により，技術用語を抽出して統計値や共起関係を示すことにより，注目する用語を調査者が指定してさらに分析をするような半自動的な処理をする方法も進んでいる。

　パテントマップを比較的作成しやすいのは，統計解析型であり，Excel などを使用してグラフ化できる。代表的な 7 種類について，それぞれ 4-2 表に示したデータ項目について，適切なグラフを使用して解析することが可能である。

　例えば，1) 件数推移マップでは，横軸を出願年，縦軸を出願件数とすることにより，分析主題全体や特定の出願人の出願件数の推移を見ることができる。これらの増減から技術

7：野崎篤志．特許情報分析とパテントマップ作成入門：経営戦略の三位一体を実現するための．発明推進協会，2016，p. 45.

4-2表　統計解析型のパテントマップの例

マップ名	データ項目の例	グラフの種類と解析例	グラフのイメージ
1) 件数推移マップ	X軸：出願年，公開年,登録年など Y軸：出願件数，公開件数，登録件数など	〈グラフの種類〉 ・集合縦棒，折れ線グラフ，3-D面グラフなど 〈解析例〉 ・特定技術の出願数の年推移 ・特定企業の出願数の年推移	
2) ランキングマップ	縦軸：出願人，発明者など 横軸：出願件数，公開件数，登録件数など	〈グラフの種類〉 ・集合横棒 〈解析例〉 ・特定技術の出願上位企業 ・特定課題に関係する技術用語のランキング	
3) 構成比マップ	出願人，技術内容など	〈グラフの種類〉 ・100％積み上げ縦棒，100％積み上げ面グラフ，円，ドーナツ 〈解析例〉 ・特定技術に関する出願人のシェア	
4) マトリックスマップ-1	X軸：技術など Y軸：課題など Z軸：件数など	〈グラフの種類〉 ・3-D縦棒グラフ，バブルチャートなど 〈解析例〉 ・複数の課題と技術に関する出願数	
5) レーダーチャートマップ	技術内容など	〈グラフの種類〉 ・レーダーチャートマップ 〈解析例〉 ・特定出願人の技術別出願数の特徴	
6) 分布表示マップ	X軸：出願人数など Y軸：出願件数など 出願年ごとにプロット	〈グラフの種類〉 ・散布図，等高線図 〈解析例〉 ・特定技術に関する出願数と出願人数の年変化	
7) マトリックスマップ-2	縦軸：技術分野 横軸：出願年 バブルサイズ：出願数	〈グラフの種類〉 ・バブルチャート 〈解析例〉 ・特定技術分野に関する出願数と年推移	

グラフのイメージ（7)マトリックスマップ-2）：

技術分野と出願年

	2003	2004	2005	2006	2007	2008	2009	2010	合計
A61K									380
A23L									63
C01N									6
A23F									7
A61J									5
A01K									6
A61M									5
C12N									2
C07K									2
C07H									3
B65B									4
B05B									4
B65D									3
A61B									3
F16K									2
C12P									2
C07C									2
B65G									2
B01F									2
合計	63	116	81	70	56	40	39	37	502

分野や企業が活発，または低調と推測することもできるが，その他の情報も含めて総合的に判断する必要がある。2）ランキングマップでは，発明者ランキングなど，設定した項目における頻度の大きいものを知ることができる。3）構成比マップでは，特定技術における出願人のシェアの変化を見るなど動向を定量的に評価することができる。4）マトリックスマップ–1 では，複数の項目の件数を比較することができるため，複数の出願人を比較して注力している技術の違いを明らかにしたりすることができる。5）レーダーチャートマップは異なる項目の量を比較する点では，マトリックスマップに似ているが，レーダーチャートマップの方が分布の違いを強調したい場合に効果的である。6）分布表示マップは，X 軸に出願人数の数値を，Y 軸に出願件数を，それぞれ設定し，プロットする記号を出願年で変えることにより，特定技術に関する出願数と出願人数の年変化を見ることができる。7）マトリクスマップ–2 としてバブルチャートがあり，横軸に出願年，縦軸に特許分類コード，バブルの大きさを出願件数とすることにより，複数の関連する技術の出願数におけるトレンドの変化を見ることができる。

　上記で説明したパテントマップ以外にも多様な形態のマップが作成可能であるが，大切なことは，何をどの切り口で調べたいのかという分析の目的，グラフやレポートなどのアウトプットの明確化，研究者や経営陣などの報告する対象者，報告時期の 4 点である。これらを十分に検討することにより，初めてどのようなグラフが必要となるかを決めることができる。

4.3　情報と問題解決の知識

4.3.1　情報検索と問題解決

　ウイルソン（T. D. Wilson）は，情報行動（information behavior）における情報探索（information seeking）の具体的な方法として，4–1 図に示す情報検索（information searching）を行うモデルを示した[8]。さらに，情報探索は，最終的に問題解決を目的とした目標志向の行動であることを示唆した。すなわち，4–1 図に示すように情報検索などを繰り返すことにより，問題解決に必要な不確定性を解消し，最終的に解決策を提示することが，情報探索の重要な目的であると考えられる[9]。そのため，適切な情報検索を行うためには問題解決の知識が必要となる。特に依頼検索の場合に，依頼者が自分の問題解決に必要な情報を十分に分析していない場合は，指定された主題で検索しても，その結果が問題

8：Wilson, T. D. Models of information behaviour research. Journal of Documentation. 1999, vol. 55, no. 3, p. 249–270.

9：三輪眞木子. 情報行動：システム志向から利用者志向へ. 勉誠出版，2012，p. 77，（ネットワーク時代の図書館情報学）.

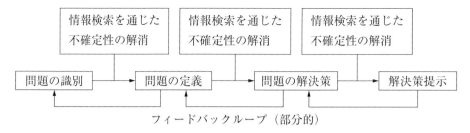

4-1 図　情報検索過程の問題解決モデル

出典：Wilson, T. D. Models in information behaviour research. Journal of Documentation. 1999, vol. 55, no. 3, p. 266, Figure 13. を翻訳。

解決につながらない可能性もある。これを避けるためには，検索者は依頼者へのインタビューによって解決したい問題自体を明らかにし，それを正しく分析して，真に調査すべき検索主題を明確にする必要がある。また，組織の調査部門として，所属する組織の経営戦略やそれを達成するための情報戦略の策定資料に関するような大きなテーマの調査を行う場合もあり，問題の全体像を理解した調査が重要となる。以上のような観点から，適切な調査を行うために必要な問題解決について述べる。

4.3.2　問題解決における問題の定義と種類

（1）問題の定義

　4-2 図に示したように，問題解決における「問題」の定義は，「あるべき基準と実際との差異」と考えることができる[10]。あるべき基準との差（ギャップ）が大きい場合は難しい問題であり，解決が難しく，情報検索をすべき主題やキーワードの選択も難しいことが予測される。特に，依頼検索の場合は，問題の重要度についての認識が依頼者と異なることがないように，十分なインタビューで背景を理解し，共通認識を図ることが必要である。その際に，検索者は依頼された内容についての固定観念を捨て，正確な状況を認識することが必要である。また，あるべき基準についても，問題解決に必要な時間を加味して，将来的な動向を予測した設定が必要な場合もある。

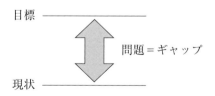

4-2 図　問題解決における問題

10：職業教育・キャリア教育財団監修. J検情報デザイン完全対策公式テキスト：文部科学省後援. 改訂版. 日本能率協会マネジメントセンター，2014, p. 79.

（2）問題の種類

　問題を正しく認識するためには問題の種類についての知識が有効であり，以下のように分類できる[11]。①の発生型問題は比較的わかりやすいが，②の設定型問題，および③の将来型問題は，仮説を伴った複雑な要因における問題の設定であり，個々の要因や背景について確認し，それらの正当性を含めて調査する必要がある。

①発生型問題……例えば，「自社製品が他者の特許を侵害したとして警告を受けた」など，現在，すでに発生している問題で，「あるべき基準と実際との差異」が比較的判りやすい問題。依頼調査の場合は，重要度や緊急度が高い場合があるため確認する。原因が不明な場合はそのための調査が必要で，次に原因を解決するための検索を行う

②設定型問題……例えば，「自社製品にある機能をつけると，他社の特許に抵触することはないか」など，現在は発生していないが，環境や条件を変えることにより発生する可能性のある問題。設定条件によって問題の種類やギャップの程度が変化する。依頼調査の場合は，インタビューによって，問題が発生すると予測した根拠や条件の幅についても確認し，問題を回避できるための情報を入手できる検索を行う

③将来型問題……例えば，「自社製品の特許を応用することにより，将来的に競合製品が開発されないか」など，現在はまだ問題は起きていないが，対策をとらない場合は将来的に問題が発生すると予測される問題。影響の要因について分析し，個々の要因に関して将来の予測を行い，それらが問題とならない方法について検索することにより問題解決に関する情報が得られることが期待される。製品が関係する業界の影響要因を例にすると，競合他社の直接の影響，新規参入の脅威，代替品の脅威，売り手の交渉力，買い手の交渉力などについて技術的変化の影響を予測する

　また，上記の分類以外にも，問題解決の方法によって分類する方法もある。

①唯一の解答をもつ問題……試験問題など解決法がある程度決まっている場合や事実の真偽を決める場合などがある。情報検索の際は求める事実が確実に含まれている情報資源を選択することがポイントとなる

②多数の解答をもつ問題……問題の解決方法が複数考えられる場合で，最も適した解決方法の選択を可能にするために複数の選択肢が用意できるなど多様な情報が必要となる。逆に，検索結果が数百件以上になるなど大量の場合は，必要な情報を選択するのが困難となる。その際は結果の集合に対して，異なる観点のキーワードを複

11：前掲注 10 の p. 80 参照。

数使用して，集合を分類する方法が有効である。その際に，漏れや重複がないように分けることが好ましい

4.3.3　問題解決の手順

（1）問題解決のステップ

　問題解決を目的として情報検索を行う場合に，問題解決の基本的なステップを理解することにより，解決すべき問題についての認識が深まり，効率的に調査できる。特に，依頼調査の場合は，インタビューによって解決手順のどのステップに対応した調査であるかを確認する。以下のような5段階のステップがある。

　　a.　問題認識（問題を定義し，明確にする）

　　b.　目標設定（解決するための目標を決める）

　　c.　原因分析（問題を解決するのに必要な原因を理解する）

　　d.　対策立案・実施（問題の原因を解消するための対策を考え，実施する）

　　e.　対策評価（問題解決の結果を評価する）

a.　問題認識

　組織の中での問題を認識する場合に，人によって問題の認識観点が異なっている場合がある。その際はそれぞれの立場による認識を意識して対応する。依頼調査の場合は，インタビューで依頼者の立場を確認し，依頼者の問題認識がどのような観点に由来しているかを知る。また，調査対象となる問題が一つではない場合は，「重要性」「緊急性」「拡大性」の3点で比較して優先順位をつける。依頼調査では，「緊急性」は調査の納期に関係してくるため，必ず確認する。「重要性」「拡大性」に関しても検索戦略に関係するため重要であるが，これらはトレードオフの関係にある場合もあるので，慎重に優先度を判断する。

b.　目標設定

　問題を解決するためには具体的な目標を決めて，設定した目標が達成されることにより当初の問題のどの部分が解決されるのかを明確にする。そのため，目標を決めるためには，次の4点を考慮する。

　　①評価指数（実数や比率など達成度を評価する方法を考える）

　　②現状値（現状値を決めて，目標までのギャップを予測する）

　　③目標値（問題が解決されたと認識できる目標の値を決める）

　　④達成期限（いつまでに問題が解決される必要があるかを決める）

　以上の項目を明確にして目標を設定した後，これら目標の難易度や実際に問題が解決で

きるかについてよく吟味し，根拠となる情報が不十分な場合は調査を行う。また，これらの点が明確でない場合は，類似の事例を調査し，参考にする。

c．原因分析

問題発生の現状と目標のレベル差を調査するのが原因分析である。原因が複数の場合は，解決に必要なすべての要素を検討する必要がある。その方法として，思いついた原因を箇条書きで記述することや特性要因図を作成することなど複数の技法がある。また，原因を体系的にとらえる方法としては「ロジックツリー」が有用である。ロジックツリーについては，本章 4.3.4「（2）問題解決のステップと適応技法」で詳述する。こうして複数の原因をリストアップした後に，個々の原因の問題解決への影響度を判断し，対策とその優先度を決める。依頼調査において，問題の原因分析に関する調査の場合もあり，同様な事例を検索して原因分析の参考にすることもできる。

d．対策立案・実施

原因を特定することにより，対策のための立案が可能となる。最も効果的な対策案を作成するためには，発散的な発想により複数の対策を考え，それらを比較することが重要である。そして，具体的な対策を策定して調査を行い，それを実行するための根拠となる情報を得る。

e．対策評価

対策を実施することにより実際に問題が解決できたことを評価するまでが問題解決のプロセスである。問題解決の当事者であれば，解決の判断ができるが，依頼調査の場合は，実際に問題が解決されたかについて不明な場合がある。解決できていない場合に再調査の依頼があれば対応できるため，可能であれば依頼者が結果を評価した後に解決できたことを確認することが望ましい。

（2）問題のタイプと情報検索の手順

a.「発生型問題」の解決手順

発生型問題では，問題がすでに発生しているため，問題解決の最初のプロセスである「問題認識」に関しては比較的情報が得られやすい。しかし，問題点が複数ある場合や問題の本質が別にある場合もあるので，総合的な観点から関連する問題をすべて洗い出す。また，発生型問題の場合は，「原因分析」が重要である。原因には，因果関係が明確な場合と，複数の原因が関係する表面的には見えにくい場合があるので，これらを明らかにする。そのためには，ロジックツリーなどの技法が適応できる。

b.「設定型問題」の解決手順

設定型問題では，まだ問題が発生していない。したがって，問題認識とともに目標を設定することが必要であり，それに対する対策立案が重要となる。

c.「将来型問題」の解決手順

　将来型問題では，問題認識が特に重要となる。現在起きていないが，時間の経過による環境変化の影響で起きる問題を予測する。状態の考察には，物理的変化（数，場所，形態など），要求面の変化（要求，期待などの質の変化），業務環境の変化（社会制度，ルール，法規制など）に着目する。そのため，正確に問題を認識するためには，変化する状態とその変化の量を推測するための情報が重要であり，その根拠となる情報がない場合は，それらの調査から始める。

4.3.4　問題解決手法の選択

（1）問題解決の技法

　問題解決のプロセスで原因やその対策を考える際に，最適なものを見つけるためには，より多くのアイデア，選択肢を作るための発散的な思考とその結果を比較して絞り込むための収束的な思考が重要である。同様な考え方は情報検索においても行われている。すなわち，似た概念や同義語などの複数のキーワードを使用した論理和の検索をすることにより大きな検索集合を作る発散的な検索を行い，次にその集合に異なった概念のキーワードで検索した集合との論理積検索を行うことにより，検索結果を収束していく。これらを繰り返すことで再現率と精度のバランスを調整しながら最終的に調査主題に適した検索結果を得る。問題解決のプロセスにおいては，これらを行うための各種の技法があり，情報検索にも応用できる。そして，発散的な思考のヒントとなる有用な情報を情報検索により得ることが重要である。

1発散技法　より多くの新しいアイデアを生み出すために使用する技法。

　　①自由連想法……あるテーマに対して，自由にアイデアを出す方法
　　②制限連想法……あるテーマに対して，何かの制限をつけて発想を刺激する方法
　　③類比発想法……あるテーマで本質的な部分が類似したものを探す方法

2収束技法　問題解決で発散技法の次の段階で使用する技法で，発散技法で得られた複数の事実やアイデアを効率よくまとめるために使用される。アイデアの中で似ているものを同じグループとしてまとめていく「内容の同一性」と観点を設定して一定の流れによってまとめる「流れに沿って整理」するものに分かれる。

3統合技法　発散技法と収束技法を両方含む技法。

（2）問題解決のステップと適応技法

　問題解決の各手順と対応した分析のための考え方や技術の例を4–3表に示す。

4-3 表　問題解決のステップと適応技法

	解決ステップ	発散技法	収束技法
1	問題認識	ブレインストーミング ロジックツリー	KJ 法，クロス法
2	目標設定	ブレインストーミング チェックリスト法	各種の評価法
3	原因分析	ロジックツリー ブレインストーミング	特性要因図 因果分析法
4	対策立案・実施	マトリックス法 NM 法 形態分析法	KJ 法 SWOT 分析 ガントチャート法
5	対策評価	アンケート調査	各種評価法

　4-3 表に示した代表的な発想法（発散技法と収束技法）について説明する。

a.　ブレインストーミング

　グループで自由に発言，発想することによりテーマに関する意見を引き出す手法。米国広告代理店のアレックス・F・オズボーン（Alex F. Osborn）が会議でアイデア発言を活性化するために考えた技法である。それは，よいアイデアはグループメンバーの自由な発言から生まれるという経験からきている。そのため，最初からアイデアの内容について批判することや，よいアイデアでなければ発言できないなどと制約することを止め，メンバーが自由に発想できるようにする。また，他者の発言を参考にして，改良したアイデアを出してもよい。すなわち，多くのアイデアを引き出すことを重視する発散的な方法であり，質より量を重視する。

b.　ロジックツリー

　問題の原因追及などのために MECE（ミッシー）の考え方に基づいて論理的に階層化し，ツリー上に分解・整理する解決方法。MECE とは "mutually exclusive collectively exhaustive" の略語で，「それぞれが重複することなく，全体として漏れがない」という意味である。慣用句では「漏れなく，ダブリなく」と言われる。ロジカルシンキングにおいて欠かせない思考法であり，課題に取り組む際，テーマを分類して分析する。この分類化においては「全体と部分」「部分間の関係」を正しく捉える必要がある。その結果，テーマを具体的なレベルまで落としこめるため，対策が立てやすくなる。また，漏れやダブリを防止して無駄な要素の排除や見落としの発見ができる。ただし，要素への分類は，事実を確認して作成するのではなく，推論で作るため，展開した要素が正しいかどうかは別である。事例の図を 4-3 図に示す。

c.　チェックリスト法

　あらかじめ準備したチェックリストに答えることでアイデア発想する方法。例えば，次のような 9 個の質問がある。

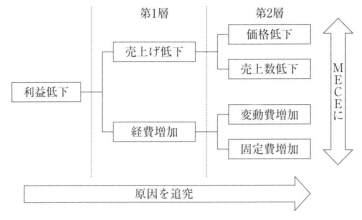

4-3図　ロジックツリーの事例

①他に使い道がないか？
②他に似たものを探してみたら？
③変えてみたら？
④拡大したら？
⑤縮小したら？
⑥置き換えたら？
⑦配置や並びを換えてみたら？
⑧逆にしたら？
⑨組み合わせてみたら？

d. マトリックス法

　比較する二つの要素間の関連性を比較することにより分析，対策立案する方法。マトリックスとは行と列による2軸の交差表のことである。マトリックスに関係する要素を行と列に分けて配置し，交差する点に着目して問題の分析や問題解決へのアイデアを得る。交点には各要素の関連性やその度合いを記入する。これによって問題を具体的に認識し，問題解決へのアイデアに結びつく。さらに，複数の交差表をまとめてマトリックス化することで，全体像を理解し，問題整理が可能になる。事例の図を4-4図に示す。

e. NM法

　創造工学研究所の中山正和氏の考案技法で，中山正和氏のイニシャルから命名された。も

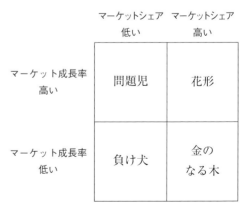

4-4図　マトリックス法の事例

ともと製品開発に用いる技法として開発され，類比（アナロジー）を使ったアイデア発想に有効である。ステップがはっきりしているため，初心者でもなじみやすい。類比技法の代表的なものであり，ステップが単純でわかりやすく普及した。技法のステップとして，1)課題を決める，2)キーワード（KW）を決める，3)類比を発想する（QA），4)アナロジーの背景を探る（QB），5)アイデアを QB とテーマを結びつけて発想する（QC），6)QC を使って解決案にまとめる，の順番で実施する。

f. KJ 法

　問題解決のアイデアを出す手法で考案者の川喜田二郎氏のイニシャルから命名された。方法は，ブレインストーミングで出された事象を一つずつカードに書き出し，グルーピングして小さなグループにまとめる。さらにそれらを中グループ，大グループに分類していくことにより，複数の関連事象を組み立てて図解していく。この作業により，問題の解決策やアイデアのヒントが生まれる。その結果，問題解決の対象が明確になり，関連する情報を広く集めることができる。グループの集合知の利用であり，一つの課題に対し多様なアイデアを集められる。

g. クロス法

　データ整理の技法の一つである。正式にはセブン・クロス（7×7）法といい，アメリカのビジネスコンサルタントのカール・E・グレゴリー（Carl E. Gregory）が考案した。方法は，ブレインストーミングなどで得られた意見を小カードに書き，それを7項目に大きく分類する。次に，その七つの項目について重要度を考えて左から右へ順に並べる。さらに，各項目のカードについて重要度を考え，7項目ずつに整理して上から下へ並べる。その結果，タテ・ヨコ7項目の合計49個の一覧表ができるので，セブン・クロス法とも呼ばれる。一覧表に整理することで，多様な意見の全体像が把握でき，左上に重要な項目が集まるため，課題を特定することができる。

h. 特性要因図

　特性とは結果を指し，要因とは重要な原因のことであり，特性要因図とは，重要と思われる原因を考えて，図にまとめたものである。書かれた原因は仮説であるため，真の原因を分析し，調査で確認するための準備の方法である。解決が必要な要因は複数あることが多く，それらを図示することにより，目的と手段を区別することが可能となり問題解決に有効となる。

i. SWOT 分析

　組織やプロジェクトの外部要因や内部要因を，強み（strength），弱み（weakness），機会（opportunity），脅威（threat），の四つの観点で分析する手法である。強みと弱みはその組織の特徴であり，機会と脅威は外部要因である。事例の図を4-5図に示す。

機会 チャンスとなる 外部要因	脅威 脅かす 外部要因
強み 自社の武器	弱み 自社の苦手

4-5図　SWOT分析

（3）問題解決と問題発見

　情報検索の目的としての問題解決について，その定義，手順，手法を示し，情報検索と組み合わせて行う方法について述べた。これらの手法は，フレームワークと呼ばれ，推論により既知の知識を整理して，既知の範囲における未知の部分を見つけていく場合に効果的である。しかし，近年の環境変化や技術革新によって，このような問題解決のアプローチだけでは不十分になりつつある。そのため，イノベーションに必要な革新的アイデアを得るために，4-6図に示す「未知の未知」，すなわち知らないことすら知らない部分に目を向けることが必要であるとされている[12]。情報検索と情報分析を組み合わせることにより，イノベーションに必要な新しい「気づき」が得られる手法の進展に期待したい。

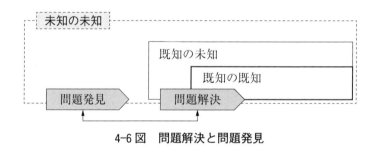

4-6図　問題解決と問題発見

4.4　知的財産権

　苦労して開発した製品を，無断で生産または販売されたり，商品やサービスにつけた名前（例：自動車の車種名）などを勝手に使用されては，商品の信用をそこない，会社が損害を被ることもあり得る。知的財産権制度は，研究開発の成果物や知的創造物，営業上の標識に関する権利を法律で保護し，創造者の権利を守るとともに，社会が広くそれらを活用できる道も提供しようとする制度である。
　「知的財産」については，世界知的所有権機関（World Intellectual Property Organ-

12：細谷功. 問題解決のジレンマ：イグノランスマネジメント：無知の力. 東洋経済新報社, 2015, p. 21.

4-4 表　知的財産権の種類

	保護の対象	法律
産業財産権	発明（特許権）	特許法
	考案（実用新案権）	実用新案法
	デザイン（意匠権）	意匠法
	標章（商標権）	商標法
著作権	著作物	著作権法
その他の権利	半導体回路配置 （回路配置利用権）	半導体集積回路保護法
	植物の新品種（育成者権）	種苗法
	商号	商法・会社法
	営業秘密や商品の表示等	不正競争防止法
	地理的表示 （例：原産地表示）	特定農林水産物の名称の保護に関する法律 酒税の保全及び酒類業組合等に関する法律

ization：WIPO）設立条約第二条，知的所有権の貿易関連の側面に関する協定（Trade-Related Aspect of Intellectual Property Rights：TRIPS）第九条～第三十九条，知的財産基本法第二条などでそれぞれ独自に定義されている。知的財産の類型は，法の目的によるか，創作に関するものと標識に関するものに分けるかなど，その観点により分かれる。ここでは文化庁の『著作権法入門 2022-2023』[13] に則って，4-4 表のように分類し，主に産業財産権と著作権について述べる。なお，産業財産権の所轄官庁は経済産業省特許庁であり，著作権の所轄官庁は文部科学省文化庁である。

4.4.1　産業財産権

　知的財産権のうち，発明，考案，デザイン，標章は産業財産権といわれ，これらについて権利を得るには，発明や考案などの内容を記した出願書類一式を特許庁へ出願し，所定の審査を受けなければならない。審査を経て権利が付与されれば，一定期間独占的な権利が認められ，自らそれを活用して利益を得たり，他者に権利を譲渡して利益を得たりすることができる。

　産業財産権法は各国ごとに独自に定められており，その権利が及ぶ地理的範囲は，一国内に限られるため（属地主義），日本で取得した特許権や商標権等が及ぶのは日本国内のみである。もし，広く海外でもその権利を得ようとするならば，権利を取りたい国ごとに出願し，相手国の制度に従って権利を取得しなければならない。

13：文化庁. 著作権入門 2022-2023. 著作権情報センター，2022, p. 2.

　産業財産権制度は各国独自の制度であるが，制度の趣旨は同じであり，法律の大まかな
内容や手続きの流れなどは共通する部分も多く，また国際的な制度調和の努力が継続され
ている。主な条約には，工業所有権保護に関するパリ条約（パリ条約），国際特許分類に
関するストラスブール協定，外国出願の手続き簡素化のための特許協力条約（Patent
Cooperation Treaty：PCT），欧州特許条約（European Patent Convention：EPC），商品
およびサービスの国際分類に関するニース協定，標章の国際登録のためのマドリッド協定
などがある。

　ここでは調査の頻度が多い，主要国（いずれも上記条約加盟国である）における特許制
度と手続きについて，関連する条約を交えて述べる。

（1）日本の特許制度

　日本の産業財産権制度は，特許，実用新案，意匠，商標に分けて，それぞれ特許法，実
用新案法，意匠法，商標法で規定される。保護対象と法律は 4-5 表に示したとおりで，特
許は，自然法則を利用した技術的思想の創作のうち高度なもの（特許法第二条）を，実用
新案は産業上利用することができる考案であって物品の形状，構造又は組合せに係るもの
（実用新案法第三条）を保護の対象とする。特許と異なり，実用新案では方法に係るもの
は対象とならない。特許法・実用新案法が技術的側面から保護をしているのに対し，意匠
は，物品（物品の部分を含む）の形状，模様若しくは色彩又はそれらの結合（2019 年改正
法の 2020 年施行後は，建築物の形状等又は画像が加わる）であって，視覚を通じて美感を
起こさせるもの（意匠法第二条）を保護しようとする点で特許や実用新案と異なる。しか
し，特許と実用新案はともに「自然法則を利用した技術的思想」を保護対象としており，
また意匠は物品の形状が保護対象に含まれる。そのため，特許と実用新案と意匠の間で相
互に出願変更（出願日を維持しつつ出願の種別を変えること）ができる。例えば，特許出

4-5 表　特許，実用新案，意匠，商標の保護対象

法律	保護対象	内容
特許	発明	自然法則を利用した技術的思想の創作のうち高度のもの（出願から 20 年）
実用新案	考案	自然法則を利用した技術的思想の創作であって，物品の形状，構造又は組合せに係るもの（出願から 10 年）
意匠	デザイン	物品または物品の部分の形状，模様若しくは色彩又はこれらの結合，建築物の形状等又は画像であって，視覚を通じて美感を起こさせるもの（設定登録から 20 年，出願から 25 年）
商標	標章（商品やサービスに付される目印）	人の知覚によって認識することができるもののうち，文字，図形，記号，立体的形状，若しくは色彩又はこれらの結合，音その他政令で定めるものであって，業として商品を生産し，証明し，又は譲渡する者がその商品について使用するもの，および又は，業として役務を提供し，又は証明する者がその役務に使用するもの（設定登録から 10 年更新有）

願をしたものの，その発明が機能的に新規なものでないとわかった場合は，実用新案へ，外観形態としては新規であるなら，意匠登録出願に変更できる。

　これに対し商標は商品やサービスにつける「名前」や「マーク」を守るための制度である。商標には文字，図形，記号，立体的形状やこれらを組み合わせたものなどのタイプがある。2015（平成27）年4月からは，動き商標（例：菊正宗の日本酒の瓶を包む風呂敷がほどける動き），ホログラム商標（例：三井住友カードに使われているホログラム），色彩のみからなる商標（例：セイコーマートの店舗に使われている色彩の組み合わせ），音商標（例：正露丸のラッパの音）および位置商標（例：エドウィンのジーンズの後ろポケットに付けられたロゴの位置）も，商標登録ができるようになった。

　特許，実用新案，意匠，商標とも，所定の出願手続き，審査・登録の手続きを経て権利が付与される。特許，実用新案，意匠の発明者や考案者は自然人であるが，産業財産権四法の出願人や権利者は法人でもなり得る。ただし，商標には，考案者という記載項目はない。

a. 特許出願と公開

　日本における特許の出願から登録，消滅までの手続きの概要は，4-7図に示したとおりである。

　ある発明が特許庁へ出願されると「出願番号（年ごとに1番から始まる連番）」が付与される。一般的に出願日，または優先日から18か月経過すると「公開番号（年ごとの連番）」が付与されて公開特許公報が発行され，公知となる。公開日は公開特許公報の発行日である。

　出願番号や公開番号のように年ごとに連番で番号付与されるものは，番号や出願種別（特許か実用新案かなど）が異なっても番号形式が同じである。そのため特許調査に際して目の前にある番号や公報の種別を，常にはっきりさせておく必要がある。公報の記載も番号種別，公報種別など情報の種別をINID（internationally agreed numbers for the identification of data）コードという国際的に共通な書誌的事項の識別記号をつけて明示している（4-8図）。

　また，特許調査可能なのは，早期公開（出願人の申し出により出願日から18か月より前に公開されること）などを除き，出願日から原則18か月後となり，調査には最低でも18か月のタイムラグが常にあり，この間はどのような内容の特許出願が行われたのかを知ることはできない。

b. 出願日と優先日

　出願には通常出願と優先権主張出願がある。原則特許庁へ出願した日が出願日となり，手続きや期間の判断基準となる。例えば審査請求期限は，出願日から3年以内であり，公開公報の発行は出願日から18か月経過後である。また，特許権の存続期間は出願日から20年（医薬などの特許の場合，5年を限度に延長可能）である。

　発明の新規性や進歩性は出願日時点の公知技術をもとに判断する。もし，別々の出願人又は発明者から同内容の発明が出願された場合，日本のような先願主義の国々においては，

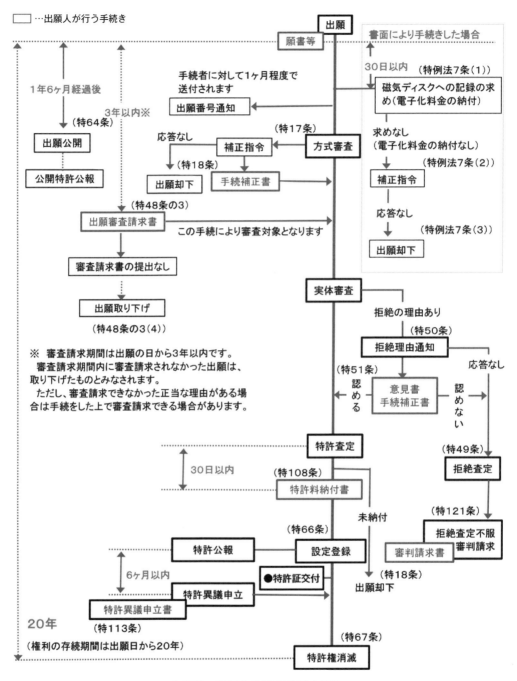

4-7 図　出願から権利消滅まで[14]

出願日が早い方に特許権を受ける権利がある。

　優先日には，国内優先権主張による優先日と，パリ条約に基づく優先権主張出願の優先

14：工業所有権情報・研修館. 特許出願書類の書き方ガイド：書面による出願手続について. 2023, p. 15, https://www.inpit.go.jp/blob/archives/pdf/patent.pdf, （参照 2024-02-01）.

4-8 図　公開特許公報に記載されている INID コード

日がある。優先権主張出願すると公報に優先権主張番号と優先日が記載される。国内優先権の制度を利用すると，最初の出願日から12か月以内であれば最初の発明の出願（ア）と後の改良発明（イ）とを包括的な発明としてまとめて出願でき，技術開発の成果をより広い特許権として権利化可能となる。この場合，（ア）に記載された内容については，出願の権利を（ア）の出願日にさかのぼって主張できるため，（ア）から（イ）の出願までの間に他者から同内容の出願（ウ）があった場合，（ア）の出願で先願権を主張できるため有利になる。

パリ条約に基づく優先権主張出願では，同盟国（第一国）になされた（特実意商の）出願書類に記載された内容について，出願日から12か月（意匠，商標は6か月）以内に，他の同盟国（第二国）に出願する場合，（特許出願の場合なら）新規性，進歩性等の判断に関し，第一国における出願の日（優先日）に出願されたのと同様の取扱いを受ける権利が得られる。これにより外国出願の際に，翻訳作業などのために出願が遅れて，先願権の主張において不利益を受けることがないようになっている。

c. 審査請求から権利消滅まで

日本は審査請求制度（審査請求がないと実体審査をしない）を採っている。審査請求があると，審査官により実体審査が行われ，新規性，進歩性などが認められると特許が成立する。一定期間内（日本の現行法では出願日から3年以内）に審査請求がないときは，取り下げられたもの（特許権を取る意思がない）と判断され，みなし取り下げとなる。みなし取り下げとなった出願でも公開されていれば公知例（異議申し立てや拒絶理由の根拠）となり得る。

審査の結果，拒絶理由（拒絶理由通知）が示された場合，出願人は意見書や補正書を提出して拒絶理由の解消に努めることができる。期間内に意見書などの提出がなかったり，

拒絶理由が解消しなかった場合は拒絶査定となる。

　拒絶査定に不服がある場合は，拒絶査定不服審判を申し立てることができる。審判に係ると「審判番号（年ごとの連番）」がつく。拒絶審決が出るなど，審判でも解決がつかなかった場合は，知的財産高等裁判所（知財高裁）へ審決取り消し訴訟を起こすことができる。審判は通常の裁判の三審制にのっとっており，特許庁審判部⇒知財高裁⇒最高裁判所と出訴上告をすることができる。

　審査の結果，①拒絶すべき理由が見つからなかった場合，②最終的に拒絶理由が解消した場合，③審判で特許審決が出されるなどにより特許が成立した場合，最初の3年分の特許料（特許の維持に必要な年金）が納付されると，特許登録となる。特許が成立すると，特許（登録）番号[15]が付いて特許（登録）公報が発行される。登録番号は，1番からの連番が使われているが，公告制度と付与後異議制度の変わり目のところで，不連続があり，新制度での登録番号は250万台から付与が開始された。なお，実用新案も1番からの連番であったが，審査請求制度から無審査登録制度への変わり目のところで，300万番台から付与されるようになった。

　特許が認められると出願人は権利者となる。特許の権利存続期間は出願日から20年であるが，特許権の維持には毎年定められた年金を支払う必要があり，支払われなければ，その時点で権利は消滅する。また，特許権が認められた後に，異議申し立てや無効審判請求が起きることがあり，その結果によっては特許権が消滅することもある。

（2）アメリカの特許制度

　アメリカ（米国）の特許制度は①権利期間の算定基準，②公開制度の非採用，③先発明主義，④アメリカ独自の特許分類などの点で，日本など諸外国とは異なる部分が多かった。しかし，1995年の特許法改正により，日本やヨーロッパと同じく権利存続期間は出願から20年となった。さらに，2000年施行の改正特許法で公開制度（例外有り）が導入され，2011年の特許法の改正により，2013年3月16日以降の出願については先発明主義から先願主義へ移行した。さらに，2015年にアメリカ特許分類からヨーロッパ特許庁（EPO）との共同特許分類（共通特許分類ともいう，Cooperative Patent Classification：CPC）への移行により，日本やヨーロッパの特許制度に近づいてきている。

　それでも，日本では実用新案や意匠として扱われる出願や，植物の品種改良などに係る出願が特許に含まれること，公開制度の例外規定（後述），審査請求制度がなくすべての出願が審査の対象となること，拒絶査定後の継続手続きなど，異なる点もある。

15：特許の登録番号は，公報には「特許番号」と記載される。実用新案や意匠，商標の場合は，それぞれの法種別をつけて「～登録番号」と記載されるので，それらと合わせる形で，また特許の登録番号であることを明確にするため，特許登録番号ということもある。

a. 出願と公開

日本の場合と同様，発明を出願すると出願番号（application serial number）が付与される。出願番号は，シリーズコード＋999999 までの番号の繰り返しとなっている[16]。2000 年に公開制度が導入されたが，公開制度を採っている国や機関へ出願していない場合は，審査の結果が出て登録公報が発行されるまで出願の事実を公表しない「非公開」を選択できる。そのほかの出願は，出願日（または優先日）から 18 か月経過後に公開番号（年ごとの連番）が付与され，公開公報が発行される。

b. 出願日と優先日

国内優先権の制度の代わりに，仮出願の制度があり，仮出願後 1 年以内に本出願すれば，出願日を仮出願の日までさかのぼれる。アメリカもパリ条約に加盟しているので，日本同様，第一国の出願日に基づく優先権主張出願が可能である。

c. 審査と権利消滅まで

審査請求の必要はなく，出願されると原則全件審査される。審査の結果拒絶理由が示された場合は，意見書や補正書を提出できる。特許庁の最終拒絶理由に対し，出願人は補正が可能であるが，それでも拒絶理由が解消しない場合は，審判請求または審査継続手続きをするかを選択できる。

拒絶理由が解消するなどして審査の結果登録になった場合は，特許許可通知発行から 3 か月以内に年金を支払うと登録番号が付与され，公報が発行される。権利期間は出願日から 20 年である。付与後異議申立て制度と当事者系異議申立て制度があり，利害関係人は登録後の特許に対し異議を申し立てることができる。なお，付与後異議申立て制度とは，特許の付与，または再発行の発行から 9 か月以内であれば，誰もが特許付与の正否を再検討をする機会を，申し立てることができる制度である。当事者系異議申立て制度とは，付与後異議申立て期間が終了した後に（特許付与から 9 か月以上経過していること），誰もが特許性の再検討をする機会を，申し立てることができる制度である。

（3）ヨーロッパの特許制度

ヨーロッパ（欧州）各国にはそれぞれ独自の産業財産権制度があるが，同時に，欧州特許条約（EPC）加盟国共通の特許制度である，欧州特許制度も存在する。この制度を利用すると，特許取得を目指す条約締結国を指定してヨーロッパ特許庁（EPO）へ出願すれば，出願から特許査定までの手続を EPO で一括して行うことができる。これにより出願人の特許出願手続きなどに係る負担を緩和することを目指している。

a. 出願と公開

出願人が，特許の取得を望む EPC の締約国を指定して出願を行うと，出願番号（西暦下

16：吉野孝. 産業財産権で使われている識別子. 情報の科学と技術. 2020. vol. 70, no. 9, p. 473-476.

2桁＋6桁）が付与され[17]，原則6か月以内にEPOからサーチレポート（調査報告書）が出願人に送付される。出願日（または優先日）から18か月経過後に公開番号が付与され，サーチレポートとともに公開公報が発行される。サーチレポートは，場合により遅れて公開されることもある。

b.　出願日と優先日

　先願主義を採用しているが，日本の国内優先権やアメリカの仮出願のような制度はない。パリ条約に加盟しているので，第一国の出願に基づく優先権主張出願ができる。

c.　審査請求から権利付与

　EPOのサーチレポートは，新規性や進歩性の判断の参考になるような内容であり，出願人はサーチレポートの内容に基づき，補正書の提出の要否や，審査請求料を納付して出願を継続するか，審査請求をしないかを判断する。審査請求した場合は，EPOで実体審査が行われる。拒絶理由に対しては，意見書や補正書を提出することができる。それでも拒絶理由が解消しなかった場合は，拒絶査定となる。この査定に不服がある場合は，審判請求できる。

　拒絶理由がなかった場合，審査で拒絶理由が解消した場合，審判で拒絶理由が解消した場合などは，特許が成立し審査済公報が発行される。EPOから発行される公開公報の番号と審査済公報の番号部分は同じであるため，どちらの公報の番号かは公報種別で判断する。

　EPOで成立した特許は，その後各指定国へ移行し，各国の法令に基づいて権利を維持していくこととなる。指定国移行後の特許権の有効性は各国ごとに争われる。

d.　単一特許（unitary patent）の動き

　EPOは，当初からEPC加盟国全体に均一な効力を有する特許という考え方があり，これが今日いわれている「単一効果を有する欧州特許（European patent with unitary effect，単一特許または統一特許という）」に繋がっている。単一特許では，EPOで付与された特許権は，参加国全体に及び，権利の維持や訴訟に対する対応をすべてEPOと統一特許裁判所（Unified Patent Court：UPC）で行うことになる。単一特許が実現すると，出願人は，従前からの制度を利用するか，単一特許の制度を利用して，年金納付はEPOで，訴訟関係の手続きは，統一特許裁判所で行うか選べる（7年間の移行期間中に限る）。

　ただし，EPC加盟国でも単一特許制度に参加していない国もあるので，手続きに際しては注意が必要である。

（4）外国への出願

　日本以外の国々でも，発明の保護を受けたいと思う場合は，権利を取りたい国ごとに出願書類を作成，出願国の法律に従って出願や審査などの手続きを行う。日本から外国へ特

17：前掲注16。

許を出願する主なルートは三つある。

　例えば，日本（日）とアメリカ（米），中国（中），イギリス（英），ドイツ（独），フランス（仏）の6か国に出願する場合を，aからcの三つのルートに分けて説明する。

a.　各国へ個別に出願するルート

　日本語，英語，中国語，ドイツ語，フランス語の各5言語の出願書類一式を上記の6か国分用意し，各国ごとに出願し，必要な手続きにも個別に対応する。特許権の成立・不成立も各国ごとの判断となり，権利成立後の手続きも同様である。出願日はそれぞれの特許庁へ出願した日となる。パリ条約加盟国に対しては，第一国出願から12か月以内であれば，パリ条約に基づく優先権主張出願ができる。

b.　EPC 出願と個別出願を組み合わせるルート

　日本，米国，中国へは個別出願同様の手続きとなる。英，独，仏については，EPC に基づき EPO へ出願できる。仮に，EPO で特許が付与されたら，各国へ移行，国ごとに登録手続きを行うが EPO で拒絶査定が確定した場合は，英独仏での特許権取得は望めない。単一特許加盟国に対しては，それを利用することができる。出願日はそれぞれの特許庁へ出願した日となる。パリ条約加盟国に対しては，第一国出願から12か月以内であればパリ条約に基づく優先権主張出願ができる。

c.　特許協力条約（PCT）に基づいて出願するルート

　PCT に基づく国際出願は，一つの出願書類を条約に従って提出することにより，PCT 加盟国であるすべての国に同時に出願したのと同じ効果が得られる出願制度である。

　受理官庁（日本の特許庁は受理官庁の一つである）に指定言語（日本語は指定言語の一つである）で，所定の形式で PCT 出願すると，その出願日に条約加盟各国に同時に特許出願したことになる。例えば，日，米，中，EPO（英，独，仏）へ出願する場合，すべて PCT 加盟国なので，日本を受理官庁にして，PCT 加盟国すべてを指定した出願を，日本特許庁へ行えばよい。指定官庁で受理した PCT 出願は，WIPO へ送られ管理される。出願（または優先日）から18か月経過すると WIPO で国際公開番号が付与され，国際公開パンフレットが発行される。

　PCT 出願は，国際調査機関（日本の特許庁もその一つ）によりサーチレポートが作成され，出願人と WIPO に送られる。出願人はサーチレポートを参考に，優先権主張日または出願日から30か月（または31か月）以内に，実際に国内段階へ移行する国（出願する国）を決めることができる。国内段階移行後は，審査請求など国ごとに定められた手続きを行う必要があり，特許成立の可否判断や，特許成立後の手続きも国ごととなる。

（5）五大庁

　当初は日米欧の各特許庁（3極）への出願で世界の特許出願の80％を占めるといわれてきたが，その後中国で出願が増え，2007年日米欧3極に中国と韓国を加えて五大庁（世界

4-6表 五大庁の特許制度

	日本	アメリカ	EPO	中国	韓国
制度	4法[*1]	特許[*2]・商標	特許	4法[*1]	4法[*1]
先願の基準	出願日／優先日	出願日／優先日	出願日／優先日	出願日／優先日	出願日／優先日
出願言語[*3]	日本語	英語	英・独・仏	中国語	韓国語
公開制度	○	○ 2000年以降 例外有	○	○	○
実体審査	○	○	○	○	○
審査請求制度	○	× (全件審査)	○	○	○
審査請求期間	出願から3年	—	調査報告書から6か月	出願から3年	出願から5年
公知性判断	世界公知	世界公知	世界公知	世界公知	世界公知
権利存続期間	出願から20年	出願から20年	出願から20年 (移行先の制度 による)	出願から20年	出願から20年
パリ条約	○	○	○	○	○
PCT条約	○	○	○	○	○
国際分類 (ストラスブール協定)	○	○	○	○	○
国内分類	FI[*4], Fターム	CPC[*5]	CPC	CPC (詳細不明)	CPCを採用

*1：4法とは特許法，実用新案法，意匠法，商標法をいう。
*2：米国の特許には，デザインパテント，植物特許を含む。
*3：後日翻訳文を提出することにより，当該国言語以外の言語での出願が可能な場合もある。
*4：FIはfileindexの略語。
*5：CPCはCooperative Patent Classificationの略語。共同特許分類あるいは共通特許分類という。

の出願件数の大半を占める大規模庁）といわれる枠組みができた。参考までに五大庁の特許制度の概要を4-6表にまとめた。条約加盟状況や公知性判断など，制度の共通化が進んでいることがわかる。4-6表の公知とは公然と知られたという意味で，特許の新規性判断の要件の一つである。公知性判断はインターネットの普及を受け，2000年以降地域の限定がなくなり世界公知になった。そのため日本特許庁への出願であっても，公知例として海外の特許や文献，ウェブ上の記述を引用して拒絶される可能性があり，特許調査においては，外国特許や外国文献の調査も欠かせない。

4.4.2 著作権

著作権は産業財産権と並び，知的財産権の一つで，著作権法により保護される。著作権法は，産業財産権法と同様，著作者に一定期間著作物に関する独占的権利を与えるとともに，著作権を他人にライセンス（利用許諾）することや，譲渡することを認めている。著作者の権利を認めつつ，それを活用することで著作者が利益を得，次なる創作活動の促進

に繋げるとともに，他者の創作活動を触発しようとするものである。産業財産権と異なる点は，著作物の創作と同時に権利が発生し，特定の機関への登録や，表示など，特段の手続きを必要としない点である。これを無方式主義と呼ぶ。従来，著作権には，著作権の行使に何らの手続きも要しない無方式主義と，登録などの手続きを必要とする方式主義があったが，多くの国が無方式主義に移行している。

広義の著作権は 4-7 表に示すように，著者や画家など著作者の権利を保護する狭義の著

4-7 表　著作権の種類と内容

			権利の種類と内容
著作権（広義）	狭義の著作権（著作者の権利を保護）	著作者人格権	公表権
			氏名表示権
			同一性保持権
		著作権（財産権）	複製権
			上演・演奏権
			上映権
			公衆送信権等（送信可能化権を含む），公の伝達権
			口述権
			展示権
			頒布権
			譲渡権
			貸与権
			翻訳権，翻案権等（無断で翻訳・翻案されない権利）
			二次的著作物利用権（二次著作物を第三者が利用する際の著原作者の権利）
	著作隣接権	実演家	実演家人格権：氏名表示権，同一性保持権（生存中）
			許諾権（財産権）：録音・録画権，放送・有線放送権，送信可能化権，譲渡権，貸与権
			報酬請求権（財産権）：CD 等の放送，有線放送について使用料を請求できる権利
			CD 等のレンタルについて使用料を請求できる権利（レコード発売後 2 年目〜70 年目まで）
			生の実演が含まれる放送の有線放送による同時再送信について，使用料を請求できる権利
		レコード製作者	許諾権（財産権）：複製権，送信可能化権，譲渡権，貸与権
			報酬請求権（財産権）：CD 等の放送，有線放送，CD 等のレンタルについて使用料を請求できる権利（レコード発売後 2 年目〜70 年目まで）
		放送事業者	許諾権（財産権）：複製権，再放送権，有線放送権，送信可能化権，テレビ放送の公の伝達権（放送後 50 年）
		有線放送事業者	許諾権（財産権）：複製権，放送権，再有線放送権，送信可能化権，有線テレビ放送の公の伝達権（放送後 50 年）

作権と，著作物を基に実演をする演奏家や俳優など実演家の権利を保護する著作隣接権に大別できる。著作者の権利は，譲渡や相続の対象とならない著作者人格権（公表権，氏名表示権，同一性保持権）と，他者への譲渡や相続が可能な財産権（複製権など）がある。

　一方，著作隣接権は，実演家とレコード製作者などに分けてそれぞれ規定されている。実演家には実演家人格権（氏名表示権，同一性保持権）と，財産権として，録音，録画などの許諾権とCD等の放送やレンタルなどについて報酬請求権が認められている。これに対し，レコード制作者には財産権として，複製権や送信可能化権などの許諾権とCD等の放送やレンタルについて報酬請求権が認められている。放送事業者や有線放送事業者には，財産権として複製権や送信可能化権などの許諾権が認められている。

　なお，送信可能化とは，サーバー等の自動公衆送信装置に蓄積・入力することにより，受信者からのアクセスがあり次第送信できる状態に置くことをいう。

（1）著作物

　著作物とは，「⑦思想又は感情を④創作的に表現したものであって，⑨文芸，学術，美術，又は音楽の範囲に属するものをいう」（著作権法第二条一項一号）といわれる[18]。

　著作権法で例示されている著作物は下記のように種類分けされる（著作権法第二条，十条，十一条，十二条）。以下の①〜⑬のカッコ内は例示であるが，これら以外にも前記⑦〜⑨の条件を満たすものはすべて著作物といえる。

　　①言語の著作物（小説，脚本，論文，講演など言語により表現されているもの）
　　②音楽の著作物（楽曲など思想や感情が旋律により表現されているもの）
　　③舞踏・無言劇（舞踏・無言劇の振り付け）
　　④絵画・版画・彫刻・その他美術（線，色彩などにより平面または立体に表現されたもの）
　　⑤建築（美術の範囲に属すると認められる橋，公会堂など。一般のビルや居住用住宅は除く）
　　⑥地図・図形（地図・学術的性質を有する図面・図表・模型・その他の図形）
　　⑦映画（思想または感情が映像の連続において表現されている）
　　⑧写真（思想または感情が一定の映像で表現されている）
　　⑨プログラム（電子計算機を機能させて一の結果を得ることができるようにこれに対する指令を組み合わせたものとして表現したもの）
　　⑩編集著作物（辞書，詩集のように編集物で素材の選択，配列に創作性のあるもの）
　　⑪データベース（論文，数値，図形その他の情報の集合物であって，それらの情報を

18：⑦④⑨は，筆者が書き入れたもので条文には無い記号である。

電子計算機を用いて検索することができるように体系的に構成したもの）

⑫二次的著作物　著作物を翻訳し，編曲し，若しくは変形し，又は脚色し，映画化し，その他翻案することにより創作した著作物

⑬共同著作物　二人以上のものが共同して創作した著作物であって，その各人の寄与を分離して個別的に利用することができないもの

　一方，動物が描いた絵，コンピューターが行った作曲（全く人が関与していな場合），株価や気象データなどの事実，時事の報道，単なるアイデアは，著作物とはいえない。また，憲法その他の法令，国や地方公共団体，独立行政法人などの告示・訓令・伝達，裁判所の判決・決定・命令など，および上記の翻訳物・編集物で，国や地方公共団体などの機関が作成したものは，著作物ではあるが権利の保護の対象とはならない（著作権法第十三条）。

　加えて，Chat GPT など生成 AI の登場により，AI（人工知能）と著作権の問題というテーマが注目を集めている。このテーマを論じる場合，AI の開発や学習の際に利用される著作物の著作権との関係という観点と，AI による生成物そのものの著作権という観点に分けて論じなければならない。学習データとして利用される著作物に関しては，利用著作物に表現された思想又は感情の享受を目的としない利用（著作権法第三十条の四）であり，著作権者の了解を得なくても利用できるとする見解が示されている。しかし，最近ニューヨークタイムズが AI の学習データとして自社の記事を使えないよう，利用規約を改訂したと報じられたことに代表されるように，この問題に対する整理は十分に進んでいるわけではない。

　AI の生成物に対する著作権については，以下のような見解が示されている[19]。

①それが，AI が自律的に生成したものである場合は，著作物として認められない。

②人が何らかの形で関わっていることが認められれば，その人の著作物とみなされる可能性がある。関与の度合いや手法にも留意する必要があるという意見もある。

③AI が生成した生成物そのものが，学習データの著作物の著作権を侵害しているかどうかは，依拠性と類似性により判断される。

（2）著作者と著作権者

　著作者とは，実際に著作物を創作した者であり，単に創作の動機付けやヒントを与えただけのものは著作者とはいわない。また，制作助手のように制作に関与していても，著作者の指示のもとに作業をしただけの者も著作者とはいわない。一方，子供であっても前記

19：文化庁著作権課．"令和5年度 著作権セミナー：AIと著作権"．文化庁．2023-06．https://www.bunka.go.jp/seisaku/chosakuken/pdf/93903601_01.pdf，（参照 2024-02-01）．

著作物の㋐～㋒の要件を満たした著作物を作成した者であれば，著作者となり得る。

　著作物を作成すると著作者に著作権が発生するが，著作者と著作権者が異なる場合がある。例えば，映画の制作においては，監督やカメラマンなどその映画の作成に寄与したものが著作者となるが，著作権者は，制作の発意と責任をもつもの（例：映画の制作会社など）となる。また，著作物が譲渡された場合も同様で，著作者はその著作物の創作者として著作者人格権を有するが，著作権者は譲渡を受けた者である。

　また，著作権法第十五条では「法人その他使用者（以下この条において「法人等」という）の発意に基づきその法人等の業務に従事する者が職務上作成する著作物（プログラムの著作物を除く）で，その法人等が自己の著作の名義のもとに公表するものの著作者は，その制作の時における契約，職務規則その他に別段の定めがない限り，その法人等とする」としている。つまり，新聞記者によって書かれた新聞記事（署名入りは除く）や，国などの機関や会社の職員が，業務上作成した資料や報告書は国や会社が著作者となる場合がある。

（3）著作者の権利

　4-7 表に示したように，著作者の権利には，a. 著作者人格権と，b. 著作権（財産権）がある。

a.　著作者人格権

　著作者が著作物に対して有する人格的利益を保護するものである。著作物を創作した時点で自動的に付与される権利で，譲渡や相続はできない（著作者一身専属権）。権利期間は著作者の生存中であるが，著作者が生存している間はもちろん，死後も著作者の人格を侵害する行為をしてはならないとされている。

b.　著作権（著作財産権）

　狭義の著作権であり，譲渡でき，また相続の対象となる。権利期間は，創作した時から著作者の生存期間および死後 70 年（映画は公表後 70 年）である。

（4）実演家等の権利（著作隣接権）

　著作物を社会へ広めるのに貢献する演奏家やレコード製作者，放送事業者などを対象に，その実演やレコード，放送などを，著作隣接権で保護している。

a.　実演家の権利

　実演家人格権（氏名表示権，同一性保持権）と財産権（許諾権，報酬請求権）が認められている。著作者人格権同様，実演家人格権は譲渡できない。財産権は，譲渡または相続可能である。実演家人格権の権利期間は実演家の生存期間中のみであり，財産権は，実演後 70 年，録音されたものや放送番組などは，最初に音を固定したとき，放送または有線放送を行ったときから 70 年である。

b.　レコード製作者，放送事業者，有線放送事業者の権利

　レコード製作者には，許諾権（複製権，送信可能化権など）と報酬請求権（放送やレンタルなどに使用する際の使用料の請求権）が認められている。放送事業者と有線放送事業者には，許諾権（複製権，放送権，再放送権など）が認められている。

（5）著作権の侵害

　個々の著作物には，著作者や著作権者がおり，これらの人々の著作人格権や財産権を侵害することはできない。すなわち，利用にあたっての無断複製，無断公衆送信などの無断利用，コピープロテクション回避装置の製造販売，利用，公衆送信可能な状態に置くことなどは禁じられている。

　一方で，2018（平成30）年5月25日公布，2019（平成31）年1月一部施行の「著作権法施行規則の一部を改正する法律」では，以下のようなケース（①〜④）では著作者の許諾が必要な範囲を見直し，より円滑に著作物の利用ができるようにしている。

①論文の盗用の検証などのための情報解析サービスなど，ビックデータを利用したサービスなどのための著作物の利用を許諾なく行えるようにする。⇒デジタル化・ネットワーク化の進展に対応した柔軟な権利制限規定の整備

②遠隔授業や生徒の端末への教材の送信などの場合，著作者の許諾は必要なく，ワンストップの補償金支払いのみで認める。すなわち，「授業目的公衆送信補償金制度」を創設する。施行日は，2020（令和2）年4月28日である。⇒教育の情報化に対応した権利制限規定等の整備

③従前の視覚障がい者などを対象にしたものだけでなく，本を持てないなど体に障がいがある人のための場合も録音図書の作成を許諾なく行えるようにする。⇒障がい者の情報アクセス機会の充実に係る権利制限規定の整備

④美術館などの展示作品の解説などをデジタル方式で作成し，タブレット端末などで閲覧可能にすることについて，許諾なしで行えるようにする。⇒アーカイブの利活用促進に関する権利制限規定の整備

　許諾が必要な範囲を制限するなど，利用の促進をはかる一方で，無断利用などの違反行為に対しては，損害賠償に関する規定の見直し，海賊版の販売などを非親告罪とするなど規制強化の方向へ向かっている。

　ここでは，特にプログラムとデータベースの利用上の注意点を述べる。

a.　プログラム

　日本の著作権法で，著作物として認められており，ベルヌ条約，TRIPS協定，WIPO著作権条約でも保護対象となっている。

　プログラムについては，以下の①および②行為は同一性保持権の侵害とならないことが認められている。

①そのプログラムが利用できない特定の電子計算機での利用を可能とするために必要な改変を加えること

②そのプログラムをより効率的に利用できるようにするために必要な改変を加えること

　その一方，例えば LAN により有線・無線でプログラムを送信することは，公衆送信に該当し，サーバーに格納した段階で，公衆送信可能にしたと認められるので注意が必要である。また，いわゆる海賊版をそれと知りながら購入して利用する場合も同様に権利を侵すことになる。

　前述の 2018（平成 30）年の法改正では，「電子計算機における著作物の利用に付随する利用など（四十七条の四）」として，「自動公衆送信装置を他人の自動公衆送信の用に供することを業として行う者」など，一定の条件の下での複製，公衆送信を認めている。

b.　データベース

　日本の著作権法で，著作物として認められており，TRIPS 協定，WIPO 著作権条約でも保護対象となっている。

　2章「2.2.1　データベースの定義」で述べたように，データベースは情報の集合物を体系的に構成したものである。法令データベースのように，個々の情報である法令が著作権の保護対象にならない場合もあるが，論文データベースなどでは個々の論文は著作物であり，それぞれ著作者人格権などをもつ著作者がいる。したがって通常これらを，データベースに構築する場合は複製権や翻案権が，データベースをサーバーに蓄積してプロバイダーを介して利用者に利用させたり利用可能にした場合は公衆送信権や送信可能化権が，また利用者が検索結果をダウンロードしたり，データを加工などした場合も（この場合は個々の著作者とデータベースの著作権者の二者に対して）複製権や翻案権が問題となり得る。

　検索結果の利用については，社内利用と社外の第三者へ提供する場合で，規約が分かれている場合もあるので，データベース利用の際は，提供業者などとの間で，著作権の処理を明確にしておく必要がある。

（6）著作物の利用と許諾

　著作物の利用にあたっては，保護期間が満了になっているかいないかを確認したうえで，原則著作者の了解を得る必要がある。しかし，資料として複数の著作物をコピーして利用する場合など，その都度著作者に個別に了解を取るのは難しいのも事実である。このような状況を鑑み，以下に述べるように，著作物の種類ごとに集中管理する団体が設立されている。

　また一方では，学術情報は誰もが自由に利用できるパブリックドメイン（public domain：公有）であるべきとの考え方から，機関リポジトリのように，研究結果を誰もが利用できるように無料で公開する動きを推進する団体や，クリエイティブコモンズ（Creative Commons：CC）と呼ばれる，インターネット時代に即した新しい著作権ルールを提唱する動きもある。その他，コピープロテクション技術のように，技術的な方法で著作物を違法コピーから守ろうとする手法も登場している。

a.　日本複製権センター（Japan Reproduction Rights Center：JRRC）
　書籍，学術文献などの著作物について，適法な複写（コピー）利用ができるよう，権利者から著作物の複写等の利用に関する管理の委託を受け，集中管理することを目的に設立された。利用者から複写使用料を徴収して著作権者に配分するという集中的な権利処理を行うことにより，許諾に係る不便さを解消し，著作権保護と著作物の適正な利用を実現しようとするものである。JRRCが管理委託を受けた著作物については，JRRCと利用契約を結ぶことで適法に著作権処理を行うことができる。JRRCが管理する著作物かどうかは，「JRRC管理著作物の検索」で調べることができる。

b.　学術著作権協会（Japan Academic Association for Copyright Clearance：JAACC）
　国内，海外の主に学術著作物の複製等の利用に関する許諾および管理を代行し，著作物の利用に関する著作権使用料の徴収の代行と分配を行う組織である。

c.　出版者著作権管理機構（Japan Publishers Copyright Organization：JCOPY）
　出版者からの委託を受け，著作物の複製権等の利用等に関する許諾および管理の受託，代行および仲介の事業および上記権利に係る利用許諾料の徴収および分配の代行などを行う組織である。

d.　著作権情報集中処理機構（Copyright Data Clearinghouse：CDC）
　インターネットや携帯電話を利用したコンテンツ配信の増加に対応する，主に音楽の著作権処理を目的に，日本音楽著作権協会など権利者の団体と配信業者など利用者の連携のもとに設立された組織である。

e.　日本音楽著作権協会（Japanese Society for Rights of Authors, Composers and Publishers：JASRAC）
　作曲者や音楽出版業者などの音楽の著作物の著作権を保護し，音楽の著作物利用の際の手続の円滑化を図り，音楽文化の普及発展に寄与することを目的とし，音楽著作物の著作権に関する管理事業，外国著作権管理団体等との連絡および著作権の相互保護，私的録音録画補償金に関する事業を行う組織である。

f.　著作権情報センター（Copyright Research and Information Center：CRIC）
　著作権および著作隣接権など著作権思想の普及，研修，情報提供などを行っている組織である。

g.　授業目的公衆送信補償金等管理協会（Society for the Administration of Remuneration for Public Transmission for School Lessons：SARTRAS）

　前述の 2018（平成 30）年の法改正により，授業目的公衆送信の補償金を徴収，分配業務を担う著作権管理団体である。教育分野における ICT を利用した著作物等の利用の円滑化を図ると共に，授業目的公衆送信の補償金を受ける権利または複製権等の許諾権を行使し，権利者に分配することを目的に設立された。

h.　オープンアクセスリポジトリ推進協会 （Japan Consortium for Open Access Repository：JPCOAR）

　オープンアクセスとは，大学や研究機関が，論文や研究成果などを誰もが利用できるよう公開することである。JPCOAR は，国公私立大学図書館協力委員会と国立情報学研究所（NII）の連携・協力協定に基づき設立された組織である。オープンアクセスリポジトリシステム基盤の運営と普及・研修を行っている。

　JAIRO Cloud は，クラウド型機関リポジトリ環境提供サービス，IRDB（Institutional Repositories Database）は学術機関リポジトリデータベースで，日本国内の学術機関リポジトリに登録されたコンテンツのメタデータを収集し，提供する。

i.　クリエイティブ・コモンズ（Creative Commons：CC）

　CC は，スタンフォード大学のローレンス・レッシング（Lawrence Lessig）の提唱により生まれた，インターネット時代の新しい著作権ルールである。クリエイティブ・コモンズ・ライセンス（CC ライセンス）は，学術情報は「本来公的性格を持つパブリックドメインである」という考え方に基づき，著作物の公開にあたり，創作者が提示する一定の条件（作品のクレジットの表示，改変禁止等）を守ることにより，著作物を自由に利用できる仕組みである。クリエイティブ・コモンズは CC ライセンスを提供している国際的非営利組織とそのプロジェクトの総称ともなっている。

j.　デジタル著作権管理（digital rights management：DRM）

　デジタル化されたコンテンツは複製しても品質が劣化しないことから，元ファイルから複製したものでも，複製であることがわからない。これに対抗して，電子機器上の音楽や映画，小説などの無制限な利用を防ぐため，データを暗号化技術などによって記録し，特定のソフトウェアまたはハードウェアがないと再生できないようにして，コピーをしても再生や閲覧ができないようにする技術が DRM である。

　日本では DRM を回避するソフトウェアやハードウェアの販売は不正競争防止法の規制対象となっている。また，暗号化技術などによりコピープロテクトなどの技術的保護手段がとられている複製は，著作権法の私的複製権の対象外とされている。

　一方で，こうした機能や技術を備えたソフトウェアやハードウェアが特定の企業によって販売されている現状から，消費者の製品選択の自由が阻害されている，製品の供給や仕様変更の主導権が特定の企業に握られているという批判や，紙の書籍などに認められている私的複製の権利が奪われているという批判もある。

（7）権利の制限

　著作権法は「……著作者等の権利の保護を図り，もって文化の発展に寄与すること（第一条）」とうたっている。しかし，著作物を利用する際常に著作権料の支払いが必要だと，個人的な利用や教育現場での利用などにおいて，利用に支障をきたす場合もある。そこで著作権法では，「公正な利用」に該当する場合は，独占権である著作権に以下に示す例外を認めている。

a. 私的使用のための複製（第三十条）

　個人的，家庭内またはそれに準ずる場所での利用に限って，複製が認められる。しかし，コピープロテクションなどがかかっていることを承知しながら，回避技術を使って複写やダウンロードすることは認められていない。また，自分が所有する書籍であっても，それをスキャナーに取り込んで電子化するための所謂「自炊」を代行業者に依頼したり，私的利用として複写したものを，後日業務等に使用することはできない。

b. 図書館等における複製（第三十一条）

　図書館等における複製は，以下の三つの場合に認められている。

　　①利用者の求めに応じ，その調査研究のために公表された著作物の一部分の複製物を一人一部提供する場合。ただし，新聞や定期刊行物に掲載された個々の著作物は発行から相当期間経過していれば当該著作物全体を提供できる
　　②図書館資料の保存のため希少本などの損傷防止のため複製する場合や，所蔵スペース確保のためマイクロフィルム化や電子化する場合
　　③他の図書館等の求めに応じ，絶版その他これに準ずる理由で一般に入手困難な図書館資料である場合

　加えて，2009（平成21）年の国立国会図書館法および著作権法の改正により，国立国会図書館（NDL）では出版物が納本直後の良好な状態で文化遺産として保存されるように，電磁的記録作成のために記録媒体に記録することができるようになった（第三十一条二項）。その後もNDL所蔵の絶版資料などを他館へインターネット配信する際の例外規定，利用者への直接送信の可能化，図書館等による図書館資料のメール送信など，社会の変化に対応る改訂が行われている。こうした動きに合わせ，著作権者への補償金支払いなどの対応も強化される傾向にある。

c. 引用（第三十二条）

　一定の要件のもと，他人の著作物を原文のまま，または翻訳して挿入して利用できるが，翻案による引用などは認められていない。

　引用の要件は，以下のとおりである。

①公表された著作物であること

②引用の事実を明らかにすること，引用した部分が明らかであること

③引用の目的上正当な範囲であること

④複製して引用する場合は，出所を明示すること

d. 情報解析のための複製（第四十七条の八）

電子計算機による情報解析（多数の著作物等の大量の情報から比較，分類などの統計的な処理を行う）を目的とした著作物の記録媒体への記録または翻案。ただしデータベースの著作物に関してはこの限りではない。

e. その他著作権が制限される場合（第三十三条〜第四十八条）

①教育上の利用として，教科書への掲載，学校教育番組の放送，教育機関における複製，試験問題としての複製，障がい者のための点字や拡大による複製，聴覚障害者のための複製，学校教育番組のために，著作物を放送番組として放送，受信し，これらを教材に掲載すること，教育機関において，授業に使用する目的で複製する場合

②非営利の利用として，観客や聴衆から料金を徴収せず，実演家に報酬を支払わない上演や上映，演奏

③出所を明示したうえで時事問題に関する論説の転載や，政治上の演説や裁判手続きにおける公開の陳述や裁判手続きにおける複製，情報公開法などによる開示のための利用

④販売における美術品などの画像の掲載，美術等の著作物の原作品の所有者による展示

（8）著作権関連の条約

産業財産権法同様，著作権法も属地主義をとっている。したがって日本の著作権が及ぶ範囲は日本国内に限られる。しかし，著作物は翻訳や実演等によって国境を越えて利用されるので，日本国民が外国の著作物を利用する場合，また外国で日本国民の著作物が利用される場合，互いに各国の法制度を遵守しながら，利用上の調整が図れることが望ましい。そのため，産業財産権に関する条約の場合と同様，多国間条約を結んでお互いの著作物の保護と円滑な利用を図っている。

著作権関連の条約には，著作者の権利（著作権）を保護対象としている条約と著作隣接権を保護対象としている条約があるが，ここでは主に著作者の権利を保護対象とする条約を例示する。

a. ベルヌ条約（文学的及び美術的著作物の保護に関するベルヌ条約）

1886（明治19）年に創設され，日本は1899年に加盟した。条約の原則は，無方式主義（権利の享有と行使にいかなる登録や手続きも必要としない）と内国民待遇（自国民に与

えている保護と同等以上の保護を条約締結国民に与える），遡及効は遡及（条約締結前に
創作された創作物であっても発効時に保護されていたものは保護）である。保護期間は，
個人の場合生存中および死後最低 50 年と定められている。アメリカは 1989 年に本条約に
加盟した。

b. 万国著作権条約

　この条約は，米国のように方式主義を採用していた方式主義採用国と無方式主義採用国
との架け橋となるよう 1952（昭和 27）年に創設された条約である。日本は 1956 年に本条約
に加盟した。

　条約の原則は，内国民待遇と「ⓒマークと著作権者名，最初の発行年」を表示すれば，
無方式主義の国の著作物も保護を受けられるが，遡及効は不遡及（条約発効後に創作され
た創作物のみ保護）であるという点はベルヌ条約と異なる。保護期間は，著作物の著作者
の生存期間中および死後 25 年より短くてはならないとされている。ベルヌ条約にも加盟
している国では，ベルヌ条約の規定が優先される。

c. TRIPS 協定（知的所有権の貿易関連の側面に関する協定）

　条約の原則は，ベルヌ条約の規定する保護内容の遵守だが，時代の変化や新しい技術へ
の対応を目指して，コンピュータープログラムおよびデータベースの著作権による保護，
コンピュータープログラム，映画およびレコードの商業的貸与に関する権利の付与，実演
家，レコード（録音物）制作者および放送機関の保護が規定されている。なお，TRIPS協定
は英語で，Agreement on Trade-Related Aspects of Intellectual Property Rights という。

d. 著作権に関する世界知的所有権機関条約（WIPO 著作権条約：WCT）

　WIPO 著作権条約を略して WCT（WIPO Copyright Treaty）といい，実質的に改正でき
ないベルヌ条約（加盟国の満場一致でないと改正できない）に代わって，インターネッ
ト時代に即応できる協定として WIPO が提唱して，1996 年にジュネーブで作成され，2002
年に公布，発効した条約である。規定の中に，インタラクティブ送信（双方向型送信とも
いう）に関する権利や技術的保護手段に関する義務を定めている。

5章

コンピューター，ネットワークと
情報セキュリティに関する知識

〈5章　学習のポイント〉

　ハードウェアとソフトウェアの関係について理解した上で，データベースについて技術的な側面からその基礎を理解する。またネットワークを活用したサービスについて，クラウドコンピューティングとチャットボットの概要を知る。情報セキュリティについて，個人と組織の両側面からその対策を知るとともに，ウェブアプリケーションとネットワークのセキュリティについて具体的な例を学ぶ。

5.1　コンピューターの構成要素

5.1.1　ハードウェア

　初期のコンピューターは，機械の配線の一部をそのつど設定することによって計算手順を与える配線制御方式を採用していた。ENIAC は配線制御方式のコンピューターの一つである（5-1 図）。この方式は，配線を一度設定すれば高速計算ができるが，計算手順の変

5-1 図　配線制御方式を採用したコンピューター（ENIAC）[1]

1："ENIAC in Philadelphia, Pennsylvania. Glen Beck (background) and Betty Snyder (foreground) program the ENIAC in building 328 at the Ballistic Research Laboratory". Wikimedia Commons. 2022-07-04. https://commons.wikimedia.org/wiki/File:Eniac.jpg.（参照 2024-02-01）.

更は人手と時間がかかり，ミスも多かった。その後，情報の記憶装置を持ち，データ，中間結果，計算手順（プログラム）も記憶装置に持たせるプログラム内蔵方式（Stored-program Computer）を採用したコンピューターが登場する。EDSAC はプログラム内蔵方式として開発されたコンピューターの一つである。現在のコンピューターは，このプログラム内蔵方式が主流である。

　プログラム内蔵方式では，前述のように記憶装置（記憶機能）を持っていることが特徴である。コンピューターを構成する基本要素として，そのほかに演算装置（演算機能），制御装置（制御機能），入力装置（入力機能），出力装置（出力機能）がある。これらを総称して五大装置（五大機能）と呼ぶ。

（1）演算装置（演算機能）

　数値計算などの処理を行う部分が演算装置（演算機能）である。四則演算（加算，減算，乗算，除算）のほか，比較演算や論理演算も含まれる。

　演算装置（演算機能）は，中央処理装置（Central Processing Unit：CPU）が担っている。

（2）制御装置（制御機能）

　コンピューターには，さまざまな機能を持つ部品（パーツ）があり，これらの部品が連携して動作することで，数値計算などの高度な処理を実行している。制御装置（制御機能）は，各部品を制御する制御信号を発している。

　制御装置（制御機能）も，演算装置（演算機能）と同様に，中央処理装置（CPU）が担っている。

（3）記憶装置（記憶機能）

　記憶装置（記憶機能）は，主記憶装置と補助記憶装置に大別される。

　主記憶装置は，CPU が演算を行うために必要な，命令やデータを格納する領域である。例えば，2+4 という計算を行いたい場合，まず「足し算をする」という命令や「2」「4」というデータを主記憶装置に格納する必要がある。CPU は，主記憶装置に格納された命令とデータを使って演算を行い，その結果の「6」を主記憶装置に格納することになる。このように，プログラムを主記憶装置に格納（内蔵）してから演算を実行するため，「プログラム内蔵方式」と呼ばれている。

　主記憶装置を担うのは，メインメモリ（main memory）である。メインメモリは CPU と命令やデータのやり取りを行うため，高速性が要求される。そのため，比較的高価であり，記憶容量も小さい。また，電源を供給していないと格納した情報を保持できない，「揮発性メモリ」が中心である。

　一方の補助記憶装置は，「安価」「大容量」，電源を供給しなくても格納した情報を失わ

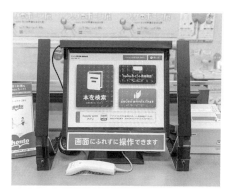

5-2図　非接触タッチパネルを採用した書籍検索端末[2]

ない「不揮発性メモリ」，そして情報を持ち運べる「可搬性」が特徴である。

　補助記憶装置を担うものは種類が豊富である。SSD（Solid State Drive）や HDD（Hard Disk Drive）は，コンピューターのプログラムやデータを格納する最も一般的な部品である。また，USB メモリと呼ばれることが多い USB フラッシュドライブ（USB flash drive）やメモリカードは，可搬性が高いことが大きな特徴である。メモリカードはいくつかの規格が存在し，物理的な大きさもさまざまである。スマートフォンなどの小型コンピューターでは，SD メモリカードの一つである microSD カードが採用されることが多い。

（4）入力装置（入力機能）

　コンピューターに対し，外部から命令やデータを入力するものが入力装置（入力機能）である。入力装置（入力機能）を担うものとして，代表的なものはキーボードとマウスがある。また，マイク，カメラ，スキャナ，タッチパネル，スタイラスペンなども入力装置（入力機能）の一部である。近年は，感染症予防対策として「触らないタッチパネル」である「非接触タッチパネル」の開発も進んでいる（5-2図）。

（5）出力装置（出力機能）

　コンピューターから，外部に対してデータを出力するものが出力装置（出力機能）である。出力装置（出力機能）を担うものとして，代表的なものにディスプレイ，プリンター，スピーカーがある。

5.1.2　ソフトウェア

　コンピューターに何らかの処理をさせるためには，プログラムが必要である。通常は，何らかの入力をユーザーに求めたり，計算結果をディスプレイに表示したりするため，プ

2：Discover DNP 編集部．"社会ニーズに応える "触れないパネル"「DNP 非接触ホロタッチパネル」"．大日本印刷．https://www.dnp.co.jp/media/detail/10161948_1563.html．（参照 2023-08-20）．

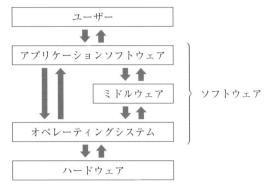

5-3図 システムの階層構造

ログラムによってハードウェアの制御を行うことも必要となる。しかし，ハードウェアは無数にあり，個々の開発者が，その無数のハードウェアを制御することができるプログラムを含むソフトウェアを開発することは現実的ではない。また，作成したデータをファイルとして保存するなど，多くのソフトウェアが共通に必要とする機能もあり，個々の開発者がその機能を開発することは効率的ではない。そこで，ハードウェアの制御や共通する基本機能の提供はオペレーティングシステム（Operating System：OS）が担うこととし，ソフトウェア開発者はOSが提供する機能の上で動作するプログラムであるアプリケーションソフトウェア（application software）を開発することで，効率化を図っている。また，複数のアプリケーションソフトウェアが求めている共通の機能だが，OSが提供する基本機能には含まれていないもの提供するミドルウェア（middleware）を使用することもある（5-3図）。

（1）オペレーティングシステム（OS）

　オペレーティングシステム（OS）は，コンピューターの運用を担うシステムソフトウェアである。ユーザーがOSを直接操作することもあるが，通常はアプリケーションソフトウェアやミドルウェアとハードウェアの中間に位置し，アプリケーションソフトウェアやミドルウェアに対して，基本的な機能を提供する。

　その他，OSが担う機能は多岐にわたり，次のような機能がある。

- ファイル管理……ファイルの作成や削除，保存先を管理する。
- プロセス管理……アプリケーションプログラムの実行を管理する。
- メモリ管理……プログラムが使用するメモリの割当てや開放を管理する
- 入出力管理……キーボードやマウスなどの入力機器やディスプレイなどの出力機器を管理する。

また，OS には次のような種類がある。

- デスクトップ OS……一般的なパソコンで使用される OS。Windows や macOS など。
- サーバー OS……サーバーで使用される OS。Windows Server や Linux など。
- 組み込み OS……家電製品，自動車，産業機器などで使用される OS。機器の制御などを行う場合には，処理の遅延が不具合や事故につながるため，リアルタイム OS と呼ばれるものが使われることが多い。FreeRTOS や Windows Embedded など。

（2）アプリケーションソフトウェア

アプリケーションソフトウェアは，コンピューター上で特定の機能を実行するために作成されたソフトウェアである。例えば，文書作成のための Microsoft Word やウェブページを閲覧するための Google Chrome などは，アプリケーションソフトウェアの一例である。

アプリケーションソフトウェアは，特定の OS 上で動作するように設計される。これにより，その OS が動作するコンピューターであれば，異なるハードウェアであっても同じように動作することが可能となる。

さらに，複数の OS 上で動作するような設計は，クロスプラットフォーム（cross-platform）またはマルチプラットフォーム（multi-platform）と呼ばれる。

（3）ミドルウェア

ミドルウェアは，アプリケーションソフトウェアと OS の中間に位置し，さまざまなアプリケーションソフトウェアが共通して利用する機能を提供する。OS が基本機能を提供する仕組みと同様であるが，ミドルウェアは OS が提供する機能よりも用途が限定された，具体的な機能を提供することが多い。

ミドルウェアには，次のようなものがある。

- ウェブサーバー……ブラウザーからのリクエストに応じてウェブページを送信する。Apache HTTP Server など。
- アプリケーションサーバー……ウェブサーバーからのリクエストに応じて，動的コンテンツを生成する。JBoss や Tomcat など。
- データベースサーバー……データベース管理システム（5.2.2 で述べる）。MySQL や Oracle Database など。
- メッセージングサーバー……メッセージを送受信する。Microsoft Exchange など。

5.2　データベース

5.2.1　データベース構造

　データは適切に活用することで価値が生まれる。特に大量のデータを保有している場合，活用しやすくすることは非常に重要である。2 章「2.2.1　データベースの定義」で述べたように，日本の著作権法では，データベース（database）とは，電子的に整理，保存され，コンピューターで活用するものを指すが，世界知的所有権機関（WIPO）著作権条約や EU データベース指令では，紙の住所録，辞書なども一種のデータベースとみなしている。

　データベースとして整理すると，条件に当てはまるデータの抽出が容易になる。例えば，

- 現住所が東京都の人を抽出する
- 年齢が 50 歳以上の人を抽出する

といった要求があった場合，データがばらばらに保存されていると一つずつ確認して探さなくてはならないが，データベース化されていると検索や抽出が容易となる。データベースはデータを整理する方法により，いくつかの種類がある。2 章 2.2.2「（3）データの構造別分類」で述べたように，代表的なものを以下に示す。

- 階層型データベース（Hierarchical Database：HDB）……階層的なツリー構造（木構造）に整理したもの。頂点（ルート）から枝分かれする木のように，1 対多の形式で整理する。
- ネットワーク型データベース（Network Database：NDB）……データを網状構造に整理したもの。関係性のあるデータを相互に結び付け，多対多の形式で整理する。
- リレーショナルデータベース（Relational Database：RDB）……データを表構造に整理したもの。表構造は視覚的にも理解しやすく，表と表を組み合わせていくことで，複雑なデータの管理も可能となる。関係データベースとも呼ばれる。現在，主流となっているデータベース形式である。

5.2.2　データベース管理システム

　データベース管理システム（Database Management System：DBMS）は，データベースを管理，運用するためのシステムのことであり，ミドルウェアの一種である。データの登録，更新，検索等の機能の提供のほか，排他制御，バックアップ，障害復旧等の機能も備えている。

　その中でも，リレーショナルデータベースを管理，運用するためのシステムが，リレーショナルデータベース管理システム（Relational Database Management System：RDBMS）である。リレーショナルデータベース管理システムでは，データの登録，更新，検索等の操作をするために SQL（Structured Query Language）と呼ばれるデータベース言語が提供される。

5.2.3　SQL

　SQL は，以下の三つの言語から成り立っている。

（1）データ定義言語（Data Definition Language：DDL）

　DDL はデータベースのデータ構造を定義する言語である。例えば，CREATE（テーブルやインデックスなどのオブジェクトを生成），DROP（データベースからオブジェクトを削除），ALTER（データベースの構造を変更），TRUNCATE（テーブル内のレコードをすべて削除）などがある。

　例えば，あるテーブルに新しいフィールドを追加する場合は，次のような DDL 文を使用する。

```
ALTER TABLE テーブル名 ADD フィールド名 データ型;
```

（2）データ操作言語（Data Manipulation Language：DML）

　DML はデータベースのデータを操作する言語である。例えば，SELECT（データベースからデータを抽出），INSERT（データベースにデータを挿入），UPDATE（テーブル内のデータを更新），DELETE（テーブルからレコードを削除）などがある。

　例えば，あるテーブルから特定の条件に合致したレコードを削除する場合は，次のような DML 文を使用する。

```
DELETE FROM テーブル名 WHERE 条件式;
```

（3）データ制御言語（Data Control Language：DCL）

　DCL はデータベースのアクセス制御に関する言語である。例えば，GRANT（特定のユーザーに特定の作業を行う権限を付与），REVOKE（特定のユーザーに付与した権限をはく奪する）などがある。

　例えば，あるユーザーに対して特定のテーブルへの SELECT 権限を付与する場合，次のような DCL 文を使用する。

```
GRANT SELECT ON テーブル名 TO ユーザー名;
```

5.3 ネットワークを活用したサービス

5.3.1 クラウドコンピューティング

　クラウドコンピューティング（cloud computing）は，インターネットなどのネットワークを通じて，必要なサービスを必要な時に必要な分だけ利用できる利用形態のことである。ユーザーはネットワークを通じて，さまざまなサービスを手軽に利用できる。単にクラウド（cloud）と呼ぶことが多い。

　クラウドコンピューティングには，多くのメリットがある。例えば，インフラストラクチャ，ハードウェア，ソフトウェアの購入費用がかからないため，コストを削減することができる。また，利用状況に応じて計算性能やストレージの容量を変えることができるため，スケーラビリティ（scalability）が高い。ほかにも，運用管理のための作業を減らすことによる生産性の向上や，データのバックアップやシステムの冗長化などによる信頼性の向上を図ることができる。近年では，緊急事態が発生した際に，企業などの事業を継続または短い時間で復旧させるための事業継続計画（Business Continuity Plan：BCP）の必要性が指摘されている。クラウドコンピューティングは BCP の面においても有用である。

　一方，クラウドコンピューティングにもデメリットがある。インターネットなどのネットワークを介してサービスを利用するものであるため，ネットワーク接続が切断されると，サービスを利用できなくなる。また，ネットワークの帯域幅は限られており，利用状況に

5-1表　クラウドコンピューティングのサービスモデル

名称	内容
SaaS	Software as a Service の略。ソフトウェアをサービスとして提供するもので，インターネット経由でソフトウェアやアプリケーション，ストレージを利用できる 例えば，Google Workspace, Microsoft 365, Dropbox, Zoom Meetings など
PaaS	Platform as a Service の略。プラットフォームをサービスとして提供するもので，OS やミドルウェアなどアプリやシステム開発に必要なプラットフォームを提供する 例えば，AWS（Amazon Web Services）や Microsoft Azure など
IaaS	Infrastructure as a Service の略。コンピューターシステムを構築するための基盤をサービスとして提供するもので，CPU やメモリなどのハードウェアや OS などを提供する 例えば，AWS（Amazon Web Services）や Microsoft Azure など
DaaS	Desktop as a Service の略。仮想デスクトップをサービスとして提供するもので，端末にソフトウェアをインストールすることなくデスクトップ環境を使うことができる 例えば，Amazon WorkSpaces, Vmware Horizon Cloud など

よってパフォーマンス（通信速度）に影響を及ぼす。

　クラウドコンピューティングにはさまざまなサービスモデルがある。5–1 表に主なサービスモデルを示す。SaaS，PaaS，IaaS，DaaS などのサービスモデルがあるが，これらを総称して XaaS（X as a Service）という。近年では，移動手段をサービスとして捉えた MaaS（Mobility as a Service）が注目を浴びるなど，クラウドコンピューティングに限定した用語ではなくなっている。

5.3.2　チャットボットと AI アシスタント

　チャットボット（chatbot）は，自動的に会話を行うプログラムのことである。チャットボットの歴史は古く，1960 年代に始まった。当初は，あらかじめキーワードとそれに対応する応答パターンが定義されており，入力された文字列に応じて応答するという単純なものであった。

　その後，人工知能（Artificial Intelligence：AI）の発展に伴い，チャットボットもより自然な応答が可能となった。この「AI チャットボット」は，現時点では言葉の深い意味を理解した対話はできないが，事前に与えられたデータにより学習を行い，統計的に正解する可能性の高い回答を選び，応答をすることができるようになっている。また，会話のログから自動的に学習し，正答率や会話の精度を上げていく仕組みを有している。

　AI チャットボットは，顧客からの問い合わせに自動応答するものや回答するオペレータを支援するもの，社内システムのヘルプデスクとして導入する企業が増えている。AI チャットボットは，ルールベース型（シナリオ型）よりも高度・広範囲の問い合わせに対応することができ，オペレータなどにかかる人的コストを削減できる。

　また，2011 年に Apple が iOS に Siri を搭載したことにより，急速に身近な存在となった。AI チャットボットの仕組みを利用したものであるが，個人のタスク処理を支援することが目的となり，AI アシスタント（AI assistant）と呼ばれる。Google Assistant や Amazon Alexa なども AI アシスタントの例である。AI アシスタントは，スマートフォンやスマートスピーカーなどに搭載されている。

　AI により自然な会話を行うためには，事前に膨大な量のデータを用いて学習を行う必要がある。2022 年に OpenAI が公開した AI チャットボットの ChatGPT は，実際の人間と会話をしているような，自然な会話文を生成できることが大きな特徴で，さまざまな場面での活用が期待されている。

　しかし，AI は事前の学習で誤った情報を用いた場合に，誤った応答や不適切な会話となるリスクがある。AI により生成されたものの活用には十分注意する必要がある。また，AI が公序良俗に反する目的で利用されないよう，法的な環境整備，倫理教育の充実が求められる。

5.4 情報セキュリティ

5.4.1 個人における情報セキュリティ対策

（1）マルウェア

マルウェア（malware）は，悪意のあるソフトウェアを総称するものである。マルウェアにはさまざまな種類がある。その一例を5-2表に示す。

マルウェアは，OSやアプリケーションの脆弱性を利用していることが多い。したがって，OSやアプリケーションを常に最新の状態に保つことが，マルウェア対策として有効である。OSやアプリケーションの脆弱性が発見されてから修正されるまでの期間におけるゼロデイ攻撃（zero-day attack）もあり，マルウェアによる不審なふるまいを検知することができる，ウイルス対策ソフトウェア（antivirus software）を使用することも有効である。

ランサムウェア（ransomware）により暗号化されたデータは，身代金を支払ったからといって元通りになる保証はない。破壊されたファイルも元通りにはならない。まずはマルウェアによる被害を受けないようにするべきであるが，万が一被害にあってしまった場合にその被害を最小限にするため，定期的なデータのバックアップを行うことも重要である。

5-2表　マルウェアの例

種類	概要
ウイルス（virus）	他のプログラム等への感染を広げ（自己伝染機能），一定時間や特定の処理が行われるまで身を潜め（潜伏機能），ファイルの破壊や設計者の意図しない動作をする（発病機能）
ワーム（worm）	ウイルス同様にファイルの破壊や設計者の意図しない動作をするが，他のプログラムに感染するのではなく，単独で動作し，自己増殖する
トロイの木馬（Trojan horse）	無害なアプリケーションに偽装して潜伏する。トロイの木馬単体では自己伝染や自己増殖はしない。個人情報の搾取や，別のマルウェアを入れるためのバックドアとして動作する
ランサムウェア（ransomware）	保存されているデータを暗号化したり，デバイスをロックしてアクセスできないようにしたりする。データやデバイスを人質として，解除のために身代金（ransom）を要求する

（2）ソーシャルエンジニアリング

ソーシャルエンジニアリング（social engineering）は，人間の心理的な隙や不用意な行動から，パスワードなどの重要な情報を盗み出すものである。

例えば，電話を利用した「なりすまし」は，典型的なソーシャルエンジニアリングであ

5-4 図　ソーシャルエンジニアリングの例[3]

る（5-4 図左）。何らかの方法でユーザー名を入手した攻撃者が，システム管理者に電話を
かけ，利用者になりすましてパスワードを聞き出すなどである。ユーザー名はメールアド
レスや社員番号等入手しやすいものが採用されていることも多い。

　また，ショルダーハッキング（shoulder hacking）は，肩越しに画面やキー入力を覗き
見るものである（5-4 図中央）。入力したパスワードは画面上では＊＊＊＊等の伏せ字に
なっていることが多いが，キー入力から読み取られることも意識し，重要な情報を入力す
るときは，周囲に気を配る必要がある。

　トラッシング（trashing）やダンプスターダイビング（dumpster diving）は，ごみ箱に
捨てられた紙や USB メモリなどの記録媒体から，さまざまな情報を盗み出すものである
（5-4 図右）。重要な情報はそのまま捨てず，シュレッダーや溶解処理をしたり，破壊処理
をしたりしてから処分する必要がある。

　フィッシング（phishing）は，信頼できる組織（金融機関など）を装った電子メールや
ウェブサイトから，暗証番号やクレジットカード番号などの個人情報を搾取する詐欺であ
る。フィッシングの中でも，特定の個人や組織を標的としたものは，スピアフィッシング
（spear phishing）と呼ばれ，さらにその中でも CEO（Chief Executive Officer）などの重
要役職を標的としたものは，ホエーリング（whaling）と呼ばれる。

　ソーシャルエンジニアリングの手法は多岐にわたるため，対策が困難である。技術的に
対応することが難しいため，セキュリティリテラシーを向上させることが重要である。

5.4.2　組織における情報セキュリティ対策

（1）情報セキュリティポリシー

　インターネットやさまざまなサービスとつながった情報システムは，非常に便利なもの
であるが，情報セキュリティに関する対策を怠ると，さまざまな脅威を招くこととなる。
企業や組織などは，情報資産を保護するために，情報セキュリティ対策の方針などを明文
化した「情報セキュリティポリシー」を導入することが求められる。これにより，企業や
組織内での情報セキュリティに関する対策が統一され，効果的な対策の実施が期待できる

3：総務省．"ソーシャルエンジニアリングの対策"．国民のためのサイバーセキュリティサイト．https://www.
　soumu.go.jp/main_sosiki/cybersecurity/kokumin/business/business_staff_12.html，（参照 2024-02-01）．

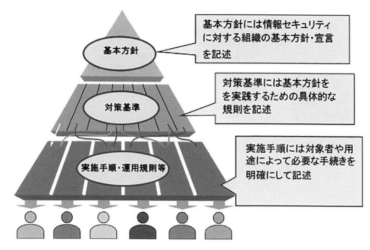

基本方針には情報セキュリティ
に対する組織の基本方針・宣言
を記述

対策基準には基本方針を
を実践するための具体的な
規則を記述

実施手順には対象者や用
途によって必要な手続きを
明確にして記述

5-5 図　情報セキュリティポリシーの構造[4]

ようになる。

　情報セキュリティポリシーは，一般的に「基本方針」「対策基準」「実施手順」の 3 階層
で構成される。5-5 図に情報セキュリティポリシーの構造を示す。「基本方針」では，企業
や組織が，情報セキュリティに対してどのように対応するのかを外部に向けて宣言する。
「対策基準」では，基本方針を実践するための具体的な対策や取り組みなどのガイドライ
ンを示す。部署ごと，業務ごとなどにガイドラインを作成し，情報セキュリティ対策の方
法や基準などを明確にする。「実施手順」では，対策基準を満たすための具体的な運用方
法や手続きなどのマニュアルを示す。

　情報セキュリティポリシーは，定期的に見直しを行い，最新の技術動向やセキュリティ
上の脅威を踏まえて改定する必要がある。また，すべての職員等に情報セキュリティ教育
を実施し，情報セキュリティポリシーに沿った行動を行うことができるセキュリティリテ
ラシーの向上を促すことや，実施状況を評価して問題点を改善することなどが重要である。

（2）情報セキュリティマネジメントシステム

　情報セキュリティマネジメントシステム（Information Security Management System：
ISMS）は，企業や組織が保有する情報資産の流出を防ぎ，利用しやすい状態で情報資産
を管理・保護するための仕組みのことである。ISMS を実現するためには，さまざまな方
法が考えられる。そこで，一定のガイドラインを示す役割として，ISO（国際標準化機構）
と IEC（国際電気標準会議）が制定したマネジメント規格（ISO/IEC 27001）がある。ISO
/IEC 27001 を日本語に翻訳したものは，JIS（日本産業規格）の JIS Q 27001 となっている。

4：総務省．"情報セキュリティポリシーの内容"．国民のためのサイバーセキュリティサイト．https://www.
　soumu.go.jp/main_sosiki/cybersecurity/kokumin/business/business_executive_04-3.html，（参照 2024-02-
　01）．

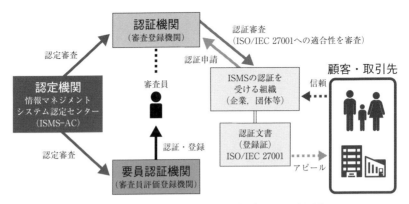

5-6図　ISMS 適合性評価制度（ISMS 認証）[5]

　ISO/IEC 27001：2022（JIS Q 27001：2023）は，情報資産を正当な権限を持った者だけが利用できる「機密性（confidentiality）」，情報資産が改竄されないようにする「完全性（integrity）」，情報資産を必要な時に利用できる「可用性（availability）」を確保することが目的となっている。この，機密性，完全性，可用性は情報セキュリティの3要素といわれる。

　情報資産を適切に管理しているかどうかは，企業活動等において重要な要素の一つとなっている。そのため，第三者機関によって，組織が構築，運用している ISMS が，ISO/IEC 27001（JIS Q 27001）に適合しているかどうかを評価する制度（ISMS 適合性評価制度）がある。適合していると認められると認証登録が行われる。これは ISMS 認証と呼ばれる。ISMS 認証を取得することによって，組織が情報セキュリティに対して，適切な管理体制を構築していることが証明できる。また，ISMS 認証を取得する過程で，セキュリティに対する意識が向上し，リスクを低減させる効果も期待できる（5-6図）。

5.4.3　ウェブアプリケーションのセキュリティ

（1）SQL インジェクション（SQL injection）
　SQL インジェクションは，不正な SQL 文をデータベースに送信し，データベースの内容を改竄したり，パスワードなどの機密情報やクレジットカード番号などの個人情報を搾取したりする攻撃手法である。また，データベースの管理者権限を奪取することで，ウェブアプリケーション全体を乗っ取ることもある。

　ウェブアプリケーションでは，ログインフォームや検索ボックスなど，ユーザーの入力を受け付けることがある。これらの入力フィールドに，「不正な SQL 文」を含む文字列を入力して「不正な SQL 文」を実行させ，攻撃を実行する。ウェブアプリケーションが想定

5：情報マネジメントシステム認定センター．"ISMS 適合性評価制度"．2020-1．3p．https://isms.jp/doc/JIP-ISMS120-62.pdf，（参照 2024-02-01）．

してない不正な SQL 文が注入（インジェクション）されるため，SQL インジェクションと呼ばれる。例えば検索ボックスであれば，キーワードを入力することで，その「キーワードを含むデータを抽出」することが本来の動作であ

5-7 図　SQL インジェクション[6]

るはずである。しかし，SQL インジェクションが行われると，検索ボックスに入力した不正な SQL 文が実行され，キーワードを含むデータを抽出することとは全く異なる命令が実行されてしまう（5-7 図）。

　SQL インジェクションによる攻撃は，ウェブアプリケーションが不正な入力を受け付けた場合に発生する。したがって，不正な入力を受け付けないように，ユーザーからの入力を適切に検証することが，SQL インジェクション攻撃を防ぐために重要である。具体的には，次のような対策を施す必要がある。

- パラメータ化クエリの使用……パラメータ化により，ユーザー入力データと SQL 文が別々に送信され，不正な SQL 文を挿入することができなくなる。
- 入力された値の検証……入力フィールドに入力されたデータが適切な形式であるか（不正な SQL 文などが含まれていないか）を検証（バリデーション：validation）する。
- エラーメッセージの制御……ウェブアプリケーションやシステムが返すエラーメッセージには，攻撃者にとって有用な情報が含まれている場合があるため，非表示，あるいは限定的な内容にする。
- 適切なアクセス権限の設定……検索をするだけのシステムであれば，不正な書き込みを行うことができないよう，読み取り権限だけを付与するなど，アクセス権限を最小限にする。

（2）クロスサイトスクリプティング（Cross Site Scripting：XSS）

　クロスサイトスクリプティング（XSS）は，本来のウェブサイトに悪質なウェブサイトへ誘導するスクリプトを仕掛け，個人情報やユーザーが保持する Cookie などを搾取する攻撃手法である。また，マルウェアへの感染を引き起こすこともある。

　XSS による攻撃は，その手法によって次の 3 種類に分類できる。

- 格納型 XSS（stored XSS）……攻撃者があらかじめウェブサイトに悪質なスクリプトを仕掛ける（格納する）手法。ウェブサイトを訪問するすべてのユーザーに影響を与える可能性がある。

6：総務省．"SQL インジェクションへの対策"．国民のためのサイバーセキュリティサイト．https://www.soumu.go.jp/main_sosiki/cybersecurity/kokumin/business/business_admin_06.html，（参照 2024-02-01）．

- 反射型 XSS（reflected XSS）……ユーザーがサーバーリクエストを実行し，それに対してレスポンスがあるようなシステムにおいて，レスポンスを無毒化（サニタイジング：sanitizing）していない場合，悪質なスクリプトを含むレスポンスがサーバーから反射される。ユーザーは反射されて戻ってきた悪質なスクリプトを実行することとなる。攻撃対象となるユーザーのみに影響を与える。
- DOM ベース XSS（DOM–based XSS）……JavaScript の DOM（Document Object Model）を利用した手法。クライアントのウェブブラウザーで悪質なスクリプトが実行される。

　XSS 攻撃を防ぐためには，ウェブアプリケーションにおいて，特別な意味を持つ記号や文字を別の記号や文字に置き換えるエスケープ処理（escape processing），悪質なスクリプト文を別の文字列に置き換えるサニタイジングなどを行う必要がある。また，このような対策をまとめて実施することができる WAF（Web Application Firewall）の導入も効果的である。

5.4.4　ネットワークのセキュリティ

　インターネット通信の安全性やプライバシー保護において，暗号化は欠かせない技術である。暗号化では，オリジナルのデータ（平文）を特定のアルゴリズムと鍵を使って変換（暗号化）し，第三者が解読不能なデータ（暗号文）にする。正当な鍵を持つ者は，第三者が解読不能なデータ（暗号文）を特定のアルゴリズムと鍵を使って変換（復号）し，オリジナルのデータ（平文）を取り出すことができる。これにより，第三者によるデータの傍受や改竄を防ぐことができる（5-8 図）。

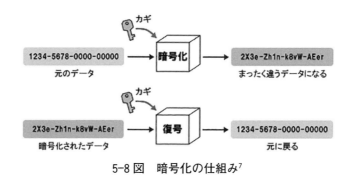

5-8 図　暗号化の仕組み[7]

7：総務省．"暗号化の仕組み"．国民のためのサイバーセキュリティサイト．https://www.soumu.go.jp/main_sosiki/cybersecurity/kokumin/basic/basic_structure_02.html，（参照 2024-02-01）．

（1）HTTPS（Hypertext Transfer Protocol Secure）

　ウェブブラウザーを使用して，ウェブサイトを閲覧する際は，HTTP（Hypertext Transfer Protocol）を使用してデータの送受信が行われる。このプロトコルは，プレーンテキスト（plaintext）で通信が行われるため，中間者攻撃（main-in-the-middle attack）と呼ばれる，第三者による盗聴や改竄が行われる可能性がある。

　ウェブブラウザーとウェブサイトの間の通信を暗号化することにより，中間者攻撃を防ぐことができる。HTTPS（Hypertext Transfer Protocol Secure）は，HTTPのセキュアなバージョンであり，データ転送のセキュリティを高めるために，Transport Layer Security（TLS）プロトコルという暗号化プロトコルを使用して通信を暗号化している。

　以前は，ウェブサイトの一部（個人情報や機密情報を送受信する場合）のみをHTTPSによる通信とすることが一般的であったが，現在はウェブサイト全体をHTTPSによる通信とすることが求められている。これは，常時HTTPS化や常時TLS化（常時SSL化。SSLはTLSの前身となった技術でSecure Socket Layerのこと）と呼ばれている。これにより，ウェブサイトのなりすましやCookie情報の盗聴などを防ぐことができる。また，主要なウェブブラウザーでは，HTTPによるアクセスの際に「保護されていない通信」「安全ではありません」といった表示がされるようになり，ユーザーに不安を与える警告を表示させないためにも常時HTTPS化が必要となっている。

（2）VPN（Virtual Private Network）

　HTTPSがウェブブラウザーとウェブサイト間の通信を暗号化する仕組みであったのに対し，VPN（Virtual Private Network）は拠点間の通信を暗号化する仕組みである。公共のネットワーク（インターネット）を仮想的に専用のネットワークとして構築する。組織内ネットワーク（イントラネット）を複数拠点で構築する場合や，リモートワークで自宅から組織内ネットワークに接続する場合などに利用されることが多い。

　VPNを使用することで，インターネット上での通信を暗号化し，第三者によるデータの傍受や改竄を防ぐことができる。

　また，組織内ネットワークへの接続を目的としないVPNの利用も増えている。空港や駅，カフェや商業施設，ホテル等で使用できる無料の無線LAN（Wi-Fi）サービスは，不特定多数のユーザーが同時に利用できるものであり，その中に悪意を持ったユーザーがいる可能性を否定できない。VPNによる通信の暗号化は，そのような悪意あるユーザーから盗聴や改竄を防ぐ効果がある。

付録

検索技術者検定の概要と試験範囲

1. 検索技術者検定の経緯

　一般社団法人 情報科学技術協会（INFOSTA）が 1985 年に開始したデータベース検索技術者認定試験は，その後情報検索能力試験（応用・基礎）という名称変更を経て，2014年度から「検索技術者検定」（略称：検索検定）という名称で，毎年実施されている。

　2020 年度から 3 級試験が会場型 CBT（Computer Based Testing）方式となり，全国の都道府県の会場で実施されている。2024 年度から準 2 級が新設され，2 級と 1 級も含めて，すべての級が紙試験から会場型 CBT 方式に変更された。

2. 検索技術者検定の概要

　検索技術者検定は，情報検索に関する知識やスキルを客観的に評価する試験である。試験制度は変更されるが，本検定の目的や求められるレベルに変更はない。2024 年度以降の概要は，次ページに示した付録-1 表のとおりである。

　本書は，準 2 級と 2 級の試験内容や範囲に沿って構成されているので，その内容は目次を一覧することで把握することができる。ただし，「試験で求められる能力」のうち "情報の伝達と評価" については，2 級（2023 年度までの 2 級後半）の領域であり，準 2 級では求められていない。記述式の試験問題は，問題の意図を汲み取り，適切な用語を使用してわかりやすく要を得て，簡潔な文章で記載することが重要である。主題分野としては，ライフサイエンス＆化学，特許，ビジネス，図書館情報の 4 分野が設定されている。最新情報については，以下のウェブページを必ず参照していただきたい。

- 一般社団法人 情報科学技術協会「検索検定」
  https://www.infosta.or.jp/examination/

付録-1表　検索技術者検定の各級における試験概要

	3級	準2級	2級	1級
試験の対象者	一般社会人や情報関係の授業を履修した大学生および専門学校生、図書館員等を想定しています。受験に際して必要な資格はありません。	一般社会人、情報館員、図書館員、組織において情報検索業務に従事している人等を想定しています。なお、準2級は自身で情報収集活動を実施している人等を想定していますが、2級は検索技術者検定準2級合格者を対象としています。		組織において情報検索業務に従事しており、実務経験が豊富な人、情報活動に関する高い知識とスキルを有する上級情報担当者等を想定しており、かつ、検索技術者検定2級（情報検索応用能力試験2級、データベース検索技術認定試験2級含む）合格者を対象としています。
試験レベルと範囲	自身の活動に役立てるために、適切な情報を効率よく収集し、活用する能力が求められます。ビジネスあるいは大学での学習、図書館等での情報サービスに必要とされる信頼性の高い情報を検索・入手して活用できる基本的な情報検索に関する知識とスキル、知的財産権、コンピューター、ネットワーク、情報セキュリティ等に関する知識のレベルを認定するものです。	試験レベル（準2級） 実際のビジネスの場で情報検索を行う際に必要とされる知識やスキルについての判断力を有しているかを認定するものです。 試験範囲（準2級・2級共通） 情報資源、データベース、検索システム、情報の分析と利活用、問題解決。コンピューター、情報セキュリティ等に関する知識やスキルに関するスキルを利活用するレベルを認定するものです。主題分野は、ライフサイエンス＆化学、特許、ビジネス、図書館情報の4分野が設定されています。	試験レベル（2級） 準2級試験で確認できた正確な知識やスキルをもとに自身の経験等も踏まえて、各専門分野における情報検索を、より高度に実践できる能力を認定するものです。	インフォプロ（情報専門家）としての知識、スキル、経験。考え方、マネジメントスキル、ユーザー教育、指導育成力、部門間調整力や問題解決力、プレゼンテーション能力を認定するものです。
出題形式	選択式	選択式	記述式	一次：記述式または論述式 二次：プレゼンテーション＋面接
合否判定	試験終了後すぐに判定	試験終了後すぐに判定	後日判定	後日判定

参考文献

より進んだ勉強をしたい方のために，比較的最近刊行された主な参考書を以下に示します。ただし，データベース提供会社等のサービス概要やマニュアル，サーチガイドなどは，当該ウェブサイトで最新情報を得るようにしてください。ここには，割愛させていただきますが，雑誌記事や論文についても多数発表されていますので，参考にするとよいでしょう。

1章
原田智子編著，江草由佳，小山憲司．情報サービス演習．三訂版，樹村房，2021，221p.，（現代図書館情報学シリーズ，7）.

2章
青柳英治，長谷川昭子編著．専門図書館の役割としごと．勁草書房，2017，312p.

緒方良彦．情報検索の歴史：日本語処理を乗り越えて．日外アソシエーツ，2010，145p.，（日外選書 fontana）.

三浦勲．データベースサービス業の誕生と展開．出版メディアパル，2021，286p.

3章
伊藤民雄．インターネットで文献探索．2022年版，日本図書館協会，2022，207p.（JLA図書館実践シリーズ，7）

大﨑泉，成田ナツキ．図解PubMedの使い方：インターネットで医学文献を探す．第8版，日本医学図書館協会，2022，102p.

小島原典子，河合富士美編集．PICOから始める医学文献検索のすすめ．南江堂，2019，152p.

笹谷裕子，諏訪部直子．わかりやすい医中誌Web検索ガイド：検索事例付．第2版，日本医学図書館協会，2023，118p.

高辻成彦．アナリストが教えるリサーチの教科書：自分でできる情報収集・分析の基本．ダイヤモンド社，2017，180p.

毛利和弘．文献調査法：調査・レポート・論文作成必携：情報リテラシー読本．第8版，日本図書館協会，2019，236p.

吉井潤．仕事に役立つ専門紙・業界紙．青弓社，2017，225p.

ロー・ライブラリアン研究会編．法情報の調べ方入門：法の森のみちしるべ．第2版，日本図書館協会，2022，221p.，（JLA図書館実践シリーズ，28）.

4 章

井上拓. SNS 別最新著作権入門：「これって違法⁉」の心配が消える IT リテラシーを高める基礎知識. 誠文堂新光社, 2022, 151p.

角田政芳, 辰巳直彦. 知的財産法. 第 9 版, 有斐閣, 2020, 560p.

高岡亮一. アメリカ特許法実務ハンドブック. 第 5 版, 中央経済社, 2017, 511p.

高岡亮一. ヨーロッパ特許条約実務ハンドブック. 第 3 版, 中央経済社, 2014, 381p.

日本図書館協会著作権委員会編. 図書館等公衆送信サービスを始めるために：新著作権制度と実務. 日本図書館協会, 2023, 86p.（JLA Booklet no.14）

5 章

情報処理推進機構. 情報セキュリティ白書 2023：進む技術と未知の世界：新時代の脅威に備えよ. 情報処理推進機構, 2023, 255p.

情報処理推進機構. 情報セキュリティ読本：Information Security Reader：IT 時代の危機管理入門. 6 訂版, 実教出版, 2022, 145p.

向井信彦, 田村慶信, 細野泰彦. コンピュータ概論：未来をひらく情報技術. オーム社, 2020, 255p.

事項索引

情報資源索引
(情報検索システムおよび検索支援ツールも含む)

[監修者]
一般社団法人 情報科学技術協会

[編著者]
原田　智子　　鶴見大学 名誉教授
　　　　　　　慶應義塾大学大学院文学研究科図書館・情報学専攻修士課程修了，文学修士

[著者]
榎本　聡　　　日本女子大学 人間社会学部教育学科 准教授
　　　　　　　東京工業大学大学院社会理工学研究科人間行動システム専攻博士後期課程修了，博士（工学）
小河　邦雄　　国立成育医療研究センター 政策科学研究部共同研究員，中央大学 文学部社会情報学専攻兼任講師
　　　　　　　筑波大学大学院図書館情報メディア研究科博士後期課程修了，博士（情報学）
清水　美都子　愛知大学 非常勤講師
　　　　　　　筑波大学大学院図書館情報メディア研究科博士前期課程修了，修士（図書館情報学）
丹　一信　　　日本大学 芸術学部文芸学科 准教授
　　　　　　　國學院大學大学院文学研究科博士課程後期神道学・宗教学専攻単位取得退学，修士（神道学）
豊田　恭子　　北海学園大学 非常勤講師
　　　　　　　シモンズ・カレッジ（現シモンズ大学）図書館情報大学院修士課程修了，修士（図書館情報学）

プロの検索テクニック　第3版
──検索技術者検定 準2級・2級 公式推奨参考書

2018年8月10日　初　版　第1刷発行
2020年8月25日　第2版　第1刷発行
2024年3月25日　第3版　第1刷発行

検印廃止

監　修　者　　一般社団法人
　　　　　　　情報科学技術協会
編　著　者　　原　田　智　子
発　行　者　　大　塚　栄　一

発　行　所　　株式会社 樹村房
〒112-0002
東京都文京区小石川5丁目11番7号
電　話　東京03-3868-7321
FAX　東京03-6801-5202
https://www.jusonbo.co.jp/
振替口座　00190-3-93169

表紙デザイン／菊地博徳（BERTH Office）
組版・印刷／美研プリンティング株式会社　　製本／有限会社愛千製本所
©Tomoko Harada, Satoshi Enomoto, Kunio Ogawa, Mitsuko Shimizu,
Kazunobu Tan, Kyoko Toyoda　2024　Printed in Japan
ISBN978-4-88367-384-1　　乱丁・落丁本はお取り替えいたします。